In memoriam Prof. Dr. med. Dr. h.c. Georg Heberer

Präsident der Deutschen Gesellschaft für Chirurgie 1980

IN MEMORIAM

GEORG
HEBERER

1920–1999

KADEN

© 2000 Kaden Verlag, Heidelberg
Alle Rechte vorbehalten

Satzherstellung: Ch. Molter, Kaden Verlag, Heidelberg
Druck und Verarbeitung: Neumann Druck, Heidelberg

ISBN 3-922777-37-6

Zum Geleit

Am 21. März 1999 starb unerwartet Professor Dr. med. Dr. h.c. Georg Heberer aus völligem Wohlbefinden heraus. Die Nachricht seines Todes traf seine vielen Schüler, Freunde, Weggefährten, Kollegen und Patienten unvorbereitet und hinterließ zunächst ungläubige Fassungslosigkeit und schließlich eine tiefe Trauer, die in einer akademischen Feier am 2. Juli 1999 ihren Ausdruck fand.

Die Zusammenstellung der folgenden Beiträge erfolgte auf Anregung aus dem Freundeskreis Georg Heberers. Sie enthält die Ansprachen der Trauerfeier, die publizierten Nachrufe und persönliche Gedanken und Erinnerungen. Abschließend kommt Georg Heberer noch einmal zu Wort mit Gedanken zur chirurgischen Schule – ein Thema, welches ihn über die Jahrzehnte seiner beruflichen Tätigkeit beschäftigte – und mit seiner Abschiedsvorlesung vom 22. Februar 1989, in der er grundsätzliche Gedanken zur Chirurgie und seine Position zu zeitbedingten Veränderungen äußerte.

Angesichts der auf die Person Georg Heberers fokussierten Thematik waren Wiederholungen und Ähnlichkeiten unvermeidbar, sie werden im Sinne der Vollständigkeit der Dokumentation hingenommen. Das Buch kann und will die facettenreiche Persönlichkeit Georg Heberers nicht in allen Aspekten erfassen. Möge es dennoch dazu angetan sein, die Erinnerung an diesen faszinierenden Menschen, charismatischen Lehrer und guten Freund wachzuhalten.

München, im April 2000 *F. W. Schildberg*

INHALT

Gedanken und Begegnungen

Professor Georg Heberer

Akademische Trauerfeier

Prof. Dr. med. Dr. h.c.
Georg Heberer
* 9. 6. 1920   † 21. 3. 1999

Louis Spohr

Konzertsonate D-Dur op. 113
für Harfe und Violoncello
2. Satz: Adagio

Professor Helga Storck, Harfe
Professor Klaus Storck, Violoncello

Professor Dr. Dr. h.c. F. Wilhelm Schildberg

Chirurgische Klinik und Poliklinik
Klinikum Großhadern
Ludwig-Maximilians-Universität München

Professor Dr. Dr. h.c. Klaus Peter

Dekan der Medizinischen Fakultät
Ludwig-Maximilians-Universität München

Professor Dr. Albrecht Encke

Präsident der Deutschen Gesellschaft für Chirurgie

Professor Robert E. Hermann, M. D.

Department of Surgery
Cleveland Clinic, Cleveland/Ohio, USA

Professor Dr. Yoshio Mishima

Department of Surgery
Medical & Dental University, Tokyo, Japan

Professor Dr. Toshihiko Ban

Department of Surgery
University of Kyoto, Japan

Professor Dr. Hans Jürgen Peiper

Chirurgische Klinik
Universität Göttingen

Franz Schubert

Streichquintett C-Dur op. 163
3. Satz: Scherzo: Presto; Trio: Andante sostenuto

Rodin-Quartett

Professor Klaus Storck, Violoncello

TRAUERREDEN

Sehr verehrte liebe Frau Dr. Heberer,
verehrte Angehörige, liebe Familie,
Magnifizenz, Spectabilität,
verehrte Trauerversammlung

Am 21. März 1999 verstarb Herr Professor Dr. med. Dr. h. c.
Georg Heberer, emeritierter ordentlicher Professor für Chirurgie
und ehemaliger Direktor der Chirurgischen Universitätsklinik
München. Nur wenige Wochen vor Vollendung seines 79. Lebensjahres endete sein Leben, plötzlich und unerwartet. Er starb nach
einem schönen Wintertag voller Aktivität und Freude in den
geliebten Bergen Graubündens in Arosa, wo er in den letzten
25 Jahren so oft Ruhe fand und Kraft für seine großen Aufgaben
schöpfte. Der Tod kam überraschend und ließ keinen Platz für
ein längeres Leiden oder gar Siechtum. Es war ein gnädiges und
vielleicht auch beneidenswertes Ende – aber es kam für uns, die
wir zurück bleiben, viel zu früh. In Arosa am Bergkirchli, das
wegen seiner besonders schönen Lage und der Beruhigung, die
von diesem Ort ausgeht, häufig das Ziel seiner Spaziergänge
war, hat er seine letzte Ruhestätte gefunden.
   Wir, die Freunde, Kollegen, Schüler und Mitarbeiter und
Weggefährten von Georg Heberer haben uns heute hier an der
Stätte versammelt, die für ihn der Mittelpunkt seines akademischen Lebens war, der Hörsaal, wo er sein Wissen an seine
Studenten vermittelte und in der Diskussion vertiefte, der Vor-
tragssaal, in dem er neue Erkenntnisse veröffentlichte, und nicht
zuletzt auch der Ort, an dem er im Rahmen seiner Abschiedsvorlesung Rechenschaft über sein Leben als Hochschullehrer,
Forscher und Chirurg ablegte und noch einmal die ideellen
Grundlagen seines Berufes – so wie sie für ihn galten – für uns
nachzeichnete. Ihm gelang es immer wieder, diese schmucklo-
se Zweckarchitektur mit seinem Geist, seiner sprühenden
Aktivität und seinem fesselnden Vortrag zu beleben. Jetzt ist
dieser Raum angefüllt von Trauer und Gedenken. Wenn wir
uns heute, d. h. relativ rasch nach dem Tode unseres verehrten
Lehrers hier zu einer akademischen Trauerfeier zusammenge-
funden haben, so deshalb, weil wir mehr wollten als eine

Gedenkfeier nach Jahrsfrist geben kann, mehr als eine ehrende Bilanz seines beruflichen Lebens. Wir wollten unserer Trauer Ausdruck verleihen und seinen Freunden und Weggefährten, die über viele Länder der Welt verstreut sind, Gelegenheit geben, durch Anwesenheit bei dieser Trauerfeier ihre Anteilnahme zu bekunden. Es ist auch der Versuch, mit den noch frischen und unbewältigten Gefühlen der Trauer durch Erinnerung, durch Gespräche und durch die Gemeinschaft mit Gleichdenkenden und -fühlenden fertig zu werden, sie zu kontrollieren.

Georg Heberer wurde am 9. Juni 1920 in Dietzenbach nahe Frankfurt am Main geboren. Nach dem Abitur studierte er an den Universitäten Marburg, Gießen, Heidelberg und Tübingen. Es war Krieg, und Georg Heberer wurde als Soldat zum Studium abkommandiert. Als Chirurg wurde er später von seinem Lehrer Rudolf Zenker geprägt, zunächst am Städtischen Klinikum Mannheim und von 1951 bis 1958 an der Chirurgischen Universitätsklinik Marburg. Dort erhielt er nicht nur das chirurgische Rüstzeug, sondern er legte auch die Grundlagen für eine glänzende akademische Laufbahn. Wesentliche Anstöße für seine Persönlichkeitsentwicklung erhielt er durch einen mehrmonatigen Besuch führender amerikanischer Zentren der Thorax- und Kardiovaskularchirurgie. Bei einem längeren Studienaufenthalt an der Chirurgischen Universitätsklinik Zürich, die unter Leitung von A. Brunner stand, konnte er die modernen Verfahren der Thoraxchirurgie studieren.

1958/59 leitete er kommissarisch die Chirurgische Universitätsklinik Marburg, bis er 1959 (38-jährig!) den Ruf auf den 2. Lehrstuhl für Chirurgie an der Universität Köln im Klinikum Köln-Merheim erhielt. Von dort wechselte er 1963 auf den 1. Lehrstuhl für Chirurgie im Universitätsklinikum Köln-Lindenthal. Diese Jahre in Köln waren geprägt von größter Aktivität und ungestümem Schaffensdrang, galt es doch, die in den Kriegs- und Nachkriegsjahren beschädigten und vernachlässigten Einrichtungen von Grund auf zu sanieren und den modernen Bedürfnissen anzupassen. Er verselbständigte Anästhesie und Urologie und schuf durch engste Kooperation mit den klinischen und theoretischen Nachbardisziplinen die

Grundlagen für eine effiziente chirurgische Forschung auf hohem wissenschaftlichen Niveau. 1967/68 war er Dekan der Medizinischen Fakultät. 1973 wurde er in der Nachfolge seines chirurgischen Lehrers Rudolf Zenker auf den Lehrstuhl für Chirurgie der Universität München berufen und leitete die Chirurgische Universitätsklinik bis 1989, zunächst an traditionsreicher Stätte in der Nußbaumstraße. Später vollzog er die Umsiedlung von Lehrstuhl und Klinik in das neu geschaffene moderne Klinikum Großhadern.

Georg Heberer hat die Entwicklung der Chirurgie in Deutschland in der zweiten Hälfte dieses Jahrhunderts in Forschung, Lehre und Krankenversorgung entscheidend mitgestaltet und ihr wesentliche neue Impulse verliehen:

Im *klinischen Bereich* führte sein anhaltendes Interesse an der Thoraxchirurgie zu bedeutenden Verbesserungen in der Lungenchirurgie. wobei er die anatomischen Lungensegmentresektionen maßgeblich in Deutschland einführte. Diese Arbeiten bildeten auch die Grundlage für seine Habilitationsschrift (1953). Die gemeinsam mit R. Zenker und H.H. Löhr verfaßte Monographie „Die Lungenresektionen" wurde in mehrere Sprachen übersetzt und gehörte lange Jahre zu den Standardwerken der Thoraxchirurgie in Europa, Rußland und den asiatischen Ländern bis sie 1991 durch das Buch „Lunge und Mediastinum" abgelöst wurde.

Für die Gefäßchirurgie in Deutschland hat Georg Heberer Pionierarbeit geleistet und gehörte zu ihren führenden Vertretern. Neben der klinischen Aufgabe beschäftigte ihn der Gefäßersatz, wozu er grundlegende experimentelle Erkenntnisse erarbeitete. Ihm gelang bereits 1959 erstmals in Europa und als zweiten Fall überhaupt die erfolgreiche operative Versorgung einer thorakalen Aortenruptur, sowie später erstmals die Rekonstruktion eines im Stadium der Ruptur resezierten luetischen Aneurysmas der thorakalen Aorta durch alloplastischen Ersatz des gesamten Aortenbogens. Die intensive klinische Auseinandersetzung mit peripheren Durchblutungsstörungen, und besonders den Erkrankungen der großen Organarterien mit umfangreichen klinischen Erfahrungen, ließen seine

Kliniken in Köln und München rasch zu führenden gefäßchirurgischen Zentren in Europa heranwachsen. Die Monographien „Aorta und großen Arterien" (1965, gemeinsam mit G. Rau und H. H. Löhr), „Angiologie" (1974, gemeinsam mit G. Rau und W. Schoop) sowie „Arteriosklerose als chirurgische Aufgabe" (1976) geben Zeugnis von seiner großen klinischen Expertise.

Seine thorax- und gefäßchirurgischen Erfahrungen führten auch zu Fortschritten in der Herzchirurgie. Aufbauend auf seinen tierexperimentellen Arbeiten konnte R. Zenker gemeinsam mit G. Heberer 1958 erstmals in Deutschland eine Operation am offenen Herzen unter Einsatz der Herz-Lungen-Maschine erfolgreich durchführen. Weitere Arbeiten gemeinsam mit H.J. Bretschneider führten zur Entwicklung einer neuartigen Kardioplegielösung, die er erstmals 1966 bei der Resektion eines Aorta ascendens-Aneurysmas einsetzte. Ab 1969/70 beschäftigte er sich mit der Revaskularisation des Myokards und gehörte zu den Ersten, die in Deutschland Erfahrungen mit der modernen Koronarchirurgie vorlegen konnten.

Trotz dieser hochspezialisierten Tätigkeit, zu der man auch die Transplantationschirurgie und die chirurgische Intensivmedizin hinzunennen könnte, war Georg Heberer ein begeisterter Allgemeinchirurg, der die Einheit in der Vielfalt nicht nur in Worten vertrat, sondern auch überzeugend lebte. Er operierte täglich im breiten Spektrum der Allgemeinchirurgie mit besonderem Interesse für die Magen- und kolorektale Chirurgie. Er war ein begnadeter Operateur, dessen ausgefeilte und gut durchdachte Operationstechnik, an deren Perfektion er ständig arbeitete, zahlreiche Interessenten als Besucher oder Gastärzte für unterschiedlich lange Zeiten an die Klinik zog, und die für seine Mitarbeiter ein selten erreichtes Ziel darstellte.

Georg Heberer hat der chirurgischen Forschung in Deutschland entscheidende Impulse verliehen und hat viel dazu beigetragen, ihr wieder internationale Anerkennung zu verschaffen. Er erkannte frühzeitig, daß die Lücke, die sich in Deutschland durch die Selbstisolation während des dritten und vierten Jahrzehnts aufgetan hatte, sich nur dann würde schließen lassen, wenn es gelang, vermehrt Kenntnisse und Methoden der theoretischen und Grundlagenfächer für die Chirurgie nutzbar zu machen. Es war daher konsequent, daß er an der Chirurgischen Universitätsklinik Köln erstmals in Deutschland eine gut ausgestattete, selbständige Abteilung für experimentelle Chirurgie einrichtete, für deren Leitung er anfangs H.J. Bretschneider und später W. Isselhard gewann (1959). Ihr folgte 1966 die Einrichtung einer Abteilung für Chirurgische Immunologie, der G. Hermann vorstand. Daneben wurden stets enge Kontakte mit in- und ausländischen wissenschaftlichen Institutionen unterschiedlicher Schwerpunkte gepflegt, teils um gemeinsame Fragestellungen zu bearbeiten, teils auch um neue methodische Ansätze kennenzulernen und zu übernehmen. Klinische Forschung war für ihn – unabhängig von der angewandten Methodik – Forschung an Fragen aus der Klinik mit Lösungen für die Klinik und nicht etwa nur Forschung mit klinischer Methodik. Die Publikationsverpflichtungen in der Wissenschaft nahm er sehr ernst: 13 Bücher als Autor und/oder Herausgeber – viele von ihnen Standardwerke der chirurgischen Literatur – und ca. 550 wissenschaftliche Publikationen geben davon Zeugnis. Ebenso wichtig war ihm seine Aufgabe als Schriftleiter der Zeitschrift *„Der Chirurg"*, die er 25 Jahre versah.

Georg Heberer war seinen Mitarbeitern und Studenten ein begeisternder Lehrer, der zu interessieren und zu motivieren verstand. Stets aktuell und immer bestens informiert über Entwicklungstendenzen war sein Vortrag lebhaft, herausfordernd, geistreich und zuhörerorientiert. Niemanden ließ er unbeeindruckt. Sein Lehrbuch für Chirurgie erfreute sich über Jahre und mehrere Auflagen hinweg bei Studenten und Ärzten großer Akzeptanz. Von seinen Mitarbeitern verlangte er viel, aber nie mehr als von sich selbst. Er betrat morgens als erster die Klinik und verließ sie als letzter am Abend. Für seine Patienten war er immer zu sprechen. Sein Fleiß und sein Engagement waren beeindruckend und für Viele prägend. Er war kompromißlos leistungsorientiert, er gab sich mit Mittelmaß nie zufrieden, respektierte aber Leistungsgrenzen bei anderen, solange sie echt und nicht durch Gleichgültigkeit oder unzureichendes Engagement bedingt waren. Er forderte Alles, aber er überforderte niemanden. Er war akademischer Lehrer, scheute sich aber nicht, auch Erzieher zu sein. Eindrucksvoll war die Atmosphäre von Offenheit, die in der Klinik herrschte, seine stets positive Grundeinstellung und das Fehlen von Neid und Mißgunst. Er achtete darauf, daß seine Mitarbeiter an ihrer Persönlichkeitsentwicklung arbeiteten und machte im vertraulichen Gespräch auf etwaige Fehlentwicklungen aufmerksam. Er legte Wert auf eine akademische Prägung, wozu er Wissenschaft, geistige Aufgeschlossenheit, Wahrhaftigkeit, intellektuelle Redlichkeit sowie die Freiheit von Vorurteilen rechnete. Bei der Einhaltung höchster ethischer Standards war er unerbittlich. Gleichzeitig kannte er die Grenzen, die der Medizin und dem menschlichen Leben durch die Natur gesetzt waren, und er respektierte sie. Er hat uns, seine Schüler, zum Nachdenken gebracht, nachdenklich gemacht, wach gehalten und angeregt, unseren Geist für Neues erschlossen, er hat uns neugierig gemacht.

Georg Heberer war ein Mensch, kein Denkmal. Gespreizte Professoralität war ihm fremd. Er fühlte und dachte mit Anderen. Viele Menschen sind in den Genuß seiner steten Hilfsbereitschaft gekommen. Aber trotz seiner Spontaneität und seiner offenen Kontaktbereitschaft bewahrte er sich private Sphären, die er nur wenigen Freunden öffnete. Seine facettenreiche Persönlichkeit vereinte scheinbar gegensätzliche Eigenschaften: Er war offen und verschlossen, fordernd und nachsichtig, ehrgeizig und bescheiden sowie ausgleichend und polarisierend zugleich. Nur einem großen Charakter gelingt es, solche Gegensätze glaubwürdig in einer Person zu fokussieren.

Georg Heberer sah es gern, wenn sich seine Mitarbeiter künstlerisch engagierten, sei es in der bildenden Kunst oder in der Musik, und er verstand es, solche Begabungen zu fördern. Er selbst liebte die Kunst in ihren verschiedenen Ausprägungen und Spielarten, und es ist zu vermuten, daß künstlerische Aspekte – bewußt oder unbewußt – auch für seine ärztliche Tätigkeit bedeutungsvoll waren. Er selbst sprach jedenfalls oft von der Chirurgie als einer Heilkunst, ohne dies genauer zu beschreiben. Er verstand darunter nicht etwa die kalkulierbaren Therapieansätze, -verfahren und -ergebnisse. Diese waren – um bei diesem Wortspiel zu bleiben – bestenfalls Kunststücke. Auch die beherrschte er, aber es wäre ihm wohl nie in den Sinn gekommen, z.B. Heilkunde und Heilkunst auf eine Stufe zu stellen, oder die Begriffe gar für austauschbar zu halten. Heilkunst war für ihn eine Denkweise und eine Handlungsanleitung zugleich. Sie bestand darin, intuitiv und rational, sehend und fühlend Probleme von Patienten zu erfassen, sie zu analysieren, ihre Gründe aufzuspüren und dafür Lösungen zu suchen, die der Persönlichkeit des Patienten, seinen Bedürfnissen und seinem Umfeld angepaßt waren. Nicht die Therapie, nicht die Operation, sondern die Indikation, d. h. Therapieentscheidung und Methodenwahl waren für ihn die wichtigsten und auch schwierigsten Aufgaben des Chirurgen, wie er es in seiner Präsidentenrede 1980 formulierte. Heilkunst war für ihn nur als Interaktion von zwei Persönlichkeiten, von Arzt und Patient denkbar, mit der modernen Medizin lediglich als einem Instrumentarium. Sie bestand darin, allgemein anerkannte Regeln der Medizin im Hinblick auf die Bedürfnisse eines Patienten zu modulieren. Natürlich hatte sie den Erfolg zum Ziel, aber nicht den Erfolg um jeden Preis. Anzustreben war der Ausgleich zwischen dem Wünschenswerten und Möglichen, dem Machbaren und dem Zumutbaren. Georg Heberer kannte und pries die Möglichkeiten der modernen Medizin – und fürchtete sie zugleich, zumindest ihren Mißbrauch. Die Verlängerung des Leidens mit allen Mitteln der Medizin gehörte für ihn jedenfalls nicht mehr zum Heilauftrag des Arztes.

Kreativität und Individualität waren somit die Charakteristika seiner ärztlichen Tätigkeit, jede seiner Therapien war ein „Unikat", und in dieser Form nicht wiederholbar. Sie spiegelte die Persönlichkeit des Arztes und die des Patienten wider.

Definieren wir Heilkunst in diesem Sinne, dann war Georg Heberer in Wahrheit selbst auch Künstler. Als solcher und als Opernliebhaber, der er war, wußte er natürlich auch um die Bedeutung der guten Inszenierung, und er bediente sich gern und gekonnt ihrer Elemente. Wer je miterlebt hat, wie er in akuten Notsituationen wirkte, wie er in kritischen Momenten Führung übernahm und zu zeigen verstand, oder wie er bei Lehroperationen vor zuschauenden Kollegen auch auf Formales und scheinbare Äußerlichkeiten großen Wert legte, weiß, daß er sich auch in dieser Kunst auskannte.

Daß Georg Heberer auch ein Lebenskünstler war, würden die wenigsten vermuten, die in ihm nur den hart arbeitenden, disziplinierten und zielorientierten Hochschullehrer und Klinikchef gesehen haben, der sich unablässig neue Aufgaben und Verpflichtungen auflud und ein immenses Arbeitsprogramm absolvierte. Aber er kannte die Bedingungen des Lebens. Er wußte, daß Höchstleistungen nicht in den Schoß fallen und, daß Leistung nach Ausgleich verlangt. Er hatte ein Gespür für die Notwendigkeit des Wechsels von Anspannung und Entspannung, und er lebte danach. Sein Tagesablauf trug diesen Gesichtspunkten Rechnung, und auch das Jahr enthielt mit kluger Weitsicht gewählte Freiräume, Möglichkeiten zum Erhalt der körperlichen Fitneß, Platz für die Auseinandersetzung mit Themen außerhalb der Medizin und Zeit für die schöpferische Pause.

Georg Heberer war natürlich auch ein Mensch in seinen Widersprüchen und Zweifeln. Er fällte schwierige und weitreichende Entscheidungen nicht leicht, sondern oft erst nach einem langen, teilweise schmerzlichen Prozeß. Unmittelbar darauf konnte er ob der Unwiderruflichkeit seiner Entscheidung erschrocken sein und sich von der Frage, ob auch alle Aspekte ausreichend bedacht und gewertet worden waren, und ob die Entscheidung sich auch in Zukunft als tragfähig erweisen würde, quälen lassen. Rückschläge konnten ihn jedoch nicht entmutigen. Im Gegenteil, man hatte den Eindruck, daß sie ihn zu noch größeren Anstrengungen motivierten, und daß er auch aus gelegentlichen Niederlagen letztlich gestärkt hervorging.

Georg Heberer war eine große und profilierte Persönlichkeit, die jeden, der mit ihr zusammentraf, in ihren Bann zog. Dem entsprechen auch die zahlreichen Ehrungen in Form von wissenschaftlichen Preisen, Mitgliedschaften in vielen in- und ausländischen wissenschaftlichen Gesellschaften, öffentliche Ehrungen wie das Bundesverdienstkreuz und der Bayerische Verdienstorden, den er besonders hoch wertete, und nicht zuletzt auch die Zuerkennung der Ehrendoktorwürde der Georg-August-Universität Göttingen.

Mit dem Tode von Georg Heberer hat sich eine Lücke aufgetan, die sich nicht schließen läßt. Seinen Rat, seine Anregung und seine Freundschaft werden wir schmerzlich vermissen, und dies wird besonders deutlich machen, was er für uns war. Nur wer ihn erlebt hat, wird die Größe des Verlustes abschätzen können. Aber er wird nicht in Vergessenheit geraten, seine Schüler werden seine Ideen weiterleben und weitergeben. In Ihnen wird er fortbestehen, denn letztlich definiert sich der Mensch nicht aus seiner Vergänglichkeit, sondern als Träger von Ideen und Werten. Die Erinnerung an ihn und sein Wirken in München wird auch fortbestehen und wachgehalten werden durch einen Forschungspreis, der seinen Namen tragen wird, und den die Chiles Foundation Portland/Oregon in Höhe von US$ 10 000 für herausragende wissenschaftliche Leistungen einrichtet, und der von unserer Universität getragen und jährlich bundesweit für jüngere chirurgische Forscher ausgeschrieben werden wird.

Georg Heberer hat sich um die Chirurgie, um diesen Lehrstuhl und um uns alle verdient gemacht. Wir, seine Schüler sind glücklich und dankbar, auf ihn getroffen und ein Stück unseres und seines Weges gemeinsam gegangen zu sein.

Wir gedenken seiner in Verehrung und Dankbarkeit. Unser ganzes Mitgefühl gilt seiner verehrten Gattin, seiner Familie und allen, die ihm nahe gestanden haben.

F. W. SCHILDBERG

Verehrte Frau Heberer, liebe Renate, liebe Familie,
verehrte im Gedenken an Professor Heberer versammelte
Damen und Herren,

lassen Sie mich beginnen mit Worten, die Adolf Butenandt im
Rahmen einer Gedenkfeier für den großen Richard Kuhn
gesprochen hat, und die für unsere Feierstunde so zutreffend
sind:

„Wir alle bilden heute eine Gemeinschaft, die jenen großen Kreis
derer repräsentiert und symbolisiert, die sich dem Verstorbenen ver-
bunden fühlen und denen er aus seinem Reichtum zu schenken
wußte".

Ja, wir sind von Professor Georg Heberer beschenkt worden,
über Jahre und Jahrzehnte hinweg, in vielfältiger Weise. Wir
spüren übermächtig, daß wir ohne ihn ärmer geworden sind –
und wir müssen schon jetzt – wo uns Georg Heberer noch so
nah ist – in der Erinnerung an unseren verehrten Kollegen und
lieben Freund leben. Das ist schwer.

Die Medizinische Fakultät würdigt mit größter Anerkennung dankbar, was Professor Georg Heberer seinen Patienten, seiner Klinik, seinen Schülern gegeben hat. Wir fühlen
tiefe Dankbarkeit für das, was er der Fakultät als Wissenschaftler,
als Hochschullehrer, als weltweit anerkannter Chirurg geschenkt
hat. Er hat die weltbedeutende Tradition der Chirurgie in unserer Fakultät nicht nur erhalten, sondern ganz wesentlich wei-
terentwickelt. Die Fülle seiner internationalen Ehrungen und
Auszeichnungen beweist es – so wie die Anwesenheit von
Chirurgen aus aller Welt – in dieser Stunde. Er hat Außer-
gewöhnliches, Bleibendes geleistet. So wie es sein Mentor und
Lehrer Rudolf Zenker im Jahre 1971 in einem Schreiben an die
Fakultät prognostiziert hat: „Heberer, Köln, 51 Jahre, ist einer
der sichersten Operateure die ich kenne, der ungeheuer rasch
Operationssituationen erkennt und danach die Operationstaktik
erfolgreich gestaltet. Man kann von ihm sagen: Zum Sehen
geboren, zum Schauen bestellt. Er ist die Persönlichkeit, die
über sein Fach und seine spezielle Forschung hinaus zu den-

ken vermag. Er wird die Spezialgebiete der Chirurgie unter einem Dach erfolgreich vereinigen".

In seiner Präsidentenrede 1980 führte Georg Heberer diesen zur Struktur der Chirurgie nochmals detaillierter aus. Er sagte: „Der Brückenschlag zwischen den chirurgischen Teilgebieten ist eine der wichtigsten Aufgaben um das große Ganze im Blick zu behalten, eine interdisziplinäre Zusammenarbeit zu wahren und die umfassenden Grundlagen nicht zu verlieren. Die gewaltige Wissensvermehrung zwingt zur Spezialisierung – dem Spezialisten darf aber der Überblick nicht weiter verloren gehen".

Georg Heberer hat für die Einheit der Chirurgie erfolgreich gekämpft. Ein Kernstück seines Lebenswerks. Er begriff sich als Chairman und bekannte sich zum Chairman-Prinzip. Mit Überzeugungskraft verordnete er seiner Klinik in München dieses Konzept der zeitgerechten inneren Strukturierung. Es trug wesentlich dazu bei, daß Georg Heberer das Höchste und Schönste – so hat er es formuliert – in seinem Leben als Hochschullehrer erreichen konnte, nämlich eine Schule zu begründen – die „Heberer-Schule".

Woran denkt die Fakultät noch?

Professor Heberer war 1976 einer der Initiatoren des Münchner Tumorzentrums – einer Einrichtung, die sich so segensreich um die Patienten der Münchner Region kümmert. „Kurze Wege zwischen Forschung und Klinik zum Wohle der Patienten". So lautet das Motto dieses interdisziplinären, interfakultativen Zentrums. Es ist auch Georg Heberers persönliches Motto gewesen.

Georg Heberer hat sich um die Transplantationschirurgie verdient gemacht. Sie wurde von ihm frühzeitig gefördert, in Köln bereits Mitte der 60er Jahre. Dann – in München – etablierte er gemeinsam mit Walter Land das Münchner Modell der Organtransplantation, welches heute als beispielhafte Einrichtung bezeichnet werden kann.

Georg Heberer hat sehr früh erkannt, daß die Wissenschaft, zu der unser Jahrhundert verändernden und bestimmenden Kraft geworden war. Er erkannte in jungen Jahren, daß ein internationaler Standard für seine Chirurgie nur dann zu erreichen wäre, wenn es gelänge, die Forschung zu fördern.

Hier in München war er besonders erfolgreich – ich glaube, das darf man sagen. Dieser Erfolg beruhte auch auf einer glückhaften Begegnung – die sich zu einer freundschaftlichen Beziehung entwickelte – mit Walter Brendel und Konrad Meßmer.

Ich bin Georg Heberer erstmals im Sommer 1976 begegnet. Ich traf auf einen Mann, der eine ungeheure Energie und Vitalität ausstrahlte. Einem Mann der ohne Umschweife zur Sache kam, zur Zusammenarbeit zwischen Chirurgie und Anästhesie – zur Zusammenarbeit zwischen uns beiden.

In dieser ersten gemeinsamen Stunde, die mir unvergessen geblieben ist, spannte er den Bogen von der Medizin bis zu ganz persönlichen Aspekten unseres künftigen gemeinsamen Lebens in dieser Fakultät, in dieser Stadt mit ihren Konzertsälen, Theatern und der Oper.

Er redete ohne zu Bereden. Er warb um Vertrauen indem er Vertrauen schenkte. Er überzeugte mit der Kraft seiner Argumente, mit der Leidenschaft mit der er sie vortrug. Er überzeugte mit der Kraft seiner Persönlichkeit.

Bald bemerkte ich, daß Georg Heberer in seiner Persönlichkeit recht unterschiedliche Eigenschaften vereinte, in einer Ausprägung, wie es nur bei starken, dominierenden Persönlichkeiten der Fall ist. Er war streng, auch gefürchtet, und konnte doch so freundlich, zuwendlich sein. Er war ernst und manchmal ganz ruhig, und konnte doch so temperamentvoll fröhlich und ausgelassen sein. Er war genau, fast penibel, und war doch auch großzügig. Er konnte sich und seine Anliegen mitreißend darstellen. Vor Studenten, in Gremien, und konnte auch bescheiden im Hintergrund bleiben.

Viele akademische und staatliche Ehrungen wurden ihm zuteil. Er wurde eine Persönlichkeit des öffentlichen Lebens. Aber er stand den Ehrungen auch wieder nüchtern gegenüber. Ich habe ihn zum Beispiel nie im vollen Ordensschmuck erlebt. Aber ich weiß, er freute sich doch über die Auszeichnungen und empfand eine eher stille Dankbarkeit.

Georg Heberer war ein vorbildlicher Arzt, und auch hier hat er mich tief beeindruckt. Er ist mir ein Vorbild. Seine Entscheidungen als Arzt fällte er immer auf beiden Ebenen ärztlichen Denkens und Handelns. Einmal auf der Ebene, auf der entschieden wird, ob eine Aufgabe in der Medizin gut und vernünftig machbar ist. Die Ebene der praktischen Medizin. Der erfahrene, wissenschaftlich gebildete Arzt ist gefragt.

Zum anderen berücksichtigte Georg Heberer – mit großer Ernsthaftigkeit – auch die zweite Ebene, auf der entschieden wird, ob das Ziel ärztlichen Handelns auch moralisch vertretbar ist, für den Arzt wie für den Patienten. Es ist die Entscheidung der praktischen Vernunft, also der Ethik.

Georg Heberer ist mir auch ein Vorbild in der Organisation seines Lebens. Ich habe den Eindruck gewonnen, er konnte mit der Zeit umgehen. Er lebte in der Gegenwart und für die Gegenwart. Er wußte die Zukunft gestaltet sich aus der Gegenwart. So haßte er es, Dinge auf die lange Bank zu schieben. So, als kenne er die Worte Senecas:

„Indem man das Leben verschiebt,
eilt es vorüber.
Alles ist fremdes Eigentum,
nur die Zeit ist unser.
Nur diese eine
vergängliche und flüchtige Sache
hat uns die Natur zu Eigen gegeben."

Georg Heberer ist meisterhaft mit der Zeit umgegangen. Interdisziplinäre Zusammenarbeit war kein leeres Wort für ihn. Als Anästhesiologe habe ich dies erfahren dürfen. Meine Mitarbeiter und ich, wir haben mit Georg Heberer und seiner Klinik in einer wunderbaren, fruchtbaren Zusammenarbeit und Harmonie gelebt. Dies hat sich fortgesetzt mit Friedrich Wilhelm Schildberg – bis heute.

Für dies Alles bin ich zutiefst dankbar.

Liebe Renate,
Liebe Familie,
Eveline und ich,
wir danken dafür, daß wir an Georgs Leben,
an Eurem Leben,
so intensiv teilhaben durften.
Wir werden Georg in lebendiger Erinnerung halten.

KLAUS PETER

Sehr verehrte, liebe Frau Heberer,
Spektabilität,
meine sehr verehrten Damen, meine Herren,

Georg Heberer wurde 1953 Mitglied der Deutschen Gesellschaft für Chirurgie und hat seitdem zu seinen Lebzeiten nur einen einzigen ihrer Jahreskongresse (wegen einer Chinareise) versäumt. Für das Amtsjahr 1979/1980 wurde er zum Präsidenten gewählt und gestaltete den Jahreskongreß 1980 hier in München. 1993 wählte das Präsidium der Deutschen Gesellschaft für Chirurgie ihn zum Ehrenmitglied. Soweit die äußeren Daten. Wir haben mit Georg Heberer eine herausragende Chirurgenpersönlichkeit verloren. Seine plötzliche Abberufung aus einem erfüllten, aber immer noch täglich mit neuer Vitalität sprudelnden Leben hat Präsidium und Mitglieder unserer Gesellschaft zutiefst berührt. Unser besonderes Mitgefühl gilt Ihnen, sehr verehrte, liebe Frau Heberer und Ihrer Familie. Durch sein kontinuierliches, temperamentvolles und andere stimulierendes Engagement hat Georg Heberer die Deutsche Gesellschaft für Chirurgie über Jahrzehnte nachhaltig mitgestaltet.

Seine Persönlichkeit als klinischer und wissenschaftlicher Chirurg ist bereits gewürdigt worden. Es bleibt mir die ehrenvolle Aufgabe, seine Leistungen für die deutsche Chirurgie und unsere Gesellschaft herauszustellen und ihm dafür unseren tiefen Respekt und unseren herzlichen Dank zu bezeugen.

Geprägt durch die Schule Rudolf Zenkers und durch das eigene Erleben der Kriegs- und unmittelbaren Nachkriegszeit hat er mit Übernahme des II. Chirurgischen Lehrstuhls der Universität Köln im Jahre 1959 sofort alle Anstrengungen unternommen, um das neue durch einen eigenen Studienaufenthalt in den USA erworbene Ideengut anglo-amerikanischer chirurgischer Forschung und Lehre in unserem Lande umzusetzen. Ich erinnere mich lebhaft seiner Kölner Antrittsvorlesung über die stürmische Entwicklung der Gefäßchirurgie, sein damaliger eigener Forschungsschwerpunkt, und an die Einführung des Bedside Teaching in seiner Merheimer Klinik. Im Herbst

1959 hat er als erster deutscher Chirurg in der ehemaligen Funkmeisterei des alten Fliegerhorstes Köln-Merheim eine „Abteilung für experimentelle Chirurgie" gegründet und hatte dabei das Glück, mit dem Physiologen Hans-Jürgen Bretschneider aus Göttingen einen besonderen Partner für diese Aufgabe zu finden. Seine eindrucksvolle Schilderung „50 Jahre erlebte Aortenchirurgie" in den *Mitteilungen der Deutschen Gesellschaft für Chirurgie* des letzten Jahres läßt diese Zeit noch einmal anschaulich nacherleben. Er hat damit die Anregung zur Gründung weiterer derartiger Institutionen hier in München, in Heidelberg und andernorts gegeben, die die chirurgische Forschung in unserem Land in den letzten Jahrzehnten erheblich mitbestimmt haben.

Die Entwicklung der chirurgischen Forschung, die beruflichen Chancen chirurgischer Assistenten und die klinische Studentenausbildung waren auch besondere Anliegen *„seines Chirurgenkongresses"* im Jahr 1980. In seiner Ansprache zur Eröffnung des Kongresses stellte er darüber hinaus den Brückenschlag zwischen den chirurgischen Teilgebieten als eine der wichtigsten Aufgaben der 80er Jahre. Weitere Überlegungen widmete er der Indikation und deren Grenzen zum chirurgischen Eingriff („Der Chirurg darf nicht alles operieren, was er operieren kann!) und dem Unbehagen über die Kluft zwischen den technischen Möglichkeiten der modernen Intensivstation, dem menschlichen Aspekt einer solchen Behandlung und auch bereits der Kostenentwicklung im Gesundheitswesen. Er ließ es aber nicht bei Sonntagsreden über die geistige Bewältigung des Fortschritts von Medizin und Technik bewenden. So verdanken wir seiner Ein- und Weitsicht die Einrichtung einer eigenen „Chirurgischen Arbeitsgemeinschaft für Intensivmedizin" unserer Gesellschaft. Er erkannte gleichermaßen die Bedeutung der täglichen Auseinandersetzung mit der Pathophysiologie der Intensivmedizin für die Fort- und Weiterbildung der Chirurgen, die Bedeutung der Intensivmedizin für die chirurgische Forschung, aber auch die Notwendigkeit, unseren eigenen intensivmedizinischen Anspruch als Teil unserer ärztlichen Verantwortung zu wahren. Einen wesentlichen Teil seiner damaligen Eröffnungsansprache widmete er der Forschung an den Hochschulkliniken und deren ungenügender Entwicklung. Wie immer beendete er seine Betrachtungen mit einigen praktischen Vorschlägen. Hierzu gehörte neben der Gründung der schon erwähnten „Arbeitsgemeinschaft für Intensivmedizin" auch die Gründung einer „Arbeitsgemeinschaft für klinische Studien in der Chirurgie" während seiner Präsidentschaft. Leider müssen wir feststellen, daß wir diese Anregung in den folgenden Jahren zu zögerlich aufgegriffen und unterstützt haben. Das Anliegen klinischer Studien hat heute in Deutschland noch einen deutlichen Nachholbedarf.

Als besondere Ereignisse und Anliegen seines Präsidentenjahres vermerkte er in seinem ungedruckten handschriftlichen Abschlußbericht für die seit dem Jahre 1900 fortlaufend erhaltenen „Vertraulichen Mitteilungen" der jeweiligen Präsidenten die Festlegung des Sitzes der Deutschen Gesellschaft für Chirurgie auf Berlin trotz der Verlegung der Geschäftsstelle nach München und die einstimmige Empfehlung des Präsidiums, die 100. Jubiläumstagung erstmals wieder in Berlin abzuhalten; die Verankerung der etablierten Teilgebiete und experimentellen Chirurgie in der Satzung der Gesellschaft und das Ziel der Rückgewinnung der Herz-, Thorax- und Gefäßchirurgen sowie der Kinderchirurgie mit Sitz und Stimme im Präsidium; die Bedeutung unseres Berufsverbandes, der 1980 sein 20-jähriges Jubiläum feierte und schließlich die schon erwähnte Gründung eigener chirurgischer Arbeitsgemeinschaften für „Intensivmedizin" und „Klinische Studien in der Chirurgie". (Erstmals fand während seines Kongresses eine Posterausstellung mit Diskussion statt und schließlich gab er seinem Nachfolger die Empfehlung, „noch mehr Vorträge abzulehnen, die Hauptthemen zu reduzieren und mehr Zeit für Diskussion und Aussprache vorzusehen.") Dieses aus heutiger Sicht immer noch aktuelle Resümee unterstreicht die Weitsicht des damaligen Präsidenten Georg Heberer. Nach Beendigung seiner Präsidentschaft hat er unserer Gesellschaft als Mitglied des Präsidiums und Senator gedient und ihre Entwicklung weiter aktiv mitgestaltet.

Die Deutsche Gesellschaft für Chirurgie verdankt ihm viel. Wir sollten uns bemühen, ihm dafür nicht nur unsere Anerkennung und unseren Dank zu zollen, sondern an der Umsetzung seiner Gedanken weiterzuarbeiten.

Einer besonderen Würdigung bedarf die Tätigkeit des Verstorbenen als Mitherausgeber von *Der Chirurg*, des Organs der Deutschen Gesellschaft für Chirurgie ebenso wie seine Vertretung unserer Gesellschaft im Editorial Board des *World Journal of Surgery*. Georg Heberer hat den *Chirurg* gemeinsam mit Ernst Kern und Theo Lindenschmidt durch die Einführung der „Themenhefte" und seine unermüdliche Arbeit als Herausgeber über mehr als 20 Jahre (1969–1989) zu der führenden chirurgischen Zeitschrift unseres Landes gemacht und damit der Deutschen Gesellschaft für Chirurgie und dem Berufsverband der Deutschen Chirurgen eine besondere, anspruchsvolle und weit verbreitete Publikationsebene zur Verfügung gestellt.

Es berührt mich in dieser Stunde persönlich, daß ich seit dem Sommer 1959 als Famulus und als einer der fünf ersten Studenten seiner Merheimer Mittwochsvorlesung wohl mit zu den längsten Zeitzeugen seines beruflichen Lebens gehöre.

Er kam als „jugendlicher Held" mit sechs Weggefährten aus Marburg in das rechtsrheinische Köln, wo er alsbald als Klinikchef, Motor klinischer und experimenteller Forschung, Bauherr und uns Studenten begeisternder Lehrer ein Tempo und einen Schwung an den Tag legte, die ihm in weiteren 40 Jahren unverändert erhalten blieben. Am Ende unserer chirurgischen Staatsexamensprüfung forderte er Volker Zühlke und mich mit einem herzlichen, gleichwohl verschmitzten Lachen, die Zungenspitze leicht aus einem Mundwinkel hervorlugend und mit einem Ellenbogenknuff in die Seite auf, Chirurg, besser noch Anästhesist zu werden, weil er daran gerade Mangel hatte. Mit der gleichen uns allen vertrauten Gestik und dem unverändert frischen Ellenbogenknuff gab er mir 40 Jahre später in der letzten gemeinsamen Präsidiumssitzung Ratschläge für meine Präsidentschaft mit auf den Weg. Ich habe ihn in all den Jahren niemals sagen hören: „Das scheint mir bedenklich, das geht nicht, das taugt nicht", sondern eigentlich immer nur: „Großartig", „Mach mal, los!" und das bis ins hohe Alter mit unverminderter Vitalität.

Wir haben ihn als Jüngere in früheren Jahren einmal gefragt, worin das Geheimnis seines Erfolges liege. Er nannte damals selbst Glück und Arbeit, d. h. Fleiß. Zu diesem Glück gehörten zweifellos Sie, sehr verehrte, liebe Frau Heberer. Wir alle wissen und er selbst hat es oft genug betont, wie sehr Sie seine Arbeit unterstützt und gleichzeitig sein sprühendes Temperament klug gezügelt haben. Ihr Mann hat in der Chirurgie und in der Deutschen Gesellschaft für Chirurgie bleibende Spuren hinterlassen. Dies möge Ihnen und Ihrer Familie in diesen Wochen ein Trost sein. Für uns zurückgebliebene und nachfolgende Chirurgen bleibt es eine Verpflichtung, seine Gedanken und Ideen weiterzutragen.

Albrecht Encke

Liebe Renate, Michael und Inge, Jörg und Helga,
Christiane und Jörg und die Enkelkinder,
meine Kollegen und Kolleginnen,
liebe Freunde,

Ich schätze die Gelegenheit heute, an diesem traurigen Tag,
bei Ihnen zu sein und das erfolgreiche Leben meines lieben
Freundes Georg Heberer zu feiern. Ich spreche für alle die vielen Freunde und Kollegen von Georg Heberer in den Vereinigten Staaten, in dem *American College of Surgeons* und in der
American Surgical Association. Aber, am wichtigsten spreche ich
als Freund – der einen lieben Freund verloren hat.

Und jetzt, mit Ihrer Erlaubnis, möchte ich auf Englisch
weiter sprechen, damit ich mein tiefstes Mitgefühl besser ausdrücken kann.

I first met Georg and Renate Heberer in November *1978*, when
Georg and I were speakers on a surgical program at Newport
Beach, California. We took an immediate liking to each other.
I spoke my poor German to Georg and I helped him with his
talks in English to this group.

Since I had spent two years in Germany in the 1950's, one of
those years in Munich, we had some common interests and knowledge. My wife Barbara met Renate on the tennis courts and
immediately liked her and we all played some tennis together.

A year or two later, their daughter Christiane, came to visit
us in Cleveland and met another young lady, the daughter of
a friend. And a few years after that, Jörg and Helga, their son
and daughter-in-law, came for a wonderful four month visit
where Jörg became interested in the medical-legal problems of
the law. We have subsequently met Michael and Inge and have
visited with them, both in their beautiful village of Stauffen im
Breisgau, in Basel and in the United States.

Georg and I began to visit back and forth. Georg invited me
to be a visiting professor at Grosshadern and I invited him to
be visiting professor at the Cleveland Clinic.

Georg was my guest at the American College of Surgeons meetings and subsequently achieved the honor of being elected an honorary member of the American College of Surgeons and of the American Surgical Association, our oldest and most distinguished surgical organization.

In *1986*, on a worldwide symposium on gastric cancer at the American College of Surgeons meeting, Georg presented the German and European experience with this disease.

In *1982* I was his guest at the *Deutsche Gesellschaft für Chirurgie* and, at this invitation, I gave a lecture on the United States experience with outpatient surgery at the meeting in Munich. Subsequently, in *1992*, I had the honor of being elected a Corresponding Member of the Deutsche Gesellschaft für Chirurgie, an honor which I treasure.

When my wife Barbara died in 1980, Georg and Renate were most kind and helped me through a difficult several years. They invited me to visit them and to go skiing with them in the mountains of their beautiful village Arosa and skied and played tennis with Georg and Renate. We have shared many visits and wonderful times with them in Germany, Switzerland, Austria, Puerto Rico, India and in many cities in the United States including Cleveland and at our lovely summer cottage and Lake Walloon. We have played tennis and golf, have skied and taken long walks where we have had a chance to talk of many things. We have introduced them to many of our friends who have come to love them and their family as we do. And here I think especially of the Blasinis from Puerto Rico, the Albrechts and Zilms from Cleveland and Arizona and the Baues from Yale and from St. Louis. When I retired in *1994*, Georg and Renate came to Cleveland to participate in my retirement fest at the Cleveland Clinic. We celebrated George's birthday with many of his friends in Cleveland that June.

Georg Heberer was an unique and special man. He was first and foremost an outstanding surgeon and teacher of surgery with an international reputation. He was a prolific author and his reputation spread through his many papers, presentations and text books of surgery. Throughout all these years he had the companionship and support of his wonderful wife Renate.

But more than all of that, Georg was a wonderful friend, to me and to many other surgeons throughout the world, young and old. Through Georg I have come to know many other excellent German, Swiss and Austrian surgeons, many of whom are here today and have become friends.

Georg was interesting, he was fun to be with, he was full of good humor and energy. He was a character. He loved good wine and good company. He loved to make jokes – on others and on himself. A favorite expression was "poor Georg!" said with a gleam in his eye!

He loved the mountains, he loved skiing and hiking, he loved tennis and golf, he loved music and opera and he loved to travel. He loved life! This wonderful spirit carried over to others and, wherever he was, he was the center of attention.

This "Trauerfeier" today and the many people who have come to pay tribute to Georg, commemorates not only the death, but more importantly the life of Georg Heberer. On behalf of myself, my wife Polly and our family, as well as his family of friends in the United States,

I express to Renate and Georg's entire family our deepest sympathy.

We will all miss, but cherish the memory of Georg Heberer.

R. E. HERMANN

Georg Heberer, 1932

Hochverehrte Frau Dr. Heberer,
geehrte Trauerversammlung,

Während des 116. Kongresses der Deutschen Gesellschaft für Chirurgie, also vor wenigen Monaten, ereilte mich in Tokio die bestürzende und völlig überraschende Nachricht vom Tode meines alten Chefs und Lehrers in Deutschland, Professor Dr. med. Dr. h. c. Georg Heberer.

In tiefer Trauer und im Gedenken an seine freundschaftlichen Zuwendungen während vieler Jahrzehnte erinnere ich mich ganz besonders an meine Kölner Zeit unter seiner Anleitung und Führung. Als Alexander-von-Humboldt-Stipendiat traf ich im September 1963 in Köln-Lindenthal auf ihn und war sogleich durch seine große Ausstrahlung gefangen. Während der zwei Jahre meines Forschungsaufenthaltes durfte ich durch ihn der großen deutschen chirurgischen Tradition in all ihrer Vielfältigkeit begegnen. Dabei konnte ich eine brillante operative Technik und wissenschaftliches Denken erlernen. Gleichzeitig wies er mir den Weg in die klinische Forschung. Insbesondere seine Pionierleistungen auf dem Gebiet der Gefäßchirurgie faszinierten mich und haben mir später meinen weiteren beruflichen Weg in Japan gewiesen. Durch Georg Heberers Vermittlung und Empfehlung habe ich viele chirurgische Experten und Autoren kennen gelernt, was von großer Bedeutung für spätere Aufgaben sein sollte. Die Ausbildung bei ihm während meiner Kölner Zeit hat dann später in vielerlei Hinsicht einen großen Einfluß auf meine weitere Entwicklung als Chirurg genommen. Ganz persönlich und für mich unvergeßlich durfte ich oftmals zusammen mit seiner Familie und seinen Schülern, denen ich immer eng verbunden geblieben bin, sehr freundschaftliche und unvergeßliche Abende in gepflegter häuslicher Atmosphäre verbringen.

Zum ersten Mal in Tokio, hielt Georg Heberer im Jahre 1974 einen Gastvortrag auf dem 74. Kongreß der Japan Surgical Society. Er betraf die chirurgische Behandlung der vaskulären Hypertonie und ihre Ergebnisse, und schilderte sie äußerst lehrreich und faszinierend. Zu dieser Zeit war er in Japan schon sehr bekannt und überaus respektiert. Danach wurden nicht nur er selbst, sondern auch seine Schüler, wie Peiper und Schildberg, zu Gastvorträgen bei den Kongressen der Japan Surgical Society oftmals eingeladen. Seine aufsehenerregenden Leistungen trugen ganz wesentlich zur Entwicklung der Chirurgie in Japan bei. Sein letzter Besuch fand im März 1994 statt. Es war dies der 94. Kongreß der Japan Surgical Society, den ich organisierte, und an dem er mit Peiper und Schildberg zusammen teilnahm. Während meiner Kölner Zeit stellte er außerdem zusammen mit seinen Schülern an fast jedem Weltkongreß der International Society for Cardiovascular Surgery zahlreiche, ganz hervorragende wissenschaftliche Leistungen vor.

Mir ist es als ehemaligem Präsidenten der Japan Surgical Society, aber auch als gegenwärtigem Präsidenten der International Society for Cardiovascular Surgery, ein herzliches Anliegen, Hochachtung und Dank dieser wissenschaftlichen Gesellschaften und damit der ihm besonders verbundenen japanischen und vieler über die Welt verstreuter Chirurgen zum Ausdruck zu bringen.

Wir trauern um ihn sehr in Dankbarkeit dafür, daß es ihn gegeben hat in unserem Leben, und fühlen uns seiner Familie gerade im Leid herzlich verbunden. Wir werden an ihn denken, wo immer wir in der Welt seine Schule vertreten können.

Yoshio Mishima

Sehr verehrte Frau Dr. Heberer,
Spectabilität,
verehrte Trauerversammlung,

Viele japanische Chirurgen trauern mit Ihnen um Herrn Professor Georg Heberer, denn er hatte auch in Japan viele Bekannte, Freunde und Kollegen, die mit Hochachtung zu ihm aufgeschaut haben.

Die plötzliche Todesnachricht erfüllte uns alle mit tiefer Trauer als ich am 20. März diesen Jahres mit Herrn Professor Peiper auf einem Kongreß in Tokio zusammen war, haben wir viel über unseren früheren Chef gesprochen und uns gefreut, daß es ihm gut geht. Ich konnte es deshalb zunächst gar nicht fassen, als am Tag darauf die Todesnachricht eintraf.

Auch für uns in Japan und besonders für mich persönlich bedeutet sein Tod den Verlust eines großen beruflichen Vorbildes und hoch geschätzten Freundes.

Meine erste Begegnung mit dem Namen Professor Heberer liegt mehr als 30 Jahre zurück. Damals war ich Oberarzt der Herzchirurgischen Klinik am Tenri-Krankenhaus in der historischen Stadt Nara. In der Zeitschrift *Deutsche Medizinische Wochenschrift* war ich auf einen Artikel gestoßen, der mein Interesse fand. Der Titel lautete: „Chirurgische Behandlung von Ventrikelaneurysma nach Myokardinfarkt". Tief beeindruckt von diesem Artikel war es dann der Name des Autors, der mich zum Buch „ Aorta und große Arterien" greifen ließ.

Besonders der Chirurgie der thorakalen Aortenaneurysmen galt mein besonderes Interesse, denn bis dahin hatten bei uns vor allem congenitale und valvuläre Herzkrankheiten im Vordergrund gestanden und Erfahrungen auf dem Gebiet der arteriosklerotischen Gefäßerkrankungen und besonders des ischämischen Herzleidens und der thorakalen Aneurysmen waren in Japan noch große Seltenheit.

Da ich damals schon vermutete, daß dieses Gebiet auch in Japan bald von größerer Bedeutung sein werde, reifte in mir der Wunsch, im Ausland meine Studien zu vertiefen.

Im Frühjahr 1969 hatte ich das große Glück, beim ersten „Asian-Pacific Congress" für Thoraxchirurgie in Kyoto Herrn Professor Heberer persönlich kennen zu lernen. Als ich ihn damals vor allem bei seinem Besuch in unserer Klinik meine Studienpläne eröffnete, war er sofort bereit, mir eine Assistentenstelle anzubieten.

Während meines 2jährigen Studienaufenthaltes in Köln in den Jahren 1970–1971 konnte ich viele wertvolle Erfahrungen auf dem Gebiet der Herz- und Gefäßchirurgie sammeln. Die praktische Arbeit und die experimentelle Forschung konzentrierten sich dabei vor allem auf die Chirurgie der thorakalen Aorta und auf die damals auch in Deutschland noch neue Coronarchirurgie.

Ich konnte in dieser Zeit Herrn Professor Heberer als Chirurgen und Klinikchef erleben und war beeindruckt von seiner Persönlichkeit. Seine große Vitalität, seine Schaffensfreude und sein Führungsstil waren unübertroffen. Seine Strenge, sein wissenschaftlicher Scharfsinn und sein Weitblick sind für mich zum Vorbild geworden.

Die Verbindung zwischen klinischer Arbeit auf höchstem Niveau und experimenteller Forschung empfand ich als beispielhaft. Ich habe dieses später in Japan stets fortgesetzt. Ich habe in Köln zusammen mit meiner Frau in der Klinik unter Professor Heberers Leitung eine sehr glückliche Zeit verbracht, wofür ich sehr dankbar bin.

Für meine weitere Berufskarriere wurden in diesen Jahren wichtige und richtungsweisende Weichen gestellt. Kurz nach meiner Rückkehr nach Japan wurde mir die Leitung der Kardiochirurgie am neu gegründeten Kokura Memorial Hospital übertragen, wo ich derzeit als Direktor der Klinik tätig bin.

Gemäß dem Grundsatz meines „geistigen und wissenschaftlichen Vaters" – wie ich Herrn Professor Heberer immer nenne, – daß die Praxis immer gepaart sein müsse mit der Forschung, blieb auch ich in den 11 Jahren meiner Chefarzt-Tätigkeit diesen Prinzipien treu.

Eine noch bessere Möglichkeit zur Verwirklichung dieser Ideen bot sich mir dann, als ich 1984 einen Ruf an die Universitätsklinik der Kioto-Universität bekam, wo ich bis zu meiner Emeritierung vor 2 Jahren den Lehrstuhl für kardiovaskuläre Chirurgie innehatte.

Die Worte von Professor Heberer beim Abschiedsbesuch in seinem Arbeitszimmer werden für immer in meinem Gedächtnis bleiben: „Bei Operationen – besonders auf Ihrem Fachgebiet – sind nicht die Hände, sondern der Kopf das Wichtigste".

Dabei spielte er sicher auf die zusätzlichen Risiken an, wie sie beim extrakorporalen Kreislauf und bei der gefürchteten Ischämie wichtiger Organe wie Herz oder Gehirn usw. auftreten. Um bei Operationen derartige Risiken auf ein Minimum zu beschränken, müssen entsprechende Strategien gedanklich bereits im Kopf vorbereitet sein. Dieser Rat meines Lehrers ist seither auch oberstes Prinzip bei all meiner Arbeit.

Ein weiterer Grundsatz von Professor Heberer war, daß eine zeitgemäße Chirurgie mit einem hohen Leistungsstandard nur in enger Verzahnung von klinischer und experimenteller Forschung durchführbar sei.

Da ich das wissenschaftliche Erbe meines geistigen Vaters durch meine lange Lehr- und Arztpraxis an viele Nachfolger weitergeben konnte, freut es mich, daß inzwischen viele „geistige Enkelkinder" in Japan seine Prinzipien und seine Lehre weiterhin fruchtbar an die nächste Generation weitergeben.

Zwar bin ich der einzige Herzchirurg unter seinen japanischen Schülern, inzwischen sind aber von meiner Schule 2 Kollegen Lehrstuhlinhaber an Universitätskliniken geworden und 14 haben Chefarztpositionen an wichtigen Herzzentren in Japan übernommen. Zwei weitere Mitarbeiter werden aller Voraussicht nach in naher Zukunft noch Lehrstühle besetzen. So werden seine Lehren und Prinzipien, seine Ideale weiterleben und die Saat seines Schaffens wird auch in Japan weiterhin reiche Frucht tragen.

Herr Professor Heberer genießt in Japan als Chirurg und Mensch höchste Anerkennung. Durch seine Arbeiten und besonders durch seine Besuche und Vorträge auf japanischen Kongressen ist er sehr bekannt gewesen und er gilt als Freund der japanischen Chirurgie. Mehrere japanische Chirurgen habe seine Schule durchlaufen.

Im Namen aller wissenschaftlichen Verehrer und Kollegen möchte ich auch im Namen meiner Frau vor allem den Angehörigen und auch den ihm immer nahe gestandenen Kollegen von Herzen mein und unser tiefstes Beileid aussprechen:

Professor Heberer „Sayonara" und „Domo Arigato"!

Toshihiko Ban

Liebe Familie Heberer, verehrte liebe Renate,
meine Damen und Herren!

„Bei jedem Abschied stirbt ein Stückchen Gegenwart in uns
und wird Vergangenheit,
doch unsere Seele weiß,
wie man das Glück bewahrt
in der Erinnerung
und so ihm eine Zukunft gibt,
die ohne Ende ist."   *Marlene Hörmann*

Das Glück, daß es ihn gab, läßt dankbar sein. Es gab ihn für
uns Schüler in unbestrittener Einmaligkeit.

Ich darf für seine Schüler sprechen, deren Ältester ich bin,
und tue dies eingedenk einer ungewöhnlichen Vielzahl von
Chirurgen, von Lehrstuhlinhabern, Chefärzten und Fachärzten,
die bei unterschiedlichen Wechselbeziehungen seinen Einfluß
auf das eigene Leben als Geschenk in die Zukunft mitnehmen
konnten.

1953 hatte Rudolf Zenker mich bei Eintritt in die Marburger
Klinik mit den Worten: „Ich ordne Sie meinem Oberarzt
Heberer zu" schicksalsmäßig an den jungen, soeben Habili-
tierten und gerade Verheirateten verwiesen, was mich zu seinem ältesten Wegbegleiter machen sollte. Ich durfte seinen
erfolgreichen akademischen Weg über eine längere Strecke miterleben, was für den jungen Chef in den Kölner Kliniken nach
einer späteren Buchwidmung zu „Jahren freudiger, fruchtba-
rer und vollendeter Zusammenarbeit" werden sollte. Ich wurde
sein erster leitender Oberarzt während der Kölner Zeit und
zugleich sein erster Habilitand.

Georg Heberer, wie erlebten wir ihn, wie sah ihn die Umwelt?
Er imponierte als begnadeter Chirurg, als innovativer Wissenschaftler, als faszinierender Lehrer; er beeindruckte durch ein
immenses Spektrum künstlerischer, literarischer, historischer
und kultureller Interessen und als ein Mensch zugleich mit der
überzeugten Einbindung in den uralten ethischen Kodex des

Arztes in Humanitas und Caritas. Kommunikationsfreude, Organisationstalent und ein scharfer Intellekt waren vereint mit Charme, Humor und großer Ausstrahlungskraft – auch mit Ecken und Kanten natürlich.

Dies alles zog uns in seinen Bann, beeinflußte unsere eigene Entwicklung und ließ uns mit seiner Förderung eigene Lebensaufgaben finden. Sein Umfeld wuchs mit jeder neuen Herausforderung. Ideenreichtum, Vorausblick und Durchsetzungsvermögen ließen ihn, wie wenige Chirurgen der Nachkriegsgeneration, Neuland in Klinik und Forschung erobern, die Entwicklung bedeutender akademischer Einrichtungen beeinflussen und internationales Ansehen gewinnen. Vier chirurgische Universitätskliniken wurden von ihm umgestaltet, modernisiert oder, wie in Großhadern, in Betrieb genommen.

1959 richtete er in Köln-Merheim, erstmalig für Deutschland, eine Abteilung für Experimentelle Chirurgie ein, die er dem Physiologen Bretschneider aus Göttingen anvertraute. Auf den 1. Lehrstuhl für Chirurgie nach Köln-Lindenthal berufen, realisierte er eine verbesserte Neuausführung dieser schon bald renommierten Institution als Voraussetzung für einen Umzug über den Rhein. Dort hat Herr Isselhard später Bretschneider ersetzt, als dieser den Lehrstuhl für Physiologie in Göttingen übernahm.

Eine Abteilung für chirurgische Immunologie kam unter Herrn Hermann hinzu. Dies geschah mit der Absicht, die gerade aufkommende Transplantationschirurgie von Anfang an wissenschaftlich fundiert aufzubauen.

In der Lindenburg ließ Georg Heberer unter Mitwirkung seiner Anästhesisten Eberlein und Bonhoeffer die wohl erste, hochmoderne und in einer bis dahin einmaligen Konzeption ausgeführte Intensivstation bauen.

Die Herzchirurgie wurde etabliert, in der er zusammen mit Zenker erste erfolgreiche Eingriffe mit der Herz-Lungen-Maschine bereits in Marburg durchgeführt hatte und nahm, erstmalig in der Welt, Resektionen von herznahen Aortenaneurysmen mit einer neuartigen, von Bretschneider und seinen Mitarbeitern entwickelten Kardioplegie vor. Einzelheiten jener wissenschaftlichen und klinischen Pioniertaten hat Herr Schildberg bereits dargestellt. Mir kommt es darauf an, die Auswirkungen jener Jahre auf die mehr und mehr hinzustoßenden Mitarbeiter zu schildern.

Was hat diesen Motor angetrieben, sich und seinen Schülern immer neue Aufgaben zu stellen, den Erfolg als Ansporn zu neuen Leistungen und den Mißerfolg oder Schwierigkeiten als Herausforderung zu ihrer Bewältigung zu verstehen? War es eine große Freude am Sein, am Erleben des aktiven Mitgestaltens, an der Durchsetzung eigener Wertvorstellungen, war es das Wissen um ein Höchstmaß an ärztlicher Verantwortung im Beruf des Chirurgen?

Der Ausbau von Schwerpunkten in der Gefäß- und Thoraxchirurgie, in der plastischen Chirurgie, in der gastroenterologischen, in der endokrinen Chirurgie usw. entsprachen Heberers Vorstellungen von der koordinierten Vielfalt in der Einheit einer Klinik. Diese Konzeption wurde in München in der Innenstadt und in Großhadern ausgebaut. Hier entstanden das Projekt des „Münchner Modells zur Organtransplantation" und die Organisation eines Traumazentrums.

„Ausbildung durch Forschung" und „Fortschritt durch Forschung" erhob Heberer zur Maxime seines Nachwuchses. Dabei förderte er die „Klinische Chemie und Biochemie", wie sie auf Frey und Wehrle zurückging, und schuf eine klinikinterne „Sektion für Klinische Forschung" unter Brendel und danach Meßmer. „Stand und Gegenstand chirurgischer Forschung" widmeten wir Schüler dem Chef als wissenschaftliche Veranstaltung und in Buchform zu seinem 65. Geburtstag. Dies spiegelt die unermüdlichen Impulse für Forschungsarbeiten in den verschiedensten Bereichen des großen Gebietes der Chirurgie wider.

Georg Heberers Ideenreichtum ging über Jahrzehnte in die Gestaltung regionaler, nationaler und internationaler Fachveranstaltungen und -kongresse ein.

Auf das umfangreiche literarische Oeuvre ist Herr Schildberg bereits eingegangen. Thematisch beschäftigte ihn dabei immer wieder das Spannungsfeld zwischen Tradition, technischem

Fortschritt und ärztlichem Auftrag mit seiner geistig-moralischen Bewältigung.

Voraussetzungen für die nur exemplarisch aufgewiesene Lebensleistung Georg Heberers waren sein kompromißloser Leistungswille mit einem feinen Gespür für sich anbahnende Entwicklungen, eine mitreißende Motivationsbefähigung, Menschenkenntnis und ein souveräner Führungsstil – dabei die Mentalität eines Vollblutchirurgen von schier unerschöpflichem Durchstehvermögen und mit überschäumender Vitalität, eines Klinikers von Leib und Seele.

Dabei ließ er seinen vielen Mitarbeitern adäquaten Freiraum zu eigener Profilierung. Eine Vielzahl von Namen wäre zu nennen, würde aber den gegebenen Rahmen sprengen.

So entstand eine Chirurgenschule bester Prägung, in der trotz natürlicher Konkurrenz und unterschiedlicher Charaktere stets Toleranz und Zusammengehörigkeitsgefühl herrschten. Vielfach heute in Frage gestellt, setzt diese Schule das Erbe von Payr, Kirschner und Zenker fort. Die Realität einer Chirurgenschule ergab sich für uns als Schüler Georg Heberers als Selbstverständlichkeit. Es entsprach seiner Überzeugung, wie er sie bei seiner Abschiedsvorlesung noch einmal zum Ausdruck brachte: selbst im Hinblick auf die sich so rasant verändernden substantiellen Grundlagen, sollte eine Weitergabe von Wertvorstellungen und die Einzelbeziehung zwischen Lehrer und Schüler auch in Zukunft unberührt bleiben.

Neben einer Persönlichkeitsprägung durch die Vorbildfunktion des Chefs entwickelte sich weit mehr, vor allem das Gefühl, einer großen Familie anzugehören. Wir danken bei dieser Gelegenheit Renate Heberer, diesbezüglich integrierend und immer mit offenem Ohr und Herzen, auch für unsere Frauen, gewirkt zu haben.

Für Viele von uns war Georg Heberer nicht nur Lehrer, sondern Freund. Es drängt mich dabei, Theodor Billroth zu zitieren aus seinem Nekrolog auf den geliebten Lehrer und Freund Wilhelm Baum in Göttingen; „Er gehörte zu den Menschen, von welchen Shakespeare sagt, sie seien „in der Verschwendung der Natur geboren." Aus der Fülle seines Wissens, Fühlens und

Könnens gab er mit verschwenderischem Wohlwollen seine Gaben der Menschheit hin. Sein Geist war stets beweglich, er hatte die regeste Teilnahme an den Menschen und an allen menschlichen Dingen, und so erzeugte er stets Bewegungen auf Bewegungen, und das ist doch eigentlich die Unsterblichkeit des Geistes!"

Auch bei Georg Heberer taten sich Welten jenseits des Berufslebens auf. Wir Schüler durften teilhaben an seinen Anregungen zu Ausstellungsbesuchen überall in der Welt, an seinen Konzerterlebnissen, an gemeinsamen Kongreßbesuchen, an den vielen, vielen Büchern, die er zwischen den sonstigen zahlreichen Aktivitäten, auch den sportlichen, wie Skilaufen und Golfspielen, las und weiter empfahl. Wir erinnern an wahre Sternstunden des Zusammenseins: an die Oper in Sydney, an die Museen in Chicago, an das Spiel von Frau Trede an der größten Orgel Asiens in Hongkong, an den Start von John Glenn in Fort Lauderdale und Claudio Abbado in der Berliner Philharmonie nach einem Weg vom „Adlon" durch Brandenburger Tor und Tiergarten. Vor unseren Augen erscheinen die Kreidefelsen auf Rügen, der Hafen von San Francisco, die „Dame von Elche" und das Brücke-Museum, der Gipfelaufstieg auf den Spitzkogel in Osttirol und die Bergwelt von Arosa, auch die winterlichen Skiabfahren mit Freund Nikolaus, dem Postboten. Oder in Japan: die Barnes-Collection in Tokio, die Tempel und Gärten von Kioto und Nara, Himeji, die atemberaubende mittelalterliche Burg.

Und dann: „Om Mani Padme Hum" – das berühmte, auf der ganzen Welt bekannte Mantra hat ihn auf seinen zahlreichen Wegen durch die buddhistische Welt als mystisches Gelübde des Erleuchtungswesens immer wieder beeindruckt, wenn er es auf Manisteinen, an Gebetsmauern, in den tibetischen Gebetsmühlen und auf den zum Himmel flatternden Gebetsfahnen entdeckte. „O Du Kleinod im Lotus" symbolisiert ganzheitlich den Menschen von Anfang bis Ende. Georg Heberer hat diesen Weg durchschritten, „der Weg war das Ziel", auch für ihn, den Rastlosen, den Begierigen, den wahrhaft Neugierigen. Eine begeisternde Sehnsucht nach dem Neuen war für Georg Heberer etwas zutiefst Spirituelles. Er hat es auf seine Freunde übertragen.

Dabei lebte er nach seiner innersten Überzeugung: „Es ist nicht wichtig, lange zu leben, sondern lange lebendig zu bleiben". So kam sein Tod nach letzten Abfahrten durch den tiefen Schnee in Arosa, wo er auf dem kleinen Friedhof des alten Bergkirchleins bestattet wurde.

„Laß die Berge den Frieden bringen" unserem unvergeßlichen Lehrer und Freund. „…Und unsere Seele weiß, wie man dies Glück bewahrt in der Erinnerung…"

H. J. Peiper

Student in Heidelberg, Wintersemester 1942/43

NACHRUFE

Habilitation, Marburg 1954

In memoriam
Prof. Dr. med. Dr. h. c. Georg Heberer

Noch ist die Geschichte der Chirurgie der 2. Hälfte des 20. Jahrhunderts in Deutschland nicht geschrieben. Aber schon jetzt besteht kein Zweifel, daß sein Name darin einen wichtigen Platz einnehmen wird: Georg Heberer hat in vielen Bereichen der Chirurgie wichtige Impulse gegeben, so auch im Geiste und dem Inhalt des „Forums": Nicht von ungefähr wird ihm deshalb dieser Forumsband 2000 gewidmet.

„Es ist das historische Verdienst von Zenker, Heberer und Linder, mit der Errichtung selbständiger Abteilungen für Experimentelle Chirurgie einen für das gesamte Fachgebiet der Chirurgie neuen akademischen und strukturellen Weg beschritten zu haben, wie die sich aufzeigende Lücke zwischen klinisch orientierter und Grundlagenforschung geschlossen werden kann". So Brendel in seinem Beitrag „Chirurgie im Wandel der Zeit 1945–1983" [2]. Tatsächlich war Heberer als Jüngster der Drei der Schnellste in der Verwirklichung dieser Idee: „Heberer konnte im Rahmen seiner Berufung nach Köln als Erster 1960 eine selbständige Abteilung für Experimentelle Chirurgie eröffnen und fand in Bretschneider einen kongenialen Leiter dieser neuen Abteilung, der mit seinen Pionierleistungen auf dem Gebiete der Kardioplegie große internationale Anerkennung erlangte". So noch einmal die Würdigung Brendels.

Wenn es überhaupt möglich ist, von außen ein Menschenleben zu beurteilen, darf man die Biographie Georg Heberers glücklich nennen. Von seinem Medizinstudium während des Krieges, seiner Assistentenzeit bei Zenker zunächst in Mannheim, dann in Marburg/Lahn und schließlich sein Weg als Ordinarius von Köln-Merheim und Köln-Lindenthal nach München Innenstadt und Großhadern. Dieses alles begleitet von einem intensiven Familienleben, nicht zuletzt Dank seiner mit der Medizin vertrauten Frau Dr. Renate, geb. Schubert. Und muß man nicht auch sein Ende aus „seiner" Sicht glücklich nennen, nach einer sonnigen Woche beim Skilauf in den Bergen und einem erfüllten Skisonntag ein ruhiges Ende nach dem Mittagsschlaf? Und wer darf dann noch darauf hoffen, inmitten der geliebten Berglandschaft zu Füßen einer mittelalterlichen Kirche in Arosa zur letzten Ruhe gebettet zu werden?

Was hat Georg Heberer dazu gebracht, Wegbereiter der besonderen Form wissenschaftlicher Chirurgie zu werden? Er selbst hat sich anläßlich der Markowitz-Preisverleihung in Münster im Oktober 1996 dazu bekannt, daß er relativ spät ein Verhältnis zur Grundlagenwissenschaft entwickeln konnte, so sehr er die Notwendigkeit zur interdisziplinären Zusammenarbeit nach verschiedenen Auslandsaufenthalten erkannte [4].

Wenn vom Glück bei Georg Heberer die Rede ist, so gilt für ihn ganz besonders, daß auf die Dauer nur der Tüchtige Glück hat. Aber es war schon ein großes Glück für ihn, daß er zu seinem chirurgischen Lehrer fand, als dieser noch in Mannheim Chefarzt war und er als junger Assistent ihn in die Universitätsklinik nach Marburg/Lahn begleiten konnte. Durch viele Bemühungen mit Auslandskontakten half Zenker, nach der selbstverschuldeten Isolation Deutschlands während der Jahre 1933–1945 den Anschluß an die chirurgische Entwicklung in der westlichen Welt zu finden. Dabei war Zenker ein relativ liberaler Mentor. Jedenfalls profitierte sein Schüler Heberer sehr von seinen Anregungen, zunächst in der Systematisierung der Lungenchirurgie aufgrund anatomischer Studien, später mit der Untersuchung des Gefäßersatzes durch lyophilisierte allogene Arterien und dann durch Kunststoffmaterialien. Unter schwierigen Umständen begann zur damaligen Zeit auch die experimentelle Vorbereitung der offenen Herzchirurgie, sowohl unter Hypothermie, vor allem aber auch mit Erprobung der Herz-Lungen-Maschine. Diese Vorbereitungen führten im Februar 1958 in Marburg/Lahn unter wesentlicher Mitarbeit von Heberer zur ersten erfolgreichen offenen Herzoperation mit Hilfe der extrakorporalen Zirkulation in Deutschland. Auf der Grundlage seiner gefäßchirurgischen experimentellen Arbeiten gelang Heberer dann während der Kommissarischen Leitung der Marburger Klinik im Herbst 58 die erste erfolgreiche Rekonstruktion einer rupturierten Aorta descendens bei einem 20 Jahre alten Patienten nach stumpfem Thoraxtrauma. Die Operation erfolgte mit einem Linksherz-Umgehungskreislauf. Besondere Genugtuung bereitete es Heberer, daß er den Nachweis der Intaktheit des damals benutzten Teflonimplantates 37 Jahre später führen konnte.

Als Heberer im Sommer 1959 dem Ruf auf den II. Chirurgischen Lehrstuhl der Universität zu Köln folgte, verwirklichte er seine Vorstellungen von der Verbindung der Grundlagenforschung mit der Klinik. Zwar beinhaltete der Lehrstuhl damals im wesentlichen eine Chirurgische Poliklinik in der Innenstadt und eine Städt. Klinik in Köln-Merheim. Als Berufungszusage erreichte er aber in der alten Flugmeisterei im Bereich des Städt. Krankenhausgeländes die Errichtung einer tierexperimentellen Abteilung. Wiederum war es ein Glücksfall, daß für die Leitung dieser Abteilung der aus der Internistischen Universitätsklinik Göttingen hervorgegangene und 2 Jahre zuvor für Pathophysiologie habilitierte Hans-Jürgen Bretschneider gewonnen werden konnte. In den folgenden Jahren entwickelte sich eine höchst fruchtbare Zusammenarbeit des streng theoretisch vorbereitenden und durchdenkenden Experimentators und dem der Praxis ganz zugewandten impulsiven Chirurgen. Daß die zwischen diesen beiden so unterschiedlichen Persönlichkeiten zu erwartenden Spannungen immer wieder zu schöpferischen Lösungen führten, ist beiden besonders anzurechnen, wobei der schwierigere Part sicher dem temperamentvollen Praktiker zufiel.

Die bearbeiteten Themen umfaßten Effekte der extrakorporalen Zirkulation und der Hypothermie auf Blut, Herz und Nieren, Pathophysiologie und Pharmakotherapie der Koronardurchblutung, Energiestoffwechsel des Myokards, Thrombozytenfunktion nach Bluttransfusion, renovaskulärer Hochdruck, Pathophysiologie des portalen Hochdrucks.

Klinische Anwendungen fanden die experimentellen Untersuchungen mit dem Beginn der offenen Herzchirurgie in Köln unter Verwendung einer Herz-Lungen-Maschine mit Scheibenoxygenator. Die dafür eingerichtete postoperative Wachstation gab im übrigen immer wieder Gelegenheit für vertiefende Diskussionen am Krankenbett zwischen dem experimentellen und dem klinischen Chirurgen sowie dem Anästhesisten.

Darüber hinaus erlaubte die überschaubare Situation der Merheimer Klinik eine besonders gute Zusammenarbeit der verschiedenen Disziplinen. Zeugnis dafür legen auch heute noch ehemalige Kölner Studenten ab, die seinerzeit den Weg nach dem rechtsrheinischen Merheim nicht scheuten, um an dem höchst anregenden Drei-Männer-Kolleg von Internist, Pathologen und Chirurgen teilzunehmen. Für die junge chirurgische Mannschaft war es in jeder Beziehung eine wissenschaftlich sehr stimulierende Konstellation, die in erfreulichem Umfang Kontakt und Austausch mit dem Chef ermöglichte.

Den ungewöhnlichen Ruf vom II. auf den I. Chirurgischen Lehrstuhl der Universität zu Köln - von rechtsrheinisch nach linksrheinisch - nutzte Heberer u. a. zur Ausweitung der experimentell-chirurgischen Forschungsmöglichkeiten in Form eines Fertigbau-Gebäudes im Gebiet der Lindenthaler Universitätskliniken. Die grundlegenden Forschungen zur Koronarperfusion, zur Kardioplegie und Organkonservierung, die in Merheim so erfolgreich begonnen hatten, konnten hier in großzügigerem Umfang fortgesetzt werden. Die von Bretschneider entwickelte kardioplegische Lösung wurde erfolgreich in die Klinik für Eingriffe am Herzen und der proximalen Aorta eingeführt. Im September 1966 gelang es Heberer als Erstem, mit dieser Technik bei einem 44jährigen Patienten ein großes luetisches Aneurysma der ascendierenden Aorta zu entfernen und die prothetische Rekonstruktion durchzuführen.

Spätere herzchirurgische Arbeiten beschäftigten sich mit der Resektionsbehandlung des Herzwandaneurysmas nach Myokardinfarkt sowie die Revascularisation des Myokard. So gehörte seine Arbeitsgruppe zu den ersten, die in Deutschland klinische Erfahrungen mit der modernen Koronarchirurgie vorlegen konnten.

Im übrigen waren die Studien mit der kardioplegischen Lösung der Beginn für die Entwicklung einer Konservierungslösung, die inzwischen als HTK-Lösung nach Bretschneider große Beachtung in der Transplantationschirurgie gefunden hat, vergleichbar der inzwischen weitgehend verlassenen Euro-Collins-Lösung und der wohl gleichwertigen UW-Lösung nach Belzer.

Als 1968 Bretschneider den Lehrstuhl von Rein in Göttingen übernahm, folgte Isselhardt ihm im Kölner Institut nach. Fortan entwickelte sich zwischen den beiden ähnlicheren Charakteren eine besonders herzliche Zusammenarbeit, die u. a. mit der Einrichtung des Sonderforschungsbereichs „Kardiovaskuläre Restitution und Organsubstitution" ihren äußeren Ausdruck fand. In Fortführung der bisherigen Arbeit in der experimentellen Chirurgie standen Fragen des Herzstoffwechsels, der Funktion und Wiederherstellung nach regionaler Herzmuskelischämie, die Kardioplegie, kardiopulmonale- und Kreislaufveränderungen nach Ausschaltung des Gehirns, Nierenkonservierung, Pathophysiologie und Behandlung des Tourniquet-Schocks, Pathogenese akuter Erosionen und Ulzerationen des oberen Gastrointestinaltraktes auf dem Programm.

Als Heberer 1967 im Vorfeld des offiziellen Berufungsverfahrens der traditionsreiche Billrothsche Lehrstuhl in Wien angeboten wurde, erreichte er mit seinem diplomatischen Geschick die Errichtung einer Immunologischen Abteilung, als deren Chef G. Herrmann gewonnen werden konnte. Er hatte bis dahin am Pasteurschen Institut unter Grabar sich mit immunologischen Fragestellungen auseinandergesetzt. Im Hinblick auf die sich abzeichnende Bedeutung der Organtransplantation wurden nun unter seiner Leitung Fragen der medikamentösen Immunsuppression und ihrer Quantifizierung sowie die Diagnostik der Abstoßung bearbeitet. Dazu dienten Ratten genetisch definierter Inzuchtstämme. Nach Errichtung einer entsprechenden Tierhaltung konnten sie spezifisch pathogenfrei als sogenannte SPF-Tiere mit mikrotechnischen Transplantationsmethoden untersucht werden. Die Techniken dafür waren durch einen Gastbesuch von Sun Lee aus San Diego angeregt worden. 1968 fand dann auch die erste Nierentransplantation nach postmortaler Organspende beim Menschen in Zusammenarbeit mit dem inzwischen nach Köln berufenen Urologen Nagel statt. In die Kölner Zeit fällt auch die intensive Kontaktaufnahme zum Ausland. Einer der ersten Gäste war Michael DeBakey, der eindrucksvolle versierte Gefäßchirurg.

Inokuchi aus Japan, mit dessen Gefäßnahtapparat eingehende Untersuchungen durchgeführt wurden, wurde von seinen Landsleuten als langjährigen Gastärzten gefolgt: Mishima, später Lehrstuhlinhaber in Tokio, und Ban, später Lehrstuhlinhaber in Kioto. Auch Verbindungen zu Rußland wurden geknüpft, vor allem in Person von Androssow aus St. Petersburg mit den Nahtgeräten im Gastrointestinaltrakt. Die Besuche von Sir Allan Parks vom St. Marks-Hospital in London und von Mr. Johnson aus Leeds bereicherten die klinische Arbeit wesentlich, der erste durch Demonstration seiner exzellenten proktologischen Operationen, der zweite durch die Vorführung der exakten Methode proximal selektiver Vagotomie, die damals die resezierende Ulkuschirurgie abzulösen begann.

Die Fruchtbarkeit der Kölner Jahre wird dokumentiert durch 22 Habilitationen. Zur gleichen Zeit erhielten 18 Kollegen einen Chefarztposten oder wurden Lehrstuhlinhaber für Chirurgie oder Anästhesiologie. Im übrigen verselbständigte Heberer sowohl die Anästhesie wie die Urologie im universitären Bereich. Er selbst war Vorsitzender der Vereinigung Niederrheinisch-Westfälischer Chirurgen in den Jahren 1966/67 und Dekan der Medizinischen Fakultät zu Köln 1967/68.

Es braucht nicht verschwiegen zu werden, daß diese für Forschung und Klinik innovativen Kölner Jahre von Georg Heberer selbst als ganz besonders glücklich bezeichnet wurden. So ist ihm der Entschluß, dem Ruf auf den Lehrstuhl seines hochverehrten Lehrers Zenker nach München zu folgen, nicht leicht gefallen.

Diese ehrenvolle Berufung auf den traditionsreichen Lehrstuhl für Chirurgie, verbunden mit der Leitung der

Chirurgischen Universtitätsklinik in der Nußbaumstraße empfand G. Heberer als besondere Verpflichtung, galt es doch, die Anerkennung der Klinik als Stätte hervorragender Krankenversorgung weiter auszubauen und ihre wissenschaftliche Bedeutung national und international zu mehren. Dies erforderte zunächst eine wissenschaftliche Neuorientierung, da sich die Herzchirurgie, einer der Hauptarbeitsgebiete während Heberers Jahren an der Universität Köln, unter W. Klinner in München aus dem Klinikverband gelöst und verselbständigt hatte und somit als Forschungsgebiet für den Nachfolger Zenkers nicht mehr zur Verfügung stand.

Er wandte sich daher mehr Themen aus der Pathophysiologie des chirurgischen Eingriffs zu, denen er immer schon besonderes Interesse entgegen gebracht hatte. Er hatte erkannt, daß von den perioperativen Veränderungen eine nennenswerte Beeinträchtigung der Behandlungsergebnisse ausgehen konnte und, daß eine Ausweitung chirurgischer Eingriffe hin zu immer größeren und traumatisierenden Operationen nur möglich würde, wenn es gelänge, die perioperative Situation des Patienten zu optimieren. Diesem Ziel galt die Einrichtung einer chirurgischen Intensivstation mit allen modernen Behandlungsmöglichkeiten, die er mit großem Einsatz realisierte und mit zuverlässigen personellen und räumlichen Strukturen versah. Er warb unter den Chirurgen unermüdlich um mehr Verständnis für die chirurgische Intensivmedizin, da er in dem intensivmedizinischen erfahrenen Chirurgen immer auch den besseren Chirurgen sah, der in der Beurteilung und der Therapie des gestörten postoperativen Verlaufes gegenüber dem Chirurgen ohne solche Kenntnisse im Vorteil ist. Auf seine Initiative gründete die Deutsche Gesellschaft für Chirurgie ihre Arbeitsgemeinschaft für Intensiv- und Notfallmedizin (CAIN). Wichtige Forschungsfragen, die sich aus der chirurgischen Intensivmedizin ergaben, waren die perioperativen metabolischen Veränderungen, die in der Münchner Klinik in Kooperation mit der Forschergruppe Diabetes am Städtischen Krankenhaus München-Schwabing unter Leitung von H. Mehnert bearbeitet wurden. Sie führten zu einer Reihe von neuen Erkenntnissen, die unter anderem in 2 Symposiums-berichten zum Postaggressionsstoffwechsel und einem Buch zur parenteralen Ernährung ihren Niederschlag fanden.

Eine weitere wichtige Forschungsrichtung zur perioperati-ven Pathophysiologie betraf die Immunantwort des Organismus auf Trauma, Schock und Sepsis. In gemeinsamer Arbeit mit A. E. Baue von der Yale-University [1] wurde eine Forschungs-konzeption entwickelt, die sich wissenschaftlich als außeror-dentlich fruchtbar erweisen sollte. Sie führte am Ende zu wesent-lichen neuen Erkenntnissen über das Verhalten und die Bedeutung von Zytokinen und anderen Mediatoren der Sepsis und erweiterte unsere Kenntnisse zu einem neuen Verständnis von Sepsis und SIRS und dem Multiorganversagen. Diese Arbeiten waren letztlich das Ergebnis einer äußerst intensiven und anhaltenden internationalen Kooperation, die als bei-spielhaft gelten kann und ihre Fortführung am Ort bei E. Faist gefunden hat. Die Pathophysiologie der Sepsis war auch Gegenstand weiterer Untersuchungen, z. T. in enger Kooperation mit der Abteilung für Pathobiochemie (H. Fritz und M. Jochum), wobei erstmals hämodynamische und bio-chemische Parameter korrelativ betrachtet wurden. Diese Arbeiten trugen sehr zur genaueren Definition der Sepsis und zu vertieften Erkenntnissen der Bedeutung von Proteinasen und ihren Inhibitoren bei.

Georg Heberer hatte eine besondere Fähigkeit, organisato-rische und institutionelle Lücken frühzeitig zu erkennen, zu analysieren und Entscheidendes zur Abhilfe zu unternehmen. Dies war schon anläßlich der Gründung der Abteilung für Experimentelle Chirurgie und für Chirurgische Immunologie sichtbar und zeigte sich erneut bei der Auseinandersetzung mit Problemen in der klinischen Organtransplantation. Diese hatte sich nach zögerlichem Beginn sehr rasch zu einem klinischen Standardverfahren entwickelt und traf auf Klinikstrukturen, die überwiegend nicht in der Lage waren, eine intensive und sich weiter ausdehnende Transplantationsarbeit auf Dauer sicher zu stellen. Die Schwierigkeiten waren strukturbedingt inso-fern, als neben den Anforderungen an eine hochspezialisierte

Chirurgie stets auch die Notwendigkeit bestand, organisatorische Aufgaben bei der Organspende und der Organentnahme in erheblichem Umfang zu bewältigen. Gemeinsam mit W. Land wurde deshalb in Zusammenarbeit mit dem Kuratorium für Heimdialyse (Dr. h. c. Ketzler) eine konzeptionell vorbereitete Struktur realisiert, die einerseits eine Trennung von organisatorischen und klinischen Aufgaben vorsah und andererseits dem interdisziplinären Charakter der Transplantationsmedizin Rechnung trug. Diese Organisationsstruktur, mit gewissen Weiterentwicklungen als „Münchner Modell" bezeichnet, ermöglichte einen raschen Ausbau der Organtransplantation. Inhalt dieses Modells war es auch, die Weiterbehandlung der Patienten in der Verantwortung der interdisziplinären Arbeitsgruppe Transplantationsmedizin zu belassen. Diese Struktur, die die Kenntnisse unterschiedlicher Fachdisziplinen auf die Bedürfnisse einer Patientengruppe fokussierte und somit die vertikal angelegten Fächer horizontal vernetzte, nahm Entwicklungen vorausschauend vorweg wie sie heute mehr und mehr unter Begriffen wie problemorientierte Medizin, Zentrenbildung, Departmentstrukturen u. ä. gefordert werden.

Klinisch setzte sich Heberer mehr und mehr auch mit den Problemen aus der Tumorchirurgie auseinander. Die unbefriedigenden Langzeitergebnisse erforderten eine vertiefte Auseinandersetzung mit Fragen der chirurgischen Radikalität. Er arbeitete an der Perfektionierung der Operationstechniken für das Magen- und kolorektale Carcinom, für die Tumoren der Lunge und der Mamma. Es gelang ihm so, die operativen Frühergebnisse entscheidend zu verbessern und das operative Vorgehen zu standardisieren. Er legte den Grundstein für eine anhaltende Auseinandersetzung mit prognostischen Faktoren morphologischer und funktioneller Art, um besondere Risikogruppen besser zu identifizieren und einer adjuvanten Therapie zuführen zu können. Die intraoperative Strahlentherapie mit dem Linearbeschleuniger dürfte er als Erster in Deutschland eingeführt haben. Auch mit der Therapie von Metastasen in Leber und Lunge setzte er sich auseinander und forderte ihren sinnvollen Einsatz mit einer sehr differenzierten Indikationsstellung.

Die enge und für beide Seiten fruchtbare Zusammenarbeit mit dem Internisten G. Paumgartner stimulierte sein Interesse für die Chirurgie der Gallenwege. Parallel zum Einsatz der Lithotripsie bei der Behandlung des Gallensteinleidens, die am Klinikum Großhadern entwickelt worden war, arbeitete er mit an der Differentialindikation für die chirurgische und konservative Verfahren der Steinbehandlung. Er erkannte selbstverständlich, daß es notwendig ist, das Operationsrisiko und die Komplikationsrate in der Gallensteinchirurgie zu minimieren, wenn den Herausforderungen der weniger traumatisierenden, medikamentösen Steintherapie begegnen werden sollte.

Es würde zu weit gehen und den vorgezeichneten Rahmen sprengen, wollte man alle Aspekte seines wissenschaftlichen und klinischen Engagements detailliert beschreiben. Es seien aber erwähnt: die Auseinandersetzung mit dem Problem des Polytraumas, für die er nach fast 1000 behandelten Patienten eine eigene Klassifikation entwickelte, die Erfahrungen mit den Trachearesektionen und den bronchoplastischen Eingriffen zu parenchymsparenden Resektionsbehandlungen von Lungentumoren sowie mit den stumpfen und penetrierenden Thoraxverletzungen, die anhaltenden Bemühungen um eine Verbesserung der Chirurgie arterieller Aneurysmen und der arteriosklerotischen Erkrankungen namentlich der Organarterien. Daneben förderte er in seiner Klinik mit großem Nachdruck die Mikrochirurgie, die Chirurgie der Lymphgefäße, die plastische Chirurgie, insbesondere der Mamma sowie die rekonstruktive Chirurgie nach Traumen und onkologischen Operationen.

Trotz eindeutig großer Leistungen in verschiedensten Spezialgebieten ist G. Heberer stets ein begeisterter Allgemeinchirurg geblieben, der die Einhalt in der Vielfalt nicht nur in Worten vertrat sondern auch überzeugend lebte. Er operierte täglich im breiten Spektrum der Allgemeinchirurgie. Er war ein begnadeter Operateur, dessen ausgefeilte und gut durchdachte Operationstechnik, an deren Perfektion er ständig arbeitete, für seine Schüler ein selten erreichtes Ziel darstellte.

Zu den Aufgaben, denen er sich in München unterzog, gehörte auch die Verlegung der Klinik und des traditionsreichen Lehrstuhls in das neu geschaffenen Klinikum Großhadern. Er schätzte trotz anfänglicher Bedenken gegen den neuen Standort zunehmend das „Unter-einem-Dach-Prinzip", das eine enge Kooperation mit allen wichtigen Nachbardisziplinen begünstigte, die modernen großzügigen Diagnostik- und Therapiemöglichkeiten, die bessere Anbindung für Notarztwagen und Helikopter und damit für Not- und Unfallpatienten. Insbesondere waren es auch die besseren Forschungsmöglichkeiten mit der Nähe zum ebenfalls nach Großhadern verlagerten Institut für Chirurgische Forschung (W. Brendel und später K. Meßmer) und dem Max-Planck-Institut für Biochemie, die ihn von der Notwendigkeit des Umzugs überzeugten. Hinzu kam, daß sich die allgemeine Befürchtung, das neue Klinikum könnte wegen seiner Größe und seiner (damaligen) Randlage ohne Akzeptanz in der Bevölkerung bleiben, nicht bestätigte.

Instrumente und Methoden des chirurgischen Handelns veränderten sich mit den Entwicklungen, die sich ergaben oder erarbeitet wurden. Stets interessiert und dem Neuen gegenüber aufgeschlossen drängte Heberer auf die Einführung innovativer Ansätze in technischer und methodischer Hinsicht, sobald er in ihnen nach kritischer Bewertung einen Fortschritt sah. Modischen Trends, die es wie überall auch in der Chirurgie gibt, mochte er sich jedoch nicht anschließen. Er hatte ein sehr sicheres Gespür für Interessantes und Wichtiges und griff es früher als andere zur Überprüfung auf. So befand sich die Klinik in einer ständigen Aufbruchstimmung, was namentlich von jungen Mitarbeitern, die eine Übersicht über ihr Fachgebiet noch nicht haben konnten und auch von den weniger beweglichen als anstrengende Herausforderung empfunden wurde. Für manche war es schwer, in der Innovationsdichte die Orientierung zu behalten. Ihnen fehlte zuweilen eine in sich ruhende Kontinuität und sie mochten deshalb gelegentlich dazu neigen, Beweglichkeit als Sprunghaftigkeit fehlzudeuten und erkannten erst später die tatsächliche Bedeutung des Neuen.

Gegenüber der Dynamik im Methodischen wiesen Inhalte und Ziele seines chirurgischen Handelns eine große

Beständigkeit auf. Ideelle Grundlage war Humanität christlicher Prägung. Die Selbstbestimmung des Kranken hatte in seinem Denken eine hohe Priorität, entsprechend groß war die Bedeutung, die er dem Aufklärungsgespräch beimaß: „Das aufklärende Gespräch mit dem Kranken vor der Entscheidung zur Operation stellt immer wieder eine Herausforderung für den Chirurgen dar. Es darf nicht nur Formsache sein. Wir müssen es als fundamentalen Bestandteil der ärztlichen Leistung intensiv pflegen" [3].

In der Indikation zur Operation sah er einen der wichtigsten Teilaspekte der Chirurgie und er machte stets deutlich, daß die richtige und rechtzeitige Indikation zur Operation ein echtes chirurgisches Problem darstellt, da sie trotz aller ärztlicher Sorgfalt von Fehlern und Mißerfolgen begleitet sein kann. Er sah sie vor dem Hintergrund der kritischen Analyse von Spätergebnissen und betonte ihre Relativität im Kontext allgemeiner und spezieller Risiken. Zu Fehlschlägen formulierte er: „In Kenntnis der Grenzen chirurgischen Handelns und Unterlassens sollten wir uns bewußt sein, daß Komplikationen und Mißerfolge zu unserem Berufsrisiko gehören.... Die Bereitschaft zur Einsicht und offenen Darlegung eines Behandlungsfehlers (kann) auf die Dauer das Vertrauen der Öffentlichkeit in unserem Beruf nur stärken" [3].

G. Heberer war stets ein überzeugter Gegner selbstherrlichen und unkritischen Handelns in der Chirurgie und verlangte die Bescheidung des Chirurgen auf das was er beherrscht. Interdisziplinäre Zusammenarbeit war täglich gelebte Realität. Sie war für ihn nie der bequeme Weg, sich der Auseinandersetzung mit den Fortentwicklungen der Nachbardisziplinen zu entziehen sondern er forderte sie, um das Therapieangebot an den Kranken zu optimieren und um selbst den Überblick über die umfassenden Grundlagen der Medizin und ihre Fortschritte nicht zu verlieren.

Als klinischer Lehrer war Georg Heberer streng und durchsetzungsstark. Er war unbequem und forderte viel, er schenkte sich und seinen Mitarbeitern nichts. Mit seiner Impulsivität ist nicht jeder leicht fertig geworden. Sein Fleiß und sein

Engagement waren beeindruckend und für viele seiner Mitarbeiter beispielgebend. Er war kompromißlos leistungsorientiert und gab sich mit Mittelmäßigkeit nicht zufrieden. Seine Kritik war konstruktiv – nie zersetzend. Er sorgte an seiner Klinik für eine Atmosphäre der Offenheit und Aufrichtigkeit und achtete beständig auf die Einhaltung höchster ethischer Standards. Unter dem großen Leistungsdruck formierten sich die Mitarbeiter zu einer engen Gemeinschaft, die letztlich auch gegensätzliche Charaktere zur Kooperation veranlaßte. Seine Grundeinstellung gegenüber Außenstehenden war getragen von Anerkennung und Achtung. Vielleicht traf auch auf ihn das zu, was H. E. Bock über R. Zenker gesagt hat: Seine Grundeinstellung war immer positiv – manchmal wohl auch nur „aliis laetus, sibi sapiens": den anderen gegenüber heiter, im Inneren selbst aber wohl wissend, wie es wirklich stand" [6].

Im Gegensatz zur Strenge des klinischen Alltags war der Wissenschaftsbetrieb gekennzeichnet durch eine gewisse Liberalität – was nicht mit einer gleichgültigen Beliebigkeit verwechselt werden darf. Methodische Korrektheit und Vorsicht bei der Ergebnisinterpretation waren selbstverständliche Forderungen, eine Übertragung experimenteller Ergebnisse auf die klinische Situation nur unter Beachtung größtmöglicher Sicherheit vertretbar. Die Liberalität entsprang der Überzeugung, daß Forschung auf Dauer nur auf der Basis der Freiwilligkeit erfolgreich sein kann und, daß dem fortgeschrittenen Forscher, dem Leiter von Forschungsgruppen entsprechende Freiräume eröffnet werden müssen. Jüngeren Mitarbeitern erleichterte er auf jede denkbare Weise den Zugang zur Forschung und suchte sie zu eigenen Aktivitäten zu stimulieren. Allerdings stand für ihn die Beibehaltung des erfolgreichen Prinzips der Einheit von Krankenversorgung, Forschung und Lehre nicht zur Disposition. An den Prioritäten bestand kein Zweifel. Eine isolierte Forschungstätigkeit des klinischen Chirurgen lehnte er ab. Forschung mußte auf der Basis einer klinischen Kompetenz erfolgen und konnte diese nicht ersetzen. Dieses Grundkonzept hat sich schließlich als sehr erfolgreich erwiesen.

Die Verpflichtung der wissenschaftlichen Öffentlichkeit Rechenschaft über die eigenen Erkenntnisse abzulegen, fand ihren Niederschlag in 13 Büchern und Monographien, die zum Teil mehrfach revidiert, neu aufgelegt und in mehrere Sprachen (englisch, japanisch, spanisch) übersetzt wurden sowie in über 400 Publikationen. In Anbetracht seiner wissenschaftlichen Arbeiten wurde er auch zum Schriftleiter der Zeitschrift *Der Chirurg* (1964 bis 1989) gewählt, ferner war er Herausgeber der *Allgemeinen und Speziellen Operationslehre* (Springer-Verlag) und des *Zentralorgan Chirurgie* (Springer-Verlag) und er war Mitglied des Editorial Board des *World Journal of Surgery* und weiterer chirurgischer Fachzeitschriften.

Georg Heberer ist es gelungen, eine chirurgische Schule mit starker Ausstrahlung zu begründen. Er verstand darunter allerdings nicht die tradierte Vorstellung von der Weitergabe chirurgisch-technischer Fertigkeiten, deren Kenntnis der junge Chirurg heute auch auf andere Weise, z. B. in Trainingszentren u. ä. erwerben kann, sondern er verstand darunter die Weitergabe und Vermittlung von Werten im Spannungsfeld zwischen apparativer Medizin und Zuwendung, Wissenschaft und Humanität, Ökonomie und Individualtherapie [5]. Schulen messen sich auch an der Zahl der Mitarbeiter, die ein akademisches Curriculum erfolgreich durchlaufen haben. Zu den 22 Habilitationen in den Jahren an der Universität Köln sind in München weitere 23 hinzugekommen. Insgesamt haben 42 seiner Schüler Chefpositionen in Krankenhäusern übernommen, darunter 11 Lehrstuhlinhaber für Chirurgie an deutschen, japanischen und spanischen Universitäten.

Die Verdienste Georg Heberers wurden in zahlreichen Ehrungen gewürdigt. Er war Mitglied der Deutschen Akademie für Naturforscher und Ärzte Leopoldina/Halle, Ehrenmitglied der Deutschen Gesellschaft für Chirurgie, der Österreichischen Gesellschaft für Chirurgie, der Bayerischen Chirurgenvereinigung, der Oberösterreichischen Ärztevereinigung Linz, der Surgical Society of Columbia, der American Surgical Association, des American College of Surgeons, der Spanischen Chirurgenvereingung, der Vereinigung Nordwestdeutscher

Chirurgen, der Vereinigung Niederrheinisch Westfälischer Chirurgen und der Académie de Chirurgie, Paris. Darüber hinaus war er Träger des Bundesverdienstkreuzes I. Klasse der Bundesrepublik Deutschland und des Bayerischen Verdienstordens und Inhaber der Max-Lebsche-Medaille der Bayerischen Chirurgenvereinigung. Georg Heberer war Vorsitzender der Vereinigung Niederrheinisch Westfälischer Chirurgen (1966/67), der Vereinigung Bayerischer Chirurgen (1974 und 1988), Präsident der Deutschen Gesellschaft für Chirurgie (1980), sowie der Deutschen Gesellschaft für Katastrophenmedizin (1983/84) und Vizepräsident der Societé Internationale de Chirurgie.

Die Ludwig-Maximilians-Universität München schreibt erstmalig in diesem Jahr den Georg Heberer Award der E. A. Chiles-Foundation Portland, Oregon, für Arbeiten aus der Chirurgischen Forschung aus.

Bei dem Rückblick auf den Lebensweg und die Lebensleistung Georg Heberers darf man feststellen, daß er die deutsche Chirurgie in der 2. Hälfte des vergangenen Jahrhunderts in entscheidender Weise mitgeprägt hat und mitverantwortlich ist für deren hohen wissenschaftlichen, klinischen und ethischen Stand. Er hat nicht nur Entwicklungen mitgestaltet, sondern mutig und offen auch Stellung genommen zu tagesaktuellen Problemen seines Fachgebietes und auf negative Entwicklungen und Gefahren hingewiesen. Seine charismatische Persönlichkeit überstrahlte auch Schatten, die jedes Licht und auch jede große, eigenwillige Persönlichkeit begleiten.

Was bleibt, ist die unbestreitbar große und positive Leistungsbilanz eines arbeitsreichen Lebens – und für alle, die ihm begegnet waren, die Erinnerung an einen dynamischen und impulsiven, immer anregenden und oft begeisternden Menschen mit besonderem Charme und großer persönlicher Ausstrahlung.

1. Baue AE, Guthrie D (1986) Aspekte des Multiorganversagens. In Eigler FW, Peiper H-J, Schildberg FW, Witte J, Zumtobel V (Hrsg) Stand und Gegenstand chirurgischer Forschung. Springer, Berlin Heidelberg New York
2. Brendel W (1983) Experimentelle Chirurgie. In: Schreiber HW, Carstensen G (Hrsg) Chirurgie im Wandel der Zeit 1945–1983. Springer, Berlin Heidelberg New York, S 40–45
3. Heberer G (1980) Eröffnungsansprache des Präsidenten. Langenbecks Arch Chir (Kongreßber) 352: 3–10
4. Heberer G (1997) Surgical Research at the University Departments of Marburg, Cologne and Munich (1951-1989): Outcome and Perspectives. Mitt Dtsch Ges Chir 26: 23–26
5. Heberer G (1997) Die chirurgische Schule im Wandel der Zeit. Mitt Dtsch Ges Chir 26: 285 – 291
6. Spann W, Bock H-E, Heberer G (1984) In memoriam Rudolf Zenker. Mitt Dtsch Ges Chir Nr. 2/1984

[Langenbeck's Archive of Surgery,
Supplement Chirurgisches Forum 2000]

F. W. EIGLER und F. W. SCHILDBERG

Prof. Dr. med. Dr. h. c. Georg Heberer

Am 21. März 1999 verstarb 78jährig Herr Prof. Dr. h. c. Georg Heberer.

Seit 1973 war er Inhaber des Lehrstuhls für Chirurgie der Ludwig-Maximilians-Universität München. Als Direktor der Chirurgischen Klinik zog er 1977 von der Nußbaumstraße in der Innenstadt nach Großhadern und leitete dort die Chirurgische Klinik und Poliklinik bis zu seiner Emeritierung 1989.

Nach dem Medizinstudium in Marburg, Gießen, Heidelberg und Tübingen mit Promotion 1945 folgten Assistentenjahre in Mannheim und Marburg.

Stipendienaufenthalte führten ihn 1950 nach Zürich, Houston, Los Angeles, San Francisco, Minneapolis, Rochester, Chicago, Boston und New York.

1953 habilitierte er sich unter Rudolf Zenker in Marburg. Von 1959 war er Direktor der Chirurgischen Universitätsklinik in Köln-Merheim und Köln-Lindenthal. 1973 wurde er dann auf den Lehrstuhl für Chirurgie nach München als Nachfolger seines Lehrers Rudolf Zenker berufen.

Das besondere Interesse Georg Heberers galt der allgemeinen und experimentellen Chirurgie. So hat er bereits 1959, überzeugt von der Notwendigkeit der Zusammenführung von Grundlagen- und klinischer Forschung in Köln die erste Institution für Experimentelle Chirurgie gegründet, der 1969 eine Abteilung für Chirurgische Immunologie folgte.

Zu Recht kann Georg Heberer als Pionier der Gefäß- und Koronarchirurgie bezeichnet werden; er hat auch Wesentliches zur Standardisierung der Lungenchirurgie beigetragen. Darüber hinaus hat er sich nahezu mit allen Problemfeldern insbesondere der Viszeralchirurgie befaßt und schon vor mehr als 30 Jahren mit seinen Mitarbeitern das sog. „Münchner Modell" zur Organtransplantation entwickelt, das heute noch als richtungsweisend gelten kann.

Georg Heberer hat zahlreiche Ehrungen nationaler und internationaler wissenschaftlicher Vereinigungen erfahren. Er war Präsident der Deutschen Gesellschaft für Chirurgie und Vorsitzender der Niederrheinisch-Westfälischen Chirurgen. 1974 und 1988 hat er in München jeweils als Vorsitzender die Tagung der Vereinigung Bayerischer Chirurgen geleitet.

Er ist Ehrenmitglied unserer Vereinigung und erhielt 1992 die Max-Lebsche-Medaille.

Die Bayerischen Chirurgen werden diesem herausragenden Chirurgen, der mit seiner Vitalität so begeistern konnte, stets ein ehrendes Andenken bewahren.

[Mitteilungen 2/99, der Vereinigung der Bayerischen Chirurgen e.V.]

H. Bauer

Nachruf auf
Professor Dr. med. Dr. med. h.c. Georg Heberer,
geboren am 9. Juni 1920 –
gestorben am 21. März 1999

Wenige Monate vor Vollendung seines 79. Lebensjahres starb Professor Dr. med. Dr. med. h. c. Georg Heberer. Er war ein herausragender Repräsentant der Deutschen Chirurgie, die er in der zweiten Hälfte dieses Jahrhunderts entscheidend mitprägte. Viel trug er zur internationalen Kooperation bei, und er gilt als einer der großen Brückenbauer für den transatlantischen Austausch zwischen Nordamerika und Deutschland.

Nach seiner Ausbildung unter Rudolf Zenker in Mannheim und Marburg erhielt er 1959 den Lehrstuhl für Chirurgie an der Universität zu Köln, zunächst in Köln-Merheim und dann in Köln-Lindenthal. Die Nachfolge von Rudolf Zenker an der Ludwig Maximilians-Universität München trat er 1973 an. Er tat den entscheidenden großen Schritt aus der traditionsreichen Klinik in der Nußbaumstraße zum neuen Klinikum München-Großhadern.

Die großen Verdienste von Georg Heberer liegen in der Weiterentwicklung der Lungenchirurgie und in seiner Pionierarbeit für die Gefäßchirurgie. Ihm gelang erstmals in Europa 1959 die operative Versorgung einer thorakalen Aortenruptur, der zweite Fall überhaupt. Mit Rudolf Zenker führte Georg Heberer erstmals eine offene Herzoperation mit der Herz-Lungen-Maschine durch (1958). Georg Heberer sah jedoch immer im Kernfach Chirurgie die Erfüllung, das er mit seinen ausgezeichneten Kenntnissen und seiner exzellenten und präzisen Technik beherrschte und lehrte.

Viele entscheidende Impulse für die chirurgische Forschung gingen von Georg Heberer aus. So gründete er 1959 die erste Abteilung für Experimentelle Chirurgie. Wenig später folgte die Einrichtung einer Abteilung für Chirurgische Immunologie im Hinblick auf die Transplantationschirurgie.

Seine Herausgebertätigkeit für unsere Zeitschrift *Der Chirurg* spiegelt sein energisches, das Richtige spürende und intuitiv konzeptionelle zukunftsweisende Denken wider. Er hat damit unsere große, obwohl „nur" deutschsprachige-wissenschaftliche Zeitschrift für Chirurgie über 25 Jahre mitgeprägt.

Wer immer Georg Heberer als Redner erlebte – oder noch besser in Gespräch und Gesellschaft – war von seinem sprühenden Temperament, von seiner Mitteilungsfreude und Überzeugungskraft beeindruckt. Seine Aufgeschlossenheit nicht allein für die Chirurgie sondern auch für allgemein akademische Fragen, aber auch die bildende Kunst, Musik und Theater, gaben seiner Persönlichkeit die kraftvolle Ausstrahlung. Trotz seines enormen Temperamentes besaß er die so seltene Gabe des Zuhörens und Verstehens. Hier findet sich auch seine große ärztliche Wirkung begründet. Georg Heberer besaß viele Freunde weit über den Bereich der Chirurgie hinaus. Seine Schüler achteten ihn hoch ob seiner straffen und fordernden Ausbildung.

Die Kraft schöpfte Georg Heberer aus seiner Familie und einer großen Naturverbundenheit. Er liebte die Berge. So ist es ein gnädiges Geschick, daß an einem erfüllten und strahlenden Wintertag – voller Aktivität in Arosa in der Schweiz – sein Leben vollendet wurde, und er in den Bergen seine letzte Ruhestätte fand.

[Der Chirurg, (1999) 70: A11]

CHRISTIAN HERFARTH

In Memoriam:
Professor Dr. med. Dr. med. h. c. Georg Heberer
*9th June 1920 – †21st March 1999

Prof. Dr. med. Dr. med. h. c. Georg Heberer would have completed the 79th year of his life by now. He was a prolific representative of the German Surgical community shaping its profile decisively in the second half of this century. He contributed much towards international cooperation. By many, he is regarded as one of the major constituents building a bridge for transatlantic exchange between the North America and Germany.

After receiving his training in Mannheim and Marburg from Rudolf Zenker, he was elected in 1959 for the chair of the Department of Surgery of the University of Cologne, first in Cologne-Merheim and then in Cologne-Lindenthal. In 1973 he followed Rudolf Zenker as chairman at the Ludwig-Maximilians-University in Munich. As a major decision he stepped out of the traditional hospital at Nußbaumstraße to the newly founded institution at München-Großhadern.

The major achievements of Georg Heberer were reached in the further development of lung surgery and in his pioneering work for vascular surgery. He was the first in Europe back in 1959, to surgically repair a rupture of the thoracic aorta, the second case worldwide. Jointly with Rudolf Zenker, Georg Heberer performed open heart surgery with extracorporeal circulation in 1958. Still, Georg Heberer visioned his destiny in General surgery mastering and teaching the full spectrum of all surgical subjects due to his excellent general knowledge and his outstanding surgical technique. Georg Heberer gave decisive impact to surgical research. In 1959, he opened the first Department of Experimental Surgery. Little later, a Department for Surgical Immunology was instituted in view to transplantation surgery.

His editorship for the journal „Der Chirurg" reflected his energetic thought process seeking instinctively and finding intuitively future concepts. In this way, he moulded a leading scientific surgical journal over 25 years despite its roots in the German language.

Whoever experienced Georg Heberer as a speaker – or even better in a social talk – was deeply impressed by his sparkling temper, his persuasiveness and his intellectual capacity. He was open not just for all aspects of practical surgery but for academic affairs as well. Arts, music and theatre completed the forceful impression of his personality. An impressive experience was his rare gift of listening and understanding despite his eager intellect. In his gift embedded is the reason for the humanity and caring he possessed. Georg Heberer counted many friends for extending the field of surgery – not disregarding the many scholars honouring him for his strict and demanding training.

Georg Heberer received his strength from his family and a never-ending attachment to nature. He loved mountaineering. We regard it as a graceful fate that he died fulfilled and peacefully but still active in Arosa, Switzerland, on a beautifully sunny winter day. He is buried among his mountains.

[erscheint in: Bulletin American College of Surgeons und American Surgical Association]

CHRISTIAN HERFARTH

Prof. Dr. Dr. med. h.c. Georg Heberer
9.6.1920–21.3.1999

Am 21. März 1999 verstarb Prof. Dr. med. Dr. h. c. Georg
Heberer, em. o. Professor für Chirurgie und ehem. Direktor
der Chirurgischen Klinik und Poliklinik der Universität
München im Klinikum Großhadern, wenige Monate vor
Vollendung seines 79. Lebensjahres. Der Tod kam überraschend, er riß ihn aus dem vollen Leben nach einem Wintertag
voller Aktivität und Freude in den Bergen von Arosa. Dort fand
er auch seine letzte Ruhestätte.

Georg Heberer wurde am 9. 6. 1920 in Dietzenbach geboren. Nach seiner Schulzeit, die er in Offenbach mit dem Abitur
abschloß, folgte die Einberufung zum Militärdienst, von wo
aus er zum Medizinstudium abgestellt wurde. Dieses absolvierte er an den Universitäten Marburg, Gießen, Heidelberg
und Tübingen. Zum Kriegsende geriet er in Gefangenschaft,
konnte aber noch 1945 seine Tätigkeit als Arzt aufnehmen.

Der Weg zur Chirurgie führte ihn über die Innere Medizin
und Pathologie. Diesen Fächern brachte er großes Interesse
entgegen, sie konnten ihn aber nicht dauerhaft binden. Dazu
liebte er zu sehr das Praktische, ihm lag das überlegte, schnell
entschlossene Handeln mehr als das kontemplative Reifenlassen
von Problemlösungen. Als Chirurg wurde er von seinem Lehrer
Rudolf Zenker geprägt, zunächst am Städtischen Klinikum
Mannheim und von 1951 bis 1958 an der Chirurgischen Universitätsklinik Marburg. Dort erhielt er nicht nur das chirurgische Rüstzeug, sondern er legte auch die Grundlagen für eine
glänzende akademische Laufbahn. Wesentliche Anstöße für
seine Persönlichkeitsentwicklung erhielt er durch einen mehrmonatigen Besuch führender amerikanischer Zentren der
Thorax- und Kardiovaskularchirurgie. Bei einem längeren
Studienaufenthalt an der Chirurgischen Universitätsklinik

Zürich, die unter Leitung von A. Brunner stand, konnte er die modernen Verfahren der Thoraxchirurgie studieren.

1958/59 leitete er kommissarisch die Chirurgische Universitätsklinik Marburg, bis er 1959 (38jährig!) den Ruf auf den zweiten Lehrstuhl für Chirurgie an der Universität Köln im Klinikum Köln-Merheim erhielt. Von dort wechselte er 1963 auf den ersten Lehrstuhl für Chirurgie im Universitätsklinikum Köln-Lindenthal. Diese Jahre in Köln waren geprägt von größter Aktivität, galt es doch, die in den Kriegs- und Nachkriegsjahren beschädigten und vernachlässigten Einrichtungen von Grund auf zu sanieren und den modernen Bedürfnissen anzupassen. Er schuf sachgerechte Operations- und Behandlungseinrichtungen, ermöglichte durch Einrichtung von Intensivstationen die Durchführung aufwendiger und risikoreicher Operationen, wie er es in den USA kennengelernt hatte und kümmerte sich selbst um eine freundliche Umgebung für seine Patienten. Er verselbständigte Anästhesie und Urologie und schuf durch engste Kooperation mit den klinischen und theoretischen Nachbardisziplinen die Grundlagen für eine effiziente chirurgische Forschung auf hohem wissenschaftlichem Niveau. 1967/68 war er Dekan der Medizinischen Fakultät. 1973 wurde er in der Nachfolge seines chirurgischen Lehrers Rudolf Zenker auf den Lehrstuhl für Chirurgie der Universität München berufen und leitete die Chirurgische Universitätsklinik bis 1989, zunächst an traditionsreicher Stätte in der Nußbaumstraße. Später vollzog er die Umsiedlung von Lehrstuhl und Klinik in das neu geschaffene, moderne Klinikum Großhadern.

Georg Heberer hat die Entwicklung der Chirurgie in Deutschland in der zweiten Hälfte dieses Jahrhunderts in Forschung, Lehre und Krankenversorgung entscheidend mitgestaltet und ihr wesentliche neue Impulse verliehen:

Im klinischen Bereich führte sein anhaltendes Interesse an der Thoraxchirurgie zu bedeutenden Verbesserungen in der Lungenchirurgie. Da die chirurgische Versorgung von Tbc-Kranken im „Sanatorium Sonnenblick" in Marburg mit zu seinem Aufgabenbereich gehörte, konnte er hier wichtige klinische Erfahrungen sammeln. Diese ermöglichten ihm zusammen mit entsprechenden experimentellen Ansätzen eine weiterführende Standardisierung des operativen Vorgehens, wobei er die anatomischen Lungensegmentresektionen maßgeblich in Deutschland einführte. Diese Arbeiten bildeten auch die Grundlage für seine Habilitationsarbeit (1953). Die gemeinsam mit R. Zenker und H. H. Löhr verfaßte Monographie „Die Lungenresektionen" wurde in mehrere Sprachen übersetzt und gehörte lange Jahre zu den Standardwerken der Thoraxchirurgie in Europa, Rußland und den asiatischen Ländern.

Für die Gefäßchirurgie in Deutschland hat Georg Heberer Pionierarbeit geleistet und gehörte zu ihren führenden Vertretern. Neben der klinischen Aufgabe beschäftigte ihn der Gefäßersatz, wozu er grundlegende experimentelle Daten erarbeitete und nach der Verwendung homologer Aortentransplantate die noch in der Entwicklung befindlichen Gefäßprothesen in die klinische Chirurgie einführte. Ihm gelang bereits 1959 erstmals in Europa und als zweiten Fall überhaupt die erfolgreiche operative Versorgung einer thorakalen Aortenruptur sowie später erstmals die Rekonstruktion eines im Stadium der Ruptur resezierten luetischen Aneurysmas im Aortenbogen durch alloplastischen Gefäßersatz. Die intensive klinische Auseinandersetzung mit peripheren Durchblutungsstörungen und besonders den Erkrankungen der großen Organarterien mit umfangreichen klinischen Erfahrungen ließen seine Kliniken in Köln und München rasch zu führenden gefäßchirurgischen Zentren in Europa heranwachsen. Die Monographien „Aorta und große Arterien" (1965, gemeinsam mit G. Rau und H. H. Löhr), „Angiologie" (1974, gemeinsam mit G. Rau und W. Schoop) sowie „Arteriosklerose als chirurgische Aufgabe" (1976) geben Zeugnis von seiner großen klinischen Expertise.

Seine thorax- und gefäßchirurgischen Erfahrungen führten auch zu Fortschritten in der Herzchirurgie. Aufbauend auf seinen tierexperimentellen Arbeiten, konnte R. Zenker gemeinsam mit G. Heberer 1958 erstmals in Deutschland eine Operation am offenen Herzen unter Einsatz der Herz-Lungen-Maschine erfolgreich durchführen. Weitere Arbeiten gemeinsam mit H.

J. Bretschneider führten zur Entwicklung einer neuartigen Kardioplegielösung, die er erstmals 1966 bei der Resektion eines Aorta-ascendens-Aneurysmas einsetzte. Ab 1969/70 beschäftigte er sich mit der Revaskularisation des Myokards und gehörte zu den ersten, die in Deutschland Erfahrungen mit der modernen Koronarchirurgie vorlegen konnten.

Trotz dieser hochspezialisierten Tätigkeit, zu der man auch die Transplantationschirurgie und die chirurgische Intensivmedizin hinzunennen könnte, war Georg Heberer ein begeisterter Allgemeinchirurg, der die Einheit in der Vielfalt nicht nur in Worten vertrat, sondern auch überzeugend lebte. Er operierte täglich im breiten Spektrum der Allgemeinchirurgie. Er war ein begnadeter Operateur, dessen ausgefeilte und gut durchdachte Operationstechnik, an deren Perfektion er ständig arbeitete, zahlreiche Interessenten als Besucher oder Gastärzte für unterschiedlich lange Zeiten an die Klinik zog, und die für seine Mitarbeiter ein selten erreichtes Ziel darstellte.

Georg Heberer hat der chirurgischen Forschung in Deutschland entscheidende Impulse verliehen und hat viel dazu beigetragen ihr wieder internationale Anerkennung zu verschaffen. Er erkannte frühzeitig, daß die Lücke, die sich in Deutschland durch die Selbstisolation während des dritten und vierten Jahrzehntes aufgetan hatte, sich nur dann würde schließen lassen, wenn es gelang, vermehrt Kenntnisse und Methoden der theoretischen und Grundlagenfächer für die Chirurgie nutzbar zu machen. Es war daher konsequent, daß er an der Chirurgischen Universitätsklinik Köln erstmals in Deutschland eine gut ausgestattete, selbständige Abteilung für experimentelle Chirurgie einrichtete, für deren Leitung er H. J. Bretschneider gewann (1959). Ihr folgte 1966 die Einrichtung einer Abteilung für Chirurgische Immunologie, der G. Hermann vorstand. Daneben wurden stets enge Kontakte mit in- und ausländischen wissenschaftlichen Institutionen unterschiedlicher Schwerpunkte gepflegt, teils um gemeinsame Fragestellungen zu bearbeiten, teils auch um neue methodische Ansätze kennenzulernen und zu übernehmen. Klinische Forschung war für ihn – unabhängig von der angewandten Methodik – Forschung an Fragen aus der Klinik mit Lösungen für die Klinik und nicht etwa nur Forschung mit klinischer Methodik. Die Publikationsverpflichtungen in der Wissenschaft nahm er sehr ernst: 13 Bücher als Herausgeber und/oder Autor – viele von ihnen Standardwerke der chirurgischen Literatur – und zirka 550 wissenschaftliche Publikationen geben davon Zeugnis. Ebenso wichtig war ihm seine Aufgabe als Schriftleiter der Zeitschrift „Der Chirurg", die er 25 Jahre versah, in denen diese Zeitschrift weltweit zum zweitgrößten wissenschaftlichen Publikationsorgan für Chirurgie heranwuchs. Daneben war er im Beirat zahlreicher anderer nationaler und internationaler Zeitschriften tätig. Auch nach seiner Emeritierung blieb sein aktives Interesse an einer facettenreichen Chirurgie erhalten. Er publizierte, hielt Vorträge vor in- und ausländischem Publikum, besuchte Kongresse und war weiterhin als Herausgeber z. B. der großen, von M. Kirschner begründeten Operationslehre im Springer-Verlag tätig. Mehr und mehr fand er allerdings auch Zeit und Muße, seinen künstlerischen, literarischen, historischen und kulturellen Interessen den notwendigen Platz einzuräumen.

Georg Heberer war seinen Mitarbeitern und Studenten ein begeisternder Lehrer, der zu interessieren und zu motivieren verstand. Stets aktuell und immer bestens informiert über Entwicklungstendenzen, war sein Vortrag lebhaft, herausfordernd, geistreich und zuhörerorientiert. Niemanden ließ er unbeeindruckt. Sein Lehrbuch für Chirurgie erfreute sich über Jahre und mehrere Auflagen hinweg bei Studenten und Ärzten großer Akzeptanz. Von seinen Mitarbeitern verlangte er viel, aber nie mehr als von sich selbst. Er betrat morgens als erster die Klinik und verließ sie als letzter am Abend. Für seine Patienten war er immer zu sprechen. Sein Fleiß und sein Engagement waren beeindruckend und für viele prägend. Er war kompromißlos leistungsorientiert, er gab sich mit Mittelmaß nie zufrieden, respektierte aber Leistungsgrenzen bei anderen, solange sie echt und nicht durch Gleichgültigkeit oder unzureichendes Engagement bedingt waren. Er forderte alles, aber er überforderte niemanden. Er war akademischer Lehrer, scheute sich aber nicht, auch Erzieher zu sein. Er achtete darauf, daß seine Mitarbeiter an ihrer Persönlichkeitsentwicklung arbeiteten und machte im vertraulichen Gespräch auf etwaige Fehlentwicklungen aufmerksam. Er legte Wert auf eine akademische Prägung, wozu er Wissenschaft, geistige Aufgeschlossenheit, Wahrhaftigkeit, intellektuelle Redlichkeit sowie die Freiheit von Vorurteilen rechnete. Bei der Einhaltung höchster ethischer Standards war er unerbittlich. Gleichzeitig kannte er die Grenzen, die der Medizin und dem menschlichen Leben durch die Natur gesetzt waren, und er respektierte sie. Es gelang ihm, durch das Vorbild seiner Persönlichkeit, durch seine Prinzipien, durch seinen Arbeitsstil sowie durch seine Ziele und ihre Verwirklichung seine Mitarbeiter zu einer Schule zusammenzuschließen, aus der schließlich zahlreiche Chirurgen hervorgegangen sind, die im In- und Ausland als Lehrstuhlinhaber und Chefärzte Bedeutendes geschaffen und so sein Werk und seine Ideen weitergeführt und verbreitet haben. Er sah es gerne, wenn sich seine Mitarbeiter künstlerisch engagierten, sei es in der bildenden Kunst oder in der Musik, und er verstand es, solche Begabungen zu fördern. Am eindrucksvollsten für alle Mitarbeiter war seine stets positive Grundeinstellung und das Fehlen von Neid und Mißgunst. Viele Menschen sind in den Genuß seiner steten Hilfsbereitschaft gekommen. Dennoch war Georg Heberer kein einfacher Mensch. Trotz seiner offenen Kontaktbereitschaft bewahrte er sich private Sphären, die er nur wenigen Freunden öffnete. Seine vielschichtige Persönlichkeit vereinte scheinbar gegensätzliche Eigenschaften: Er war offen und verschlossen, fordernd und nachsichtig, ehrgeizig und bescheiden sowie polarisierend und ausgleichend zugleich. Nur einem großen Charakter gelingt es, solche Gegensätze glaubwürdig in einer Person zu fokussieren.

Georg Heberer war eine große und profilierte Persönlichkeit, die jeden, der mit ihr zusammentraf, in ihren Bann zog. Dem entsprechen auch die zahlreichen Ehrungen in Form von wissenschaftlichen Preisen, Ehrenmitgliedschaften in vielen in- und ausländischen wissenschaftlichen Gesellschaften. Er war u. a. Präsident der Deutschen Gesellschaft für Chirurgie

(1979/80), und später ihr Ehrenmitglied, er war Vorsitzender der Vereinigung Niederrheinisch-Westfälischer Chirurgen (1967/68), der Vereinigung Bayerischer Chirurgen (1974 und 1988) und Präsident der Deutschen Gesellschaft für Katastrophenmedizin (1983/84). Ferner war er Inhaber der Max-Lebsche-Medaille der Vereinigung Bayerischer Chirurgen, der Freistaat Bayern ehrte ihn mit dem Bayerischen Verdienstorden, die Bundesrepublik Deutschland mit dem Bundesverdienstkreuz Erster Klasse. Nicht zuletzt ist hier die Würde eines Ehrendoktors der Georg-August-Universität Göttingen zu nennen. Seine Schüler sind glücklich und dankbar, auf ihn getroffen und ein Stück ihres und seines Lebens gemeinsam gegangen zu sein. Wir gedenken seiner in Verehrung und Dankbarkeit.

[Mitteilungen der
Deutschen Gesellschaft für Chirurgie 3/99]

FRIEDRICH WILHELM SCHILDBERG

Beginn in Marburg 1951. Mit Rudolf Zenker

Nachruf auf Prof. Dr. Dr. h. c. Georg Heberer (1920–1999) Ordinarius für Chirurgie der Universität Köln-Lindenthal (1963–1973)

Georg Heberer wurde 1920 in Dietzenbach bei Frankfurt geboren und studierte Medizin in Marburg, Gießen, Heidelberg und Tübingen. Nach der Approbation und Promotion 1945 erhielt er seine fachchirurgische Ausbildung bei Rudolf Zenker (1903–1984) in Mannheim und an der Chirurgischen Universitätsklinik Marburg. Nachdem Zenker die Chirurgische Universitätsklinik München übernommen hatte, wurde Heberer 1958 kommissarischer Direktor der Universitätsklinik Marburg. Von dort aus folgte er einem Ruf nach Köln und war von 1959 bis 1963 Direktor der II. Chirurgischen Universitätsklinik am Städtischen Krankenhaus Köln-Merheim.

1963 wurde Heberer als Nachfolger Viktor Hoffmanns auf den Lehrstuhl der I. Chirurgischen Universitätsklinik in Köln-Lindenthal berufen. 1967 war Heberer Vorsitzender der Vereinigung Niederrheinisch-Westfälischer Chirurgen und leitete deren Jahrestagung in Köln. Von 1973 bis 1978 war er als Nachfolger seines Lehrers Rudolf Zenker Direktor der Chirurgischen Universitätsklinik München in der Nußbaumstraße. Ab 1978 bis zu seiner Emeritierung im Jahre 1989 leitete Heberer die Chirurgische Universitätsklinik München-Großhadern. Heberer wurde zweimal 1974 und 1988 zum Vorsitzenden der Vereinigung der Bayerischen Chirurgen gewählt und leitete die jeweiligen Jahreskongresse in München. 1979/80 war Heberer Präsident der Deutschen Gesellschaft für Chirurgie.

Zusammen mit seinem Lehrer Zenker führte Heberer 1953 die Lungensegmentresektion in die Chirurgie in Deutschland ein. Die ersten Operationen am offenen Herzen unter Einsatz der Herz-Lungen-Maschine erfolgten gemeinsam mit Zenker in Marburg.

1959 etablierte Heberer an der Universität Köln die erste Abteilung für Experimentelle Chirurgie in Deutschland. Heberer beschäftigte sich neben der Herz- und Thoraxchirurgie besonders mit der Gefäßchirurgie. Bereits 1959 konnte er erstmals in Europa über die erfolgreiche Rekonstruktion einer Ruptur der Aorta descendens berichten. Aus der Schule Heberers sind 9 Ordinarien Chirurgischer Universitätskliniken in Deutschland hervorgegangen. Professor Heberer verstarb am 21. März 1999 in Arosa.

Prof. Heberer hat sich mit seiner ehemaligen Klinik in Köln und der Stadt Köln immer sehr verbunden gefühlt. Nach meiner Übernahme des Lehrstuhls in München hat Georg Heberer in vielen Gesprächen großes Interesse an der Entwicklung in Köln gezeigt und mich in seiner erfrischenden Art durch seine große Erfahrung und seinen klugen Rat nachhaltig unterstützt. Die Klinik und Poliklinik für Visceral- und Gefäßchirurgie der Universität zu Köln wird dem ehemaligen Lehrstuhlinhaber Prof. Dr. Dr. h. c. Georg Heberer ein ehrendes Andenken bewahren.

[Jahresbericht 1996–1998 der Klinik und Poliklinik für Visceral- und Gefäßchirurgie der Universität zu Köln]

Arnulf H. Hölscher

Obituary – Georg Heberer (1920–1999)

Professor Dr. med. Dr. h.c. Georg Heberer, former professor of surgery and director of the Department of Surgery at the University Hospital of Munich died unexpectedly on 3/21/99 only a few weeks before his seventy-ninth birthday.

Georg Heberer was born on September 6th, 1920 in Dietzenbach in the area around Frankfurt/Main. After college he completed his medical school at the Universities of Marburg, Giessen, Heidelberg and Tuebingen. During his years as a surgical resident he predominantly trained with Rudolf Zenker, first at the Hospital of Mannheim (1946–1951), and later between 1951 and 1958 at the University Hospital in Marburg. In addition, his surgical training was completed and extended during rotations at leading surgical departments in the field of chest and cardiovascular surgery in Houston, Los Angeles, San Francisco, Minneapolis, Rochester, Chicago, Boston, and New York. He also trained in special techniques of modern chest surgery at the surgical department of the University Hospital of Zurich under the guidance of A. Brunner who trained with Sauerbruch.

Georg Heberer served as the temporary director of the department of surgery at the University Hospital of Marburg during the period from 1958–1959. In 1959, he was appointed full professor of surgery at the 2nd chair of surgery at the University Hospital in Cologne-Merheim. In 1963, he accepted the appointment as chairman of the department of surgery at the University Hospital in Cologne-Lindenthal. In 1973, he was appointed chairman of the department of surgery at the University Medical Hospital in Munich succeeding Rudolf Zenker, his first mentor. Prof. Heberer was head of this department during the period 1973–1989 at first at the traditional surgical University Hospital in the Nussbaumstrasse. Later his department moved to the newly erected modern University Medical Center, Klinikum Grosshadern.

Georg Heberer has profoundly influenced the development of surgery in Germany during the second half of this century in research, education as well as in patient care.

He introduced important improvements into clinical surgery, especially in the field of thoracic surgery, such as the anatomic lung segment resection. The book entitled "The Lung Resection" by R. Zenker, H. H. Löhr, and himself was translated into numerous languages and was viewed as a standard work of thoracic surgery in Europe, Russia and the Asiatic world for many years until it was replaced by the book "Lung and Mediastinum" in 1991.

As one of the leading German representatives of his time in vascular surgery Georg Heberer performed pioneer work. His research work in this field concentrated on the possibilities of using vascular grafts in arterial reconstruction. His contributions in this area of experimental research were outstanding. As early as 1959 he successfully reconstructed a rupture of the thoracic aorta which was the first case in Europe and the second worldwide. Later he became the first to reconstruct a ruptured luetic aneurysm by completely replacing the thoracic aorta using an alloplastic graft. Due to Heberer's activities and advancements in his battle against peripheral vascular obstructive disease (especially in diseases of major visceral arteries), and his vast clinical experience, predominantly in the surgery of carotid arteries, visceral arterial reconstruction and renovascular hypertension his departments in Cologne and Munich rapidly progressed to leading vascular surgical centers in Europe.

The monographies "Aorta und große Arterien" (1956, with G. Rau and H. H. Löhr) "Angiologie" (1974, with G. Rau and W. Schoop) as well as "Arteriosclerosis a Surgical Challenge" (1976) give testimony of his enormous clinical expertise.

Heberer's experience in chest- and vascular surgery also resulted in a profound progress in the field of cardiovascular surgery. Based on his experimental work in animals, R. Zenker and G. Heberer succcessfully performed open heart surgery under extracorporeal circulation for the first time in Germany in 1958. Further collaborative work together with H.J. Bretschneider led to the development of an innovative cardioplegic solution ("Bretschneider's solution") which was used for the first time during the resection of an ascending aortic aneurysm in 1966. Heberer's name became closely associated with the operative treatment of calculous pericarditis and, later, with surgical resection of ventricular aneurysms, a result of his extensive clinical experience with these diseases. Very early on, he recognized the importance of surgical myocardial revascularisation, and he was one of the first German surgeons to gain experience in modern coronary surgery.

His clinical devotion to innovative surgery and his great talent in creating the infrastructure necessary to achieve his goals enormously enriched transplant surgery in Germany. He started a renal transplantation program in 1965 at the university of Cologne which became very successful during his years as chairman. In 1986 Georg Heberer also introduced a liver transplant program after successful immunosuppressive treatment regimens became available. An essential prerequisite for the development of transplantation surgery in Germany was the creation of new organizational framework. Together with W. Land Heberer established a curatorium for home dialysis in 1976. The "Munich model" served as a model for numerous other German transplantation centers.

Finally, Dr. Heberer was strongly engaged in the preservation of surgical intensive care medicine as a surgical subspecialty. For this reason in 1979/1980 he founded the study group for critical care and emergency medicine (CAIN) within the German Society of Surgery.

Although Georg Heberer engaged himself in highly specialized activities within defined areas of surgery, he always remained an enthusiastic general surgeon. His intent was always to keep surgery united as a whole and at the same time support the development of its diversity. His overwhelming activity proved his sincere convictions concerning this ideal. He operated daily with the broad spectrum of general surgery with a special interest for surgery of alimentary tract. He was a highly gifted surgeon who attracted numerous visitors or visiting surgeons worldwide to his clinical environment due to his elaborate and well-devised surgical techniques.

Georg Heberer has given decisive impulses to surgical research in Germany and has made major contributions to its international recognition. He avidly supported the application of basic research developments in clinical surgery. He established a well-equipped and independent department of experimental surgery at the university hospital in Cologne for the first time in Germany. This was followed by setting up a division of surgical immunology at the same university medical center. He initiated and maintained continuous close contacts with national and international researchers from institutions of various scientific fields.

Dr. Heberer was always committed to publishing scientific and clinical advances in surgery: He authored or edited 13 books, many of these became standard works within surgery. He published approximately 550 monographs. He served as chief editor of the German surgical journal *Der Chirurg* for 25 years.

Georg Heberer was a prominent and most charismatic personality in surgery. The numerous honors, scientific prizes, honorary memberships and multiple national and international scientific societies prove his acceptance as one of the leading German surgeons of his time. He was elected President of the Deutsche Gesellschaft für Chirurgie (1979/1980), and was later chosen as its honorary member. He was chairman of the Association of the Niederrhein-Westfälische Surgical Society (1967 and 1968) as well as the Bavarian Surgical Society (1974 and 1988), and was elected President of the German Society of Disaster Medicine (1983/1984). He received the "Max Lebsche Medal" of the Bavarian Surgical Society. He was awarded the distinguished service medal by the State of Bavaria and the distinguished service cross first class by the Federal Republic of Germany. He received an honorary doctorate from the Georg-August-University Göttingen.

Georg Heberer was a most profiled personality who gave numerous new impulses to German surgery. He was a dynamic and sympathetic doctor to his patients. He was an enthusiastic and extraordinary teacher for his co-workers, residents and students. His death has left a gap which hardly can be closed.

[Langenbeck's Archive of Surgery, 2000]

FRIEDRICH WILHELM SCHILDBERG

In memoriam Georg Heberer

Am 21.3.1999 verstarb Herr Professor Dr. med. Dr. h. c. Georg Heberer, emeritierter ordentlicher Professor für Chirurgie und ehemaliger Direktor der Chirurgischen Universitätsklinik München kurz vor Vollendung seines 79. Lebensjahres. Er starb für alle überraschend nach einem schönen Wintertag in Arosa, wo er auch seine letzte Ruhestätte fand.

Georg Heberer wurde am 9. Juni 1920 in Dietzenbach bei Frankfurt am Main geboren. Nach dem Abitur studierte er an den Universitäten Marburg, Gießen, Heidelberg und Tübingen. Als Chirurg wurde er später von seinem Lehrer Rudolf Zenker geprägt, zunächst am Städtischen Klinikum Mannheim und von 1951 bis 1958 an der Chirurgischen Universitätsklinik Marburg. 1958/59 leitete er kommissarisch diese Klinik, bis er 1959 (38-jährig!) den Ruf auf den 2. Lehrstuhl für Chirurgie an der Universität Köln im Klinikum Köln-Merheim erhielt. Von dort wechselte er 1963 auf den 1. Lehrstuhl für Chirurgie im Universitätsklinikum Köln-Lindenthal. Diese Jahre in Köln waren geprägt von größter Aktivität und ungestümem Schaffensdrang, es waren dies Jahre fruchtbarster wissenschaftlicher Arbeit. 1973 wurde er in der Nachfolge seines chirurgischen Lehrers Rudolf Zenker auf den Lehrstuhl für Chirurgie der Universität München berufen und leitete die Chirurgische Universitätsklinik bis 1989, zunächst an traditionsreicher Stätte in der Nußbaumstraße. Später vollzog er die Umsiedlung von Lehrstuhl und Klinik in das neu geschaffene moderne Klinikum Großhadern.

Georg Heberer hat die Entwicklung der Chirurgie in Deutschland in der zweiten Hälfte dieses Jahrhunderts in Forschung, Lehre und Krankenversorgung entscheidend mitgestaltet und ihr wesentliche neue Impulse verliehen.

Im klinischen Bereich führte seine Arbeiten zu bedeutenden Verbesserungen in der Lungenchirurgie. Wobei er die anatomischen Lungensegmentresektionen maßgeblich in Deutschland einführte. Die gemeinsam mit R. Zenker und H.H. Löhr verfaßte Monographie „Die Lungenresektionen" wurde in mehrere Sprachen übersetzt und gehörte lange Jahre zu den Standardwerken der Thoraxchirurgie in Europa, Rußland und den asiatischen Ländern bis sie 1991 durch das Buch „Lunge und Mediastinum" abgelöst wurde.

Auch für die Gefäßchirurgie in Deutschland hat Georg Heberer Pionierarbeit geleistet und gehörte zu ihren führenden Vertretern. Ihm gelang bereits 1959 erstmals in Europa und als zweiten Fall überhaupt die erfolgreiche operative Versorgung einer thorakalen Aortenruptur, sowie später erstmals die Rekonstruktion eines im Stadium der Ruptur resezierten luetischen Aneurysmas der thorakalen Aorta durch alloplastischen Ersatz des gesamten Aortenbogens. Die intensive klinische Auseinandersetzung mit Erkrankungen der großen Organarterien mit umfangreichen klinischen Erfahrungen, ließen seine Kliniken in Köln und München rasch zu führenden gefäßchirurgischen Zentren in Europa heranwachsen. Die Monographien „Aorta und große Arterien" (1965), „Angiologie" (1974) sowie „Arteriosklerose als chirurgische Aufgabe" (1976) geben Zeugnis von seiner großen klinischen Expertise.

Seine Arbeiten führten auch zu Fortschritten in der Herzchirurgie. Aufbauend auf seinen tierexperimentellen Arbeiten konnte R. Zenker gemeinsam mit G. Heberer 1958 erstmals in Deutschland eine Operation am offenen Herzen unter Einsatz der Herz-Lungen-Maschine erfolgreich durchführen. Weitere Arbeiten gemeinsam mit H. J. Bretschneider führten zur Entwicklung einer neuartigen Kardioplegielösung, die er erstmals 1966 bei der Resektion eines Aorta ascendens-Aneurysmas einsetzte. Ab 1969/70 beschäftigte er sich mit der Revaskularisation des Myokards und gehörte zu den Ersten, die in Deutschland Erfahrungen mit der modernen Koronarchirurgie vorlegen konnten.

Trotz dieser hochspezialisierten Tätigkeit, zu der man auch die Transplantationschirurgie und die chirurgische Intensivmedizin hinzu nennen könnte, war Georg Heberer ein begeisterter Allgemeinchirurg, der die Einheit in der Vielfalt nicht nur in Worten vertrat, sondern auch überzeugend lebte. Er war ein begnadeter Operateur, dessen ausgefeilte und gut durchdachte Operationstechnik, an deren Perfektion er ständig arbeitete.

Georg Heberer hat der chirurgischen Forschung in Deutschland entscheidende Impulse verliehen und hat viel dazu beigetragen, ihr wieder internationale Anerkennung zu verschaffen. Er erkannte frühzeitig, daß vermehrt Kenntnisse und Methoden der theoretischen und Grundlagenfächer für die Chirurgie nutzbar zu machen seien. Es war daher konsequent, daß er an der Chirurgischen Universitätsklinik Köln erstmals in Deutschland eine gut ausgestattete, selbständige Abteilung für experimentelle Chirurgie einrichtete, für deren Leitung er anfangs H.J. Bretschneider und später W. Isselhard gewann (1959). Ihr folgte 1966 die Einrichtung einer Abteilung für Chirurgische Immunologie, der G. Hermann vorstand. Daneben wurden stets enge Kontakte mit in- und ausländischen wissenschaftlichen Institutionen unterschiedlicher Schwerpunkte gepflegt. Klinische Forschung war für ihn – unabhängig von der angewandten Methodik – Forschung an Fragen aus der Klinik mit Lösungen für die Klinik und nicht etwa nur Forschung mit klinischer Methodik. Die Publikationsverpflichtungen in der Wissenschaft nahm er sehr ernst: 13 Bücher als Autor und/oder Herausgeber – viele von ihnen Standardwerke der chirurgischen Literatur – und ca. 550 wissenschaftliche Publikationen geben davon Zeugnis. Ebenso wichtig war ihm seine Aufgabe als Schriftleiter der Zeitschrift Der Chirurg, die er 25 Jahre versah.

Georg Heberer war seinen Mitarbeitern und Studenten ein begeisternder Lehrer, der zu interessieren und zu motivieren verstand. Niemanden ließ er unbeeindruckt. Sein Lehrbuch für Chirurgie erfreute sich über Jahre und mehrere Auflagen hinweg bei Studenten und Ärzten großer Akzeptanz. Von seinen Mitarbeitern verlangte er viel, aber nie mehr als von sich selbst. Er war kompromißlos leistungsorientiert, er gab sich mit Mittelmaß nie zufrieden. Er war akademischer Lehrer, scheute sich aber nicht, auch Erzieher zu sein. Eindrucksvoll war die Atmosphäre von Offenheit, die in der Klinik herrschte, seine stets positive Grundeinstellung und das Fehlen von Neid und Mißgunst. Er legte Wert auf eine akademische Prägung, wozu er Wissenschaft, geistige Aufgeschlossenheit, Wahrhaftigkeit, intellektuelle Redlichkeit sowie die Freiheit von Vorurteilen rechnete. Bei der Einhaltung höchster ethischer Standards war er unerbittlich. Gleichzeitig kannte er die Grenzen, die der Medizin und dem menschlichen Leben durch die Natur gesetzt waren, und er respektierte sie.

Die Verbindungen, die Georg Heberer zu unserer Vereinigung der Nordwestdeutschen Chirurgen hatte, sind im Verlaufe von 25 Jahren zunehmend gewachsen. Mehrere seiner Mitarbeiter haben im Bereich der Vereinigung wichtige Leitungsfunktionen in Krankenhäusern übernommen und wirkten sozusagen als Schrittmacher für sein Interesse am „hohen Norden". So war er über diese Zeit regelmäßiger Besucher der Wintertagungen und auch an den Sommer-Kongressen. Zunehmend fand er Gefallen an der typischen norddeutschen Landschaft und an ihrer reichhaltigen Kultur, und er nahm sich oft die Zeit, die Kunstschätze kennen zu lernen, für sich zu werten und zu genießen. Emil Nolde, Bernd Notke und immer wieder Ernst Barlach, mit dessen Werken er schon in seinen Kölner Jahren zusammen gekommen war, schätzte er ganz besonders. Georg Heberer war deshalb hoch erfreut und stolz, als er mit der Ehrenmitgliedschaft unserer Vereinigung ausgezeichnet wurde.

Georg Heberer hat die Chirurgie in Deutschland in der zweiten Hälfte dieses Jahrhunderts mitgestaltet. Er gehört wohl zweifellos zu den großen Persönlichkeiten unseres Fachs. Es wäre in seinem Sinne, wenn wir sein Andenken bewahren und ehren, indem wir uns bemühen, wichtige Inhalte seines weit gefächerten Denkens weiterhin in die Tat umzusetzen.

[Nachruf anläßlich der Wintertagung 1999 der Vereinigung Nordwestdeutscher Chirurgen in Hamburg, 3.–5.12.1999]

FRIEDRICH WILHELM SCHILDBERG

In memoriam
Prof. Dr. Dr. h.c. Georg Heberer
9. Juni 1920 – 21. März 1999

Georg Heberer ist tot. In den geliebten Bergen ereilte ihn mitten in voller Aktivität sein Schicksal. Mit ihm verlieren die deutschen Chirurgen einen ihrer großen Pioniere, der wie kaum ein anderer die Gefäßchirurgie in unserem Lande mitentwickelt, gefördert und geprägt hat, und der in den vergangenen Jahrzehnten national und international die deutsche Chirurgie verkörpert und ihr weltweit Ansehen und Respekt verschafft hat.

Die ersten 14 Jahre seiner chirurgischen Tätigkeit war er Schüler von Rudolf Zenker (1945–1959 in Mannheim und Marburg), dem er sich zeitlebens wissenschaftlich und freundschaftlich verbunden fühlte und wußte. Studienaufenthalte in Zürich und in führenden amerikanischen kardiovaskulären Zentren ließen ihn erkennen, daß die Chirurgie in Deutschland der Nachkriegszeit nur in engster Verflechtung mit experimenteller Forschung den Anschluß an die Weltelite erreichen kann. Nach dem ersten Ordinariat in Köln-Merheim (1959) und dem Wechsel nach Köln-Lindenthal (1963) profilierte er sich insbesondere in Herz- und Gefäßchirurgie. Schon in Marburg konnten Zenker und Heberer in Deutschland den ersten erfolgreichen kardiochirurgischen Eingriff am offenen Herzen durchführen (1958). Heberer gelang dann 1959 in Köln die 1. operative Versorgung einer traumatischen thorakalen Aortenruptur in Europa – die 2. in der Welt. 1973 wurde er als würdiger Nachfolger seines Lehrers Zenker in das traditionelle chirurgische Ordinariat der Ludwig-Maximilians-Universität München berufen, und konnte 1977 dann die Chirurgie im Klinikum Großhadern übernehmen, wo er bis 1989 wirkte.

Seine Arbeiten haben der Gefäßchirurgie in Deutschland und darüber hinaus wesentliche Impulse gegeben, zahlreich sind seine Publikationen bis in die letzten Jahre über bahnbrechende Forschungsergebnisse, zuletzt auch über neue wichtige Fragen ärztlicher Ethik. 1963 erschien das grundlegende Werk „Aorta und große Arterien", das unter der Mitarbeit von G. Rau und H.H. Löhr alle bekannten wissenschaftlichen Erkenntnisse der Gefäßheilkunde umfaßte. 1974 gab er zusammen mit G. Rau und W. Schoop eine Neuauflage der „Angiologie" heraus, deren Erstauflage 15 Jahre zuvor von M. Ratschow erschien, und die diesmal eine eindeutig chirurgische Ausrichtung fand. 1976 erschien „Die Arteriosklerose als chirurgische Aufgabe", und 1977 das für Studenten und Assistenten die chirurgische Grundlage bildende Lehrbuch für „Chirurgie" (zusammen mit W. Köle und H. Tscherne), das viele Jahre lang mit den häufigen Neuauflagen Basis des studentischen Unterrichts war und auf nahezu jedem Assistentenschreibtisch stand. 1981 kam die „Indikation zur Operation" (gemeinsam mit L. Schweiberer) heraus, in der auch und gerade zur gefäßchirurgischen Indikation und Verfahrenswahl grundsätzliche Aussagen gemacht wurden. 1987 schließlich gab Heberer zusammen mit R.J.A.M. van Dongen im Rahmen der Aktualisierung der Kirschner'schen Operationslehre den Band „Gefäßchirurgie" heraus, der bis heute der chirurgische „Brockhaus" in allen gefäßchirurgischen Zentren geblieben ist und in mehrere Sprachen übersetzt wurde. Daß er auch der Thoraxchirurgie, der Transplantationschirurgie und allen Bereichen der von ihm geliebten Allgemeinchirurgie entscheidende Impulse zu geben verstand, zeichnet ihn als einen der letzten großen Chirurgen aus, die chirurgische Forschung und klinische Erfahrung in allen Teilbereichen der Chirurgie beherrschten. Er war ein glänzender und virtuoser Operateur, dessen Geschicklichkeit viele seiner Schüler ihre operative Technik verdanken. Seine Verdienste hatten viele Ehrungen zur Folge, so war Georg Heberer Präsident der Deutschen Gesellschaft für Chirurgie 1979/1980, deren Ehrenmitglied er wurde, und er war Präsident mehrerer regionaler und fachbezogener wissenschaftlicher Gesellschaften, wurde mehrmals Ehrenmitglied nicht nur nationaler, sondern auch und besonders internationaler Gremien und Träger von vielfachen Auszeichnungen, über die er sich zwar freute, die ihm aber in ihrer Wertigkeit zweitrangig waren. Seine Schüler aber waren stolz auf solche Ehrungen und ihren Chef.

Georg Heberer war ein leidenschaftlicher und kompromißlos leistungsorientierter Mensch, der von sich und seinen Mitarbeitern sehr viel verlangte. Er konnte sehr unbequem in seinem Drängen nach Erkenntnissen und Wissenschaftlichkeit – und angesichts einer Lässigkeit seiner Mitarbeiter verletzend scharf sein. Gleichgültigkeit, Mittelmaß oder nicht voller Einsatz waren ihm ein Greuel. Er forderte alles, respektierte aber auch andere persönliche Interessen. So schuf er, wohl einer der letzten großen chirurgischen Generalisten, eine Chirurgenschule, die durch das Vorbild des Lehrers, die grundlegende Ausrichtung auf ärztliche Ethik und wissenschaftliche wie menschliche Wahrhaftigkeit und Redlichkeit geprägt war, und deren Glieder sich als Gemeinschaft Gleichgesinnter verstanden. Alle wußten, daß er seine Kräfte bei seiner Familie sammelte – und wie wichtig auch die Golfplätze, die großen und kleinen Museen der Welt, aktuelle Ausstellungen waren und insbesondere die Berge und ihr Schnee Zielpunkte seiner Interessen bedeuteten. Wir haben eine ausrichtende Persönlichkeit verloren, ein berufliches Vorbild und einen väterlichen Freund. Wir sind aber dankbar, mit ihm eine Zeit gemeinsam gelebt und von ihm gelernt zu haben, und werden seiner, der unser Leben und die Gefäßchirurgie in Deutschland so entscheidend geprägt hat, in Verehrung gedenken. Unser Mitgefühl gilt besonders seiner Frau Renate, seinen 3 Kindern und deren Familien und allen, die um ihn trauern.

[Gefäßchirurgie 5: 4–5 (2000)]

Hans Martin Becker

Georg Heberer zum Gedenken

Liebe rotarische Freunde,
als im Meeting vor drei Wochen unser Präsident Froschauer
den plötzlichen Tod unseres Freundes Heberer bekanntgab,
bemächtigte sich eine fast spürbare Betroffenheit der anwe-
senden Freunde.

Das konnte doch gar nicht sein. Ausgerechnet Heberer, der
allem Anschein nach immer bei bester Gesundheit war. Er
hatte immer die Aura tadelloser Fitneß ausgestrahlt, schien von
niemals versiegender Vitalität überzuquellen. Gern hatte er von
seinen Skiabfahrten in Arosa mit „Nikolaus", dem Postboten,
erzählt. Nicht minder war seine umfassende geistige Interessiert-
heit. Er war stets voller Lebensfreude. Seine jugendliche
Neugierde entführte ihn – der immer gerne gereist war – in
entfernte Länder, wie jüngst nach Bhutan im Himalaya.

In Arosa schied er am 21. März 1999 plötzlich und unerwartet, ohne Krankheit und Siechtum aus dem Leben. Man
möchte sagen: ein schöner Tod, wenn man an das oftmals end-
lose Siechtum anderer denkt. Dort umschließt ihn – nicht ferne
von den Pisten, auf denen er von den weiten Höhe abfuhr zum
Tal – nun das Grab. Nachdem er am Vormittag des Sonntags,
an dessen Nachmittag er starb, noch Ski gefahren war, ist man
versucht zu sagen, daß er am Ende der Piste auch am Ende seines Lebens angekommen war.

Als er noch in unserer Mitte war, nahm er voll lebhaftem
Interesse Teil an den künstlerischen Ereignissen – unseres Clubs,
unserer Stadt und weit darüber hinaus – war er interessiert am
Gedankenaustausch über das, was er gehört und gesehen hatte.
Ein eifriger Besucher von Konzerten. Ein Freund auch der bildenden Künste: der Graphik, der Malerei, der Plastik. Er war
aber nicht nur ein platonischer Freund der Künste, sondern
zollte auch dem Sammlereifer seinen Tribut. Wenn man in sein
Haus kam, konnte man sich heimlich verneigen vor den berühmten Namen, deren Werke die Wände zierten.

Wenn er voller Besitzerstolz eine neue Errungenschaft vorwies, saß ihm manchmal der Schalk im Nacken. So waren einmal einige Freunde aus unserem Club, darunter unser Freund Koch und meine Wenigkeit, bei ihm zu Gast. Er zeigte uns ein schon nach seinem Umfang respektables Gemälde. „Von wem ist das?" – ließ er uns raten. Wir kannten das Bild nicht und konnten auch den Maler nicht erraten. Etwas betreten sahen wir uns an. Das abstrakte Gemälde des unbekannten Meisters verunsicherte uns. Wir hatten schon fast den Verdacht, daß Heberer einen Jux mit uns machen wolle und er selber es war, der dieses Oeuvre verbrochen hatte. Er löste jedoch das Rätsel ohne uns zu lange auf die Folter zu spannen und verriet den Namen des Malers: Tapies, ein französischer „Tachist" – den zwar viele, aber eben nicht alle kennen, wir beispielsweise nicht. Wie hätten wir bei ihm dieses Faible für die Moderne vermuten sollen, hatten wir doch seinen Geschmack weit konservativer eingeschätzt, wie die Liebe zu seinen Plastiken zeigte.

Heberer beseelte auch eine leidenschaftliche Liebe zur Musik, wie sein Wiener Kollege Theodor Billroth, der neben seinen wissenschaftlichen Leistungen auch als Freund von Johannes Brahms – nicht zuletzt wegen der ihm zugeeigneten Streichquartette dieses Meisters – in die Geschichte eingegangen ist. Billroth liebte aber nicht nur die Musik, sondern er versuchte sich auch als Musikschriftsteller und hat ein Bändchen mit dem Titel „Wer ist musikalisch?" veröffentlicht. Unser Freund Krapp drückte mir dieses Bändchen beim einem Meeting in die Hand mit den Worten: „Heberer hat gesagt, ich soll es an Sie weitergeben, sobald ich selbst es gelesen habe". Es erschien wie eine Aufforderung zu einem Disput. Heberer fragte mich dann einmal, ob ich das Buch schon gelesen hätte. Ich gab ihm eine etwas ausweichende Antwort, daß mir diese Schrift Billroths über die Musik nicht so ganz zusage, ohne mich jedoch genauer festzulegen warum. Ich weiß nicht, was Heberer zu dieser Lektüre veranlaßt hatte. Zweifelte er etwa an seiner eigenen Musikalität – was man sich kaum vorstellen kann. Oder wollte er in die Fußstapfen seines Kollegen Billroth treten und selbst unter die Musikschriftsteller gehen?

Begierig seine Eindrücke bestätigt zu sehen, stürzte er in den Pausen von Konzert- und Theateraufführungen oftmals auf mich zu mit der teils scherzhaft und teils provozierend vorgebrachten Frage „und was meint nun Freund Keim dazu?" Das nötigte mich – wenn ich ihn rechtzeitig erspäht hatte – immer genau zuzuhören oder hinzusehen, um mir ein einigermaßen sicheres Urteil zu bilden, damit ich ihm gewappnet gegenübertreten konnte.

Liebe rotarische Freunde, wir haben in Heberer einen unserer Freunde verloren, der am Clubleben immer regen Anteil nahm und nicht nur in den Meetings unser medizinisches Wissen – ich meine damit die in unserem Club eine erdrückende Mehrheit bildenden medizinischen Laien – durch seine Vorträge vermehrte, sondern auch kaum eine Abendveranstaltung versäumte. Sein Stilempfinden als Kunstfreund war breit gefächert und er war nicht nur der Moderne – bis zur Avantgarde – zugetan. Darin war er auch nicht vereinsamt oder der einzige Kunstfreund unter uns. Wir brauchen nur an Freund Zander denken.

Heberer wird einigen unter uns sehr abgehen. Und nicht nur den Clubfreunden. Erst vor einem knappen Jahr hatten wir den 80. Geburtstag der Sängerin Astrid Varnay gefeiert, kurz nach dem Erscheinen ihrer Biographie, in welcher sie ihre Auftritte auf den Bühnen der Welt so faszinierend schildert. Wir wollten dieses ihr Fest, wie ich ihr verriet, im Familienkreise zusammen mit unseren „kunstsinnigsten Freunden" feiern. Mit den kunstsinnigen Freunden, das heißt auch mit Heberer – und seiner Frau.

Wie können wir, wie sollen wir Heberer in Erinnerung behalten? Sicher nicht nur als Arzt, Chirurgen, Ordinarius, Universitätsprofessor, Wissenschaftler, sondern auch mit seinen privaten Aspekten, als umgänglicher und zugänglicher Mensch, mit seiner breiten Aufgeschlossenheit für die Welt, das Leben, die Künste. Heberer, ein Mann voller Kommunikationsfähigkeit und Kommunikationsfreude, ein die Künste liebender und – wie schon gesagt – ein kunstsinniger Freund.

[Vorgetragen vor dem Rotary-Club München]

BENNO KEIM

GEDANKEN
UND
BEGEGNUNGEN

Fackelzug der Studenten zum Abschied von Köln, 1973

In Memory of Georg Heberer

I am pleased to write a few words about our wonderful friends, Georg and Renate Heberer.

My wife Rosemary and I are sad with you and your family over the loss of Georg, Renate, while we also celebrate his life.

The „Akademische Trauerfeier" in München on July 2, 1999, was a superb tribute to George, his professional life, his any accomplishments and his loving family – Renate, Jörg and Helga, Michael and Inge, Christiane and Jörg and Georg's grandchildren.

Rosemary was unable to attend but sends the following message. „Georg and Renate opened their home and their hearts to our family when we came to Munich on sabbatical. We all knew Georg's reputation for professional excellence but our teenage children loved and admired them as much as we did for their delight in their family and native land and their accomplishments in sports and music. Georg and I had fun filling in words or each other as he worked on English and I worked on German. I particularly enjoyed teasing the Herr Professor Doktor Vorsitzende about constantly forgetting ‚administration'. Georg, you are missed!"

Georges boundless „joie de vivre" embraced all arts, Arosa and archeology in addition to his family, music, sports and the world of surgery.

We met Georg with Bob Hermann at an ACS meeting in the late 1970 when we were considering a sabbatical and Georg invited us to Munich.

We arrived in July of 1980 with all our children, bags and boxes, which professor Jens Witte, the Oberarzt to Georg, managed to get in one car to travel to the apartment at the Olymisches Dorf that he had arranged for us. This was the beginning of a wonderful nine-month sojourn in Munich and a deepening friendship with Georg and Renate.

Each day I took the U-Bahn to the office in the Klinikum Grosshadern that Georg had designated for me. I went to his morning conferences, preop meetings and, in late afternoon, a review of problems and the next day's work. Georg was firm but kind as he insisted on clear thinking about indicators for operations – „indications, indications" he would insist. His senior colleagues, such as Witte, Denecke, Dittmer and Stelter, among others, had great loyalty to Georg. Admiration, fear, respect and amusement were among the mixed emotions exhibited by junior colleagues.

Georg performed well at every conference, bearing down on big problems and applying a light touch or humor for other problems.

Georg and I had frequent discussions in his office in English and he became quite good. Although Georg thought a Yale professor should take a taxi to the hospital, I assured him that the subway time with the morning newspapers were my German language studies. At first Georg urged me to study German seriously but later said German was too difficult – recognizing that I could never be fluent!

I appreciated the sabbatical opportunity to know the exciting young surgeons Georg mentored to be chiefs – Witte, Stelter, Dittmer, Denecke, Jauch and others. Georg introduced me to Bernulf Günther who had established a laboratory in nutrition. We developed a research project to study the mormonal milieu in patients either dying or surviving in the ICU.

Eugen Faist, then a resident, was also part of Georg's department. He, with others, worked on a review of organ failure in trauma patients at Grosshadern. Gene presented the report to the AAST meeting in Colororado Springs in 1981 and the manuscript authored by Faist, Baue, Dittmer and Heberer, was published in the Journal of Trauma. A few years late Georg sent Faist to work for a year in immunology with me at Yale, the beginning of Faist spectacular career in the Immune Consequences of Injury and Sepsis.

We were most appreciative that Georg and Renate included us in gatherings of his former students who had become professors – Schildberg in Lübeck, Peiper in Göttingen, Eigler, Zumtobel and others. Once, when George was travelling, Renate took us with our boys to Arosa and we then understood George's love for his skiing/writing retreat. Our sons still think Renate is super terrific because of her handling of her speeding Mercedes in the mountains.

After our sabbatical George and Renate visited us in New Haven when George was Visiting Professor and the Leon Sample Lecturer in Surgery, an event followed by a traditional Mory's dinner with the Yale faculty. We met them during other meetings of the ACS and ASA where we played tennis or socialized. They entertained us on subsequent visits to Munich, especially during the International Symposia developed by Faist and hosted initially by Heberer and since by Schildberg.

We have lost a dear friend but we are thankful for our wonderful friendship and my professional association. We look forward to other occasions to be with Renate and the Heberer family both in Munich and in the U.S.

ARTHUR E. BAUE

Schlüsselübergabe von Rudolf Zenker an Georg Heberer
anläßlich der Klinikübernahme in München am 1.4.1973

Begegnungen mit Georg Heberer

Von den vielen Begegnungen mit Georg Heberer in über zwei-
einhalb Jahrzehnten haben sich nicht wenige mir besonders
eingeprägt und vor allem die sind im Gedächtnis haften geblieben, bei denen er Züge seines Wesens offenbarte, die sonst hinter dem gewohnten Verhalten eines Klinikdirektors und
Hochschullehrer verborgen blieben. Als Fakultätskollegen und
Mitglieder des Direktoriums des Klinikums Großhadern waren
wir in vielen Sitzungen, auch in kleinem Kreise, bei wichtigen
Besprechungen und auch bei privaten Anlässen zusammen. So
manches Problem mußte auch unter vier Augen erörtert werden. Einen zusätzlichen Eindruck vom Arzt und Menschen
Georg Heberer vermittelten Erfahrungen mit ihm als Operateur
im engsten Familienkreis kurz nach seinem Dienstantritt in
München. In der Hauptsache aber war ich sein Gesprächs-
partner in meiner Eigenschaft als Ärztlicher Direktor des
Klinikums Großhadern von 1972, während seiner Berufungsverhandlungen, bis zu meinem Ausscheiden aus diesem Amt
zu Jahresende 1982.

Als Medizinhistoriker haben mich bereits früh die Persönlichkeitsmerkmale herausragender Vertreter des ärztlichen
Berufs beschäftigt, wobei die der großen Chirurgen seit dem
Beginn des aseptischen Zeitalters ganz besondere Aufmerksamkeit beansprucht haben. Seit der Vereinheitlichung des
Arztberufs, der Erhebung der Chirurgen aus dem Handwerker-
stand zu einem an den Universitäten vertretenen Fach, gab es
heftige Auseinandersetzungen um eine gebührende Anerkennung der operativen Medizin in den medizinischen Fakultäten.
Im Vordergrund standen naturgemäß solche mit den Vertretern
der Inneren Medizin. Dabei kamen den Chirurgen die Eigenschaften zugute, die bereits bei ihren beruflichen Vorläufern,
den Wundärzten und Feldscherern früherer Jahrhunderte, als
berufstypisch und unerläßlich angesehen worden waren. Mutig,

unerschrocken, geistesgegenwärtig und entschlußfreudig sollten sie sein, sich nicht durch Wehklagen und Schmerzensschreie der Patienten aus der Fassung bringen lassen und ihre Tätigkeit schnell und doch zuverlässig ausüben. Diese Persönlichkeitsmerkmale blieben den Vertretern der Chirurgie erhalten, auch wenn mit der Einführung der Allgemeinnarkose und damit der Ausschaltung des Operationsschmerzes und mit der Aufklärung der Ursachen der Wundinfektionen und der Einführung der aseptischen Technik die Arbeit der Chirurgen sich fortan unter völlig anderen äußeren Bedingungen abwickelte. Gleichzeitig eröffneten sich der operativen Medizin bis dahin ungeahnte Möglichkeiten.

Hat man das Glück gehabt einigen der großen Repräsentanten der deutschen und ausländischen Chirurgie unseres Jahrhunderts zu begegnen, zu mehreren auch nähere Beziehungen gehabt zu haben, genannt seien von deutschen nur die Namen August Bier, Ferdinand Sauerbruch, Rudolf Nissen, Erwin Gohrbandt, Emil Karl Frey, Fritz Linder und Rudolf Zenker, dann sind bei den meisten von ihnen manche, wenn nicht die meisten der schon für die alten Chirurgen als charakteristisch angesehenen Eigenschaften und Fähigkeiten, zuweilen in sehr ausgeprägter oder auch übersteigerter Form zu beobachten gewesen. Dies kann auch für Georg Heberer gelten, wobei er zu denen gezählt werden muß, die ihr Temperament gut in Kontrolle halten können, ohne emotionale Äußerungen ganz zu unterdrücken. Bei ihm aber, wie bei anderen Großen des Faches, die in der Forschung und der Weiterentwicklung der operativen Technik in vergleichbarem Ausmaß hervorgetreten sind, war alles Handeln auf das Unmittelbare gerichtet, tätiger Optimismus verband sich mit einem sicheren Gefühl für den Wert des eigenen Handelns, des Eingreifens in Vorgänge der Natur und in Schicksale von Mitmenschen.

Nachhaltig pflegen in aller Regel die Erinnerungen an das Zusammentreffen mit einem Arzt zu sein, zu dem man sich oder ein naher Angehöriger in Behandlung begibt, erst recht, wenn es sich dabei um einen operativen Eingriff bei einer bösartigen Erkrankung handelt. An einem Feiertag, dem 1. Mai 1973, bin ich als Begleitperson aus einem solchen Anlaß zu Georg Heberer in die Klinik in der Nußbaumstraße gekommen. Wir trafen auf einen Menschen, bei dem man nach einem kurzen Gespräch und den ersten Untersuchungsmaßnahmen keinen Zweifel daran haben konnte, es mit einem wahren Arzt im klassischen Sinne zu tun zu haben. Ernst und dabei doch freundlich-verbindlich beim anamnestischen Befragen, gewissenhaft, sorgfältig und dabei vorsichtig-schonend bei der Befunderhebung, voller Verständnis für die Situation des Betroffenen und dabei eindeutig in den Aussagen über die notwendigen operativen Maßnahmen vermittelte Georg Heberer das Gefühl, daß man uneingeschränktes Vertrauen zu ihm und seinem Handeln haben durfte. Bei aller kritischen Nüchternheit, mit der er die Aussichten auf einen Erfolg seines operativen Eingreifens eröffnete, war doch seine wohltuende optimistische Grundhaltung spürbar, die sich auf seinen Patienten übertrug. In den Tagen nach dem operativen Eingriff haben wir ihn als einen Weggefährten erlebt, der durch sein ansteckende Hoffnungsfreude ausstrahlendes Auftreten, auch wenn das Befinden des Kranken dem nicht so ganz entsprechen konnte, auf jeden Fall Mut machte und den Glauben an ein gutes Gelingen der Bemühungen aller Beteiligten stärkte. Eindrucksvoll war auch, wie sich Georg Heberer im Umgang mit konsiliarisch hinzugezogenen Vertretern anderer Fächer verhielt. Er blieb dabei stets achtsam in den Grenzen seines Fachgebietes und war offen für die Empfehlungen kompetenter Kollegen. Das Ergebnis des damals vorgenommenen Eingriffs bestätigt noch bis heute eindrucksvoll die ungewöhnlichen operativen Fähigkeiten Heberers. Diese hier niedergeschriebenen Erinnerungsworte sind somit zugleich solche des Dankes. Sehr wohl wissen wir, daß wir damit zugleich auch für viele aus dem engeren Kreis der Medizinischen Fakultät sprechen, die sich selbst oder Mitglieder ihrer Familie Georg Heberer anvertrauten und durch ihn erfolgreich betreut worden sind.

Als Ärztlicher Direktor des Klinikums Großhadern seit 1970 gehörte es zu meinen Aufgaben, die räumliche und apparative

Ausstattung der einzelnen Kliniken, Polikliniken und Institute sowie deren Forschungs- und Unterrichtsbereiche parallel zur baulichen Fertigstellung der Gebäude vorzubereiten, die Anschaffungen vollziehen zu lassen und den Personalbedarf zu ermitteln, die Planstellen zu beantragen und sie so disponibel zu bekommen, daß zusammen mit den aus den alten Kliniken umgesetzten Mitarbeitern die planmäßige Inbetriebnahme sichergestellt werden konnte. Dabei haben vor allem die Oberärzte der Kliniken und Institute als fast durchweg begeisterte Fachberater mitgewirkt und ihre Chefs lediglich in dem Umfang, den sie selbst für erforderlich hielten, einige wenige von ihnen machten sich jedoch mit allen Einzelheiten vertraut. Nachdem Georg Heberer seine Tätigkeit in München aufgenommen hatte war ihm bewußt, daß seine Klinik für den Umzug nach Großhadern vorgesehen war. Dennoch trug er sich ernsthaft mit dem Gedanken, in der Klinik in der Nußbaumstraße zu verbleiben, zumal nach dem Verbleiben mehrerer Kliniken in der Innenstadt und der seit 1971 von der Medizinischen Fakultät beschlossenen Aufteilung des klinischen Unterrichts auf zwei Lehrstätten – Innenstadt und Großhadern – auch mit der Erhaltung der bisherigen Chirurgischen Klinik gerechnet werden durfte. Bis zum Sommer 1976, also gut drei Jahre, hat Georg Heberer sich mit einer Entscheidung Zeit gelassen. Viele Gespräche habe ich in dieser Zeit mit ihm geführt, zumeist unter vier Augen. Dabei wurde offensichtlich, daß es ihm schwer fiel, zu erkennen, daß die Entwicklung der klinischen Medizin, vor allem an den Universitäten, eine Eingliederung der Fachkliniken in ein Großklinikum mit konsequenter Zentralisation aller gleichartigen Funktionsbereiche zwingend notwendig machte. Diese aus fachlichen wie auch aus wirtschaftlichen Gründen erforderliche Veränderung der Klinikstrukturen führte zwangsläufig dazu, daß die einzelnen Fachkliniken ihre betriebswirtschaftliche Selbständigkeit verloren, dafür aber in eine neue, fraglos vorteilhafte Form enger Zusammenarbeit mit den anderen Fächern der klinischen Medizin kommen konnten. Georg Heberer war, wie ich immer wieder heraushören konnte, in einen für ihn unvorhergesehenen Zwiespalt geraten.

Wie stark er die räumliche Bindung an die großen Vorgänger in seinem Fachgebiet in der Klinik in der Nußbaumstraße verspürte, das zeigte allein schon sein wiederholter Hinweis darauf, daß es sich um eine „traditionsreiche" Stätte der Medizin handelte, die aufzugeben ihm schwerfallen mußte. Wie groß daneben die Sorge war, in Zukunft nicht mehr Herr, vielleicht sogar „Herrscher", in einer selbständigen Klinik auch nach außen zu sein, war ihm vielleicht selbst nicht bewußt. Für mich war es unvorstellbar, daß ein Chirurg mit den überragenden Fähigkeiten Heberers nicht seinen Arbeitsplatz, in dem alle Möglichkeiten in der Krankenversorgung, der Lehre, vor allem aber auch der Forschung bietenden Klinikum Großhadern einnehmen könnte. Dort gehörte eine Persönlichkeit seiner fachlichen und wissenschaftliche Größe hin. Es war wohl in einem Gespräch, das ich am 1. Juli 1976 in seinem Dienstzimmer in der Nußbaumstraße mit ihm führte, in dem ich noch einmal alle Argumente präsentierte, die für seinen Wechsel nach Großhadern sprachen. Heberer war voll innerer Zweifel, hatte aber doch bereits Pläne für den Umzug und die vorgesehene Arbeitsweise seiner Klinik unter den neuen Gegebenheiten. Ausschlaggebend war dann aber doch wohl die geschlossene und klare Meinung seiner Oberärzte, die sich intensiv mit den Verhältnissen und Möglichkeiten im Klinikum Großhadern vertraut gemacht hatten, daß sich Georg Heberer in den folgenden Monaten mehr und mehr auf einen Umzug einstellte. Am 20. Juni 1977 erhielt ich schließlich den erlösenden Telefonanruf des Dekans, Prof. Dr. Wolfgang Spann, daß Georg Heberer sich entschieden habe, im Oktober nach Großhadern zu kommen.

Nachdem am 11. Oktober 1977 die Chirurgische und die Herzchirurgische Klinik mit den ersten operativen Eingriffen ihre Tätigkeit im Klinikum Großhadern aufgenommen hatten begann für Georg Heberer ein nicht ganz leichter Prozeß des Einlebens in eine ihm bisher ungewohnte Form der klinischen Kooperation, bei der eine Reihe von bisher ihm zugeordnete Funktionen, wie z. B. die Röntgen- und Laboratoriumsdiagnostik, aber auch die Wirtschafts- und Personalverwaltung, ebenso wie die Zuordnung des Pflegedienstes in der Zentralorganisation des Gesamtklinikums bereitgestellt wurden. Wie schwer ihm dies gefallen ist, zeigte sich immer wieder. Die Zusammenarbeit mit ihm, dem ich als Chirurgen und Klinikdirektor größte Hochachtung entgegenbrachte, war dadurch geprägt, daß unser persönlicher Führungsstil unverkennbare autoritäre Züge auswies, dabei aber von meiner Seite alles getan werden mußte, um die möglichst reibungslose Zusammenarbeit aller Einrichtungen des Hauses, vor allem unter den leitenden Persönlichkeiten, zu gewährleisten. Die in der Inbetriebnahmephase auch der operativen Fächer immer wieder einmal aufgetretenen Mängel, wie das Fehlen von Personal, unzureichende Kapazitäten im Krankentransport und manches andere, wurden von manchen Klinikdirektoren und gerade auch von Georg Heberer als Unzulänglichkeiten meiner Tätigkeit als Ärztlicher Direktor angesehen. Daran war ich schon von meiner früheren Tätigkeit im Klinikum Steglitz der Freien Universität Berlin gewöhnt und um so mehr bemüht, vorhandene Probleme möglichst umgehend und lautlos zu beheben, besser noch sie nicht erst aufkommen zu lassen.

Sehr beeindruckt hat mich, wie Georg Heberer schon nach wenigen Jahren zugegeben hat, daß für ihn und seine Mitarbeiter unter den Bedingungen eines zentralisierten Großklinikums tatsächlich, nicht nur durch das enge Nebeneinander der verschiedenen Fachdisziplinen, ideale Arbeitsbedingungen gegeben waren. Dies hat er im In- und Ausland als seine Überzeugung geäußert, mir dies immer wieder mündlich und schriftlich bestätigt. Unsere persönliche Beziehung ging, wohl gerade auch dadurch, mehr und mehr aus rein kollegialem in freundschaftliches Verbundensein über bis schließlich zum brüderlichen „Du"-Verhältnis. Meiner Schilderung seines Zögerns beim Umzug nach Großhadern in meiner autobiographischen Schrift „Am Puls der Medizin" hat Georg Heberer voll zugestimmt und dazu geschrieben: „Die Gespräche mit Dir <zwischen drinnen und draußen> sind unvergeßlich und waren für mich richtungsweisend".

In der Erinnerung sind noch viele andere Begegnungen bewahrt, in denen sich nicht zuletzt der musische Mensch offenbarte. Erwähnt wurden bereits Heberers Bindungen an die großen Vorgänger in seinem Fach. Nicht vergessen werde ich das andächtige Staunen, mit dem er die chirurgischen Instrumente des 16. bis 18. Jahrhunderts – wahre Meisterwerke der Handwerkskunst – betrachtete, die ich ihm bei einer Führung durch das Deutsche Medizinhistorische Museum in Ingolstadt zeigen konnte. Es war anläßlich eines Ausflugs der Medizinischen Fakultät am 26. Juli 1974 in die Stadt, wo sie 1472 gegründet worden war. Ein Großer der Chirurgie unserer Tage bekannte seine Ehrfurcht vor denen, die vor Jahrhunderten den Fachkollegen die handwerklichen Hilfsmittel geliefert hatten.

Mit diesen Rückblicken sich an einen bedeutenden Kollegen zu erinnern, mit dem nie mehr persönlich zusammenzutreffen kaum vorstellbar ist, endet mit dem Gefühl der Dankbarkeit, diesem großen Arzt und liebenswerten Menschen begegnet zu sein.

HEINZ GOERKE

Klinische Forschung Chirurgie: „Projektgruppe": Postoperativer Stoffwechsel 1976–1988

Der Ausdruck „Projektgruppe" ist natürlich der Tagespresse entlehnt. So einen Terminus gab es wohl 1976 noch nicht, oder nur bei Georg Heberer – im wahrsten Sinne des Wortes.

Ich erinnere mich noch ganz deutlich an einen Funkspruch meines Piepsers Mitte Oktober 1976: Bitte zum Chef. Am ovalen Tisch in seinem Zimmer saß eine Runde mir damals noch unbekannter Herren, die Professoren Mehnert, Dietze und Schultis sowie zwei Oberärzte unserer Klinik, die Herren Schildberg und Zumtobel und etwas abgerückt der Chef. Georg Heberer stellte mich dem Kreis kurz vor und faßte ein Programm, das anscheinend in meiner Abwesenheit schon ausgiebig behandelt worden war, zusammen. Ich hatte den Eindruck, daß dies weniger für mich gedacht war. Es richtete sich vielmehr noch einmal deutlich an die Adresse der klinikfremden Herren: Stoffwechselfragen seien ein wichtiger Teil der perioperativen Versorgung der Patienten und ein viel zu wenig beachtetes Teilgebiet der klinikrelevanten Forschung; durch den soeben geknüpften Kontakt zur Forschergruppe Diabetes und damit zum Sonderforschungsbereich 51 der Deutschen Forschungsgemeinschaft sei ein Wissenstransfer in Untersuchungstechnik und biochemischer Analyse in die klinische Forschung Chirurgie mit ihren speziellen Fragestellungen möglich; durch die Kooperation mit der Industrie sei die nötige finanzielle Unterstützung gegeben. Nach dieser Zusammenfassung coram publico, erzählte dann der Chef dem versammelten Kreis in seinem verführerischen Charme noch etwas über einen „aufstrebenden jungen Kollegen" und damit war mein Auftritt beendet. Ich bekam noch einen Termin genannt, wann ich mich bei der Forschergruppe „Diabetes" vorstellen sollte und ich konnte gehen.

Im Rückblick hatte Georg Heberer an diesem Oktober-
nachmittag 1976 modernste Konzeptionen über eine Kooperation von Wissenschaft und Industrie, von interdisziplinärer
Zusammenarbeit und Drittmittelfinanzierung in praxi vor-
weggenommen.

Die interdisziplinäre Zusammenarbeit mit der Forschergruppe Diabetes im Sonderforschungsbereich 51 und der damit
folgende Wissenstransfer klappte aufgrund der hervorragen-
den Zusammenarbeit auf Assistentenebene, besonders mit meinem Partner Dr. Matthias Wicklmayr, ausgezeichnet. Die
Stoffwechselgruppe Diabetes hatte damals das Know-how
Stoffwechselgrößen des Glucose-, Fett- und Eiweißstoff-
wechsels an Einzelorganen mit Hilfe der sogenannten Katheter-
technik zu bestimmen und durch Messung der Organdurch-
blutung zu quantifizieren. Diese Technik war durch die den
Patienten wenig belastende Kanülierung einer Arterie und einer
Muskelvene am Vorderarm und durch die plethysmographi-
sche Messung der Durchblutung im wesentlichen auf Stoffwechseluntersuchungen von Muskulatur und Fettgewebe
begrenzt. An einzelnen Patienten wurden sie aber durch die
Katheterisierung der Lebervene und Durchblutungsmessung
mit Xenon auf das zentrale Organ des Stoffwechsels, die Leber,
ausgedehnt. Durch die Anwendung dieser Untersuchungstechnik am operierten Patienten kamen wir zu differenzierten
Aussagen über den Substratfluß von Glucose, Aminosäuren,
freien Fettsäuren und Ketonkörpern in der frühen postoperativen Phase.

In der damaligen Zeit spielten neben der Glucose als
Kohlenhydrat bei der parenteralen Ernährung vor allem die
Zuckeraustauschstoffe Fructose und Xylit eine entscheidende
Rolle. Besonders die Diabetologen sahen einen Vorteil in der
Gabe von Fructose und Xylit, da deren Verwertung damals als
weitgehend insulinabhängig angesehen wurde. Da nach
Operationen ein dem Diabetiker nahestehender Stoffwechsel
vorliegt, war die Frage einer insulinabhängigen Kohlenhydrat-
verwertung von großem Interesse. Bei den von uns vorgeleg-
ten Ergebnissen war, besonders interessant, daß Insulin auch

im postoperativen Streß an verschiedenen Organen unterschiedlich wirkt. So zeigt zum Beispiel das Fettgewebe keine postoperative Insulinresistenz, so daß niedrigste Insulindosen die Lipolyse, das heißt, die Freisetzung des körpereigenen Energieträgers Fett sistieren lassen, eine Hemmung der Eiweißkatabolie – Ziel jeglicher postoperativer Ernährungsmaßnahmen – auch mit hohen Insulindosen nicht zu erreichen ist.

Im Laufe von drei Jahren konnten zahlreiche Befunde zur Besonderheit des postoperativen Stoffwechsels erhoben werden. So konnten wir zeigen, daß die Verwendung von Zuckeraustauschstoffen und ihre langsame Umwandlung in der Leber zu Glucose im postoperativen Stoffwechsel nur eine leichte Insulinfreisetzung hervorruft, die dann die postoperative Lipolyse und Ketogenese kaum beeinflußt. Es war damit gezeigt, daß die Verwendung dieser Substrate an Stelle von Glucose die Energiedeckung aus den Fettdepots des Körpers nach einem operativen Eingriff möglich macht. Dies war besonders bei hypokalorischer peripher-venöser Ernährung mit einem Angebot von 150–200 g Zuckeraustauschstoffen von Bedeutung.

1979/1980 bedeutete für den „postoperativen Stoffwechsel" eine gewisse Ruhepause. Zum einen waren die experimentellen Untersuchungen in den Räumen der alten Klinik in der Innenstadt, Nußbaumstraße 20, abgeschlossen, zum anderen konnte ich auch die Daten persönlich nutzen und in meiner Habilitationsschrift zusammenfassen: Untersuchungen zum Stoffwechsel in der frühen postoperativen Phase. Mit anderen Worten, ich konnte hoffen, daß mit dem Abschluß der Habilitationsschrift wenigstens das Schlimmste in dem kaum möglichen Dreierspagat: Forschung – klinischer Alltag – Familie, überstanden sei.

Wer aber Georg Heberer kannte, wußte, daß Erfolge nur neue Aktivitäten bedeuten konnten. Mit dem Umzug nach Großhadern konnte er sein Lieblingskind die „klinische Forschung Chirurgie – diesen Brückenschlag zwischen Grundlagenforschung und Klinik", endlich mit den entsprechenden Räumlichkeiten und Sachmitteln ausstatten. Dann stand auch noch die Präsidentschaft der Deutschen Gesellschaft für Chirurgie 1980 an. Einer seiner Leitgedanken für die Präsidentenrede war dabei die Aktivierung der chirurgischen Forschung durch Kooperation mit der Grundlagenforschung und Gedankenaustausch in Arbeitsgemeinschaften. Damit war natürlich für den „Stoffwechsel" mit seinen Vorleistungen nach kurzer Ruhe der Sturm vorprogrammiert.

Mit entwaffnendem Charme in bewährter Manier stellte er am Ende einer Abendvisite auf der Station H 21 unmittelbar nach den Sommerferien und der Präsidentschaft seinem Oberarztoid Günther seine Überlegungen zum „Stoffwechsel" vor. Dies begann mit der Empfehlung in den noch verbleibenden acht Tagen bis zum 30.9. einen detaillierten Antrag für das Reisestipendium der Deutschen Gesellschaft für Chirurgie mit Ziel abzufassen: Besuch chirurgischer Zentren mit Forschungsschwerpunkt postoperativer Stoffwechsel. Nach diesem Aufenthalt könnte dann ein DFG-Antrag für ein neues Projekt abgefaßt werden. Außerdem sei eine bessere personelle Ausstattung der Stoffwechselgruppe notwendig, und wir hätten da gerade mit K.W. Jauch einen aktiven, jungen Kollegen eingestellt, der sehr förderungswürdig erscheint, und der sich mal in den „Stoffwechsel" einarbeiten sollte und mich dann natürlich vollständig entlasten würde. Mit diesem Handstreich war die Zukunft des etwas müde gewordenen „Stoffwechsels" gesichert.

Die Untersuchungen zum postoperativen Stoffwechsel hatten gezeigt, daß der übergeordnete Regulationsmechanismus der Mobilisation aller körpereigenen Energievorräte eine wie auch immer ausgelöste Einschränkung in der Insulinwirksamkeit war. Erst mit der für die einzelnen Organe unterschiedlich ausgeprägten Hemmung des anabolen Insulins war die Bereitstellung an Glucose, Fettsäuren, Ketonkörpern und Aminosäuren möglich.

Dieser Einfluß des Insulins auf den postoperativen Stoffwechsel der Gewebe konnte nun mit Hilfe eines neuen Gerätes, eines sogenannten künstlichen Pankreas, risikolos für den Patienten untersucht werden. Mit Hilfe dieses künstlichen Pankreas – eines Apparates, mit dem trotz intravenöser

Insulinapplikation der Blutzucker mit Hilfe der sogenannten Glucose-Klemm-Technik konstant gehalten werden konnte, waren nun differenzierte Untersuchungen zur postoperativen Insulinwirksamkeit möglich. Durch Georg Heberers großzügige Unterstützung – im Rahmen der Sachmittelausstattung der klinischen Forschung Chirurgie in Großhadern konnten wir uns ein künstliches Pankreas anschaffen – und eine positiven Bescheid unseres DFG-Antrages – 2 Jahre finanzielle Unterstützung für Verbrauchsmittel und Personalkosten – konnte die erweiterte Stoffwechselgruppe zahlreiche, zum Teil sehr aufwendige experimentelle Untersuchungen am Menschen zur postoperativen Insulinresistenz durchführen. Dazu kamen nun neue Kooperationen zum Beispiel mit dem Institut von Professor Wolfram, Weihenstephan, und seinem Know-how zum Fettstoffwechsel oder mit Privatdozent M. Georgieff, damals noch Anästhesiologisches Institut der Universität Heidelberg in Mannheim, mit seinen Untersuchungsmöglichkeiten zur Insulinwirksamkeit auf den Eiweißstoffwechsel mit Hilfe stabiler Isotopen. Die Ergebnisse konnte in der Folgezeit K. W. Jauch auf nationalen und internationalen Veranstaltungen vorstellen und letztlich in seiner späteren Habilitationsarbeit zusammenfassen.

Georg Heberers zunehmender Bekanntheitsgrad in den USA führte dazu, daß eine Reihe amerikanischer Kollegen ihr „Sabbatical" zum Teil an unserer chirurgischen Klinik in Großhadern verbrachte. Von diesen Gästen interessierte sich besonders A. E. Baue – Chairman des Departments of Surgery, Yale University, einer der Väter des „Multiple Organ Failure" für die Aktivitäten der Stoffwechselgruppe. Mit seinen Anregungen und seiner Hilfe konnten wir Untersuchungen über die hormonelle Steuerung des Stoffwechsels bei septischen Patienten durchführen. Die Ergebnisse konnten 1984 in den Archives of Surgery veröffentlicht werden.

Im Laufe der 80er Jahre übernahmen mehr und mehr die jüngeren Kräfte die Stoffwechselgruppe – vor allem K. W. Jauch und nachfolgend der ehemalige „Stoffwechseldoktorand" W. Hartel. Aber immer noch hatte Georg Heberer ein waches

Auge. Es entging ihm nicht, daß auf dem Markt ein praktischer Ratgeber für die Praxis der postoperativen parenteralen und enteralen Ernährung fehlte. Auf seine Initiative hin und mit seinen Verbindungen zum Springer-Verlag war es letztlich möglich mit Michael Heberer, Basel, den gewünschten Leitfaden Praxis der parenteralen und enteralen Ernährung 1988 im Springer-Verlag erscheinen zu lassen.

Im Rückblick auf über 10 Jahre „postoperativer Stoffwechsel" im Rahmen der klinischen Forschung Chirurgie bleibt mir Georg Heberer als ein unwiderstehlicher Animateur in Erinnerung, der es wie kein zweiter verstand, Leute für eine Aufgabe zu begeistern, Kollegen unterschiedlicher Disziplinen zusammenzuführen und Arbeitsgruppen zu bilden und zu stimulieren. Diese Fähigkeiten waren bei ihm mit einer unergründlichen Intuition für zukunftsweisende Entwicklungen gepaart.

Es gehörte zu Georg Heberer, alle Vorträge und Publikationen, die aus seiner Klinik hervorgingen, meist in kürzester Zeit gegenzulesen. Manchmal drückte er mir – schon am nächsten Morgen – ein Manuskript mit Kopfschütteln in die Hand: Herr Günther – der Chirurg ist ein schlichter und einfacher Geist, ich versteh's nicht. Dieser Kommentar tat den Arbeiten immer so gut, und gerade diesen Kommentar vermisse ich heute so.

BERNULF GÜNTHER

In memoriam

Am Ende des 21. März 1999, eines sonnenerfüllten Tages, den er an den schneebedeckten Hängen von Arosa verbracht hatte, nahm Professor Georg Heberer Abschied vom Diesseits. Er starb, wie er es gewollt hätte, in der Fülle des Lebens, ohne die bedrückende Erkenntnis dahinschwindender Lebenskraft. Als jemandem, der ihn über die Grenzen hinweg verehrt, geschätzt und bewundert hat, sei es mir gestattet, ihn ein letztes Mal vor unseren Augen lebendig werden zu lassen, damit seine Persönlichkeit und sein von menschlicher Wärme, Güte und Vitalität geprägtes Wesen sich in unseren Gemütern und unseren Herzen verewigen möge.

Georg Heberer machte eine glänzende Karriere. Nach seinem Medizinstudium, das ihn nach bester deutscher Universitätstradition an die Medizinischen Fakultäten von Marburg, Gießen, Heidelberg und Tübingen führte, promovierte er im Jahre 1945, um dann an der Chirurgischen Klinik in Mannheim bei Professor Zenker, dem er später nach Marburg folgte, seine Ausbildung zum Chirurgen zu beginnen. 1950 führte ihn ein Hochschulstipendium in die USA, wo er u. a. die großen Zentren der Chirurgie in Minneapolis, Chicago, Boston und New York besuchte. Bei seiner Rückkehr im Jahre 1953 erlangte er seine Habilitation wiederum bei Rudolf Zenker in Marburg. Sechs Jahre später, 1959, wurde ihm der Lehrstuhl für Klinische Chirurgie der Universität Köln anvertraut, und 1973 erhielt er einen höchst begehrenswerten Ruf an die Universität München zur Übernahme des Lehrstuhls für Klinische Chirurgie als Nachfolger seines Lehrmeisters Zenker, eines Lehrstuhls, dem er im Laufe der Jahre durch seine außergewöhnlichen Qualitäten zu höchstem Ansehen verhalf.

Georg Heberer war in erster Linie ein hervorragender Chirurg, der einer äußerst fruchtbaren Zeit der Forschung und Entwicklung im Bereich der Thorax-, Gefäß- und Darmchirurgie sein persönliches Siegel aufdrückte. Seine fachliche Kompetenz war über jeden Zweifel erhaben, war er doch stetig darauf bedacht, chirurgische Virtuosität Erwägungen der Sicherheit unterzuordnen. Er operierte mit Ruhe und einer ihm angeborenen Eleganz und Feinheit und entwickelte damit unsere Kunst zu höchster Vollkommenheit. Als Leiter einer der größten deutschen Chirurgieschulen der Nachkriegszeit hat Georg Heberer derselben durch die Vielseitigkeit seines bemerkenswerten Talents zu höchstem Ruhm verholfen und zahlreiche junge Chirurgen ausgebildet, deren Erfolg ihn mit Stolz und Freude erfüllte.

Sein psychologischer Feinsinn vermittelte ihm nicht nur eine tiefe Menschenkenntnis und die Gabe, Liebe zu schenken und entgegenzunehmen, er befähigte ihn auch zu unendlicher Nachsicht bei Äußerungen menschlicher Schwächen. Er besaß jene Intelligenz des Herzens, die er als höchste Bereicherung seiner selbst und all jener erachtete, die er unterwies. Seiner Persönlichkeit entsprang eine natürliche Autorität, gepaart mit Liebenswürdigkeit und Sanftheit. Er gehörte zu jenen Menschen, denen man gehorcht, weil man sie liebt.

Verwurzelt in dem, was sein Land an Schönstem und Edelstem zu bieten hat, setzte Georg Heberer sein Vertrauen in eine Zukunft der Menschlichkeit. Die Ausübung seines Berufs war eine Botschaft des Lebens, sein eigenes Leben ein schlüssiges und wahrlich erfülltes Gesamtwerk.

Die Treue, die ihn mit seinen Freunden und diese mit ihm verband, lebt mit einzigartiger Kraft über Zeit und Tod hinaus weiter. Auch sich selbst ist er treu geblieben, geradlinig in seiner Einstellung wie in seinem Handeln, ohne das geringste Straucheln, bis an sein Lebensende. Der Name Georg Heberer gibt der Erinnerung den tiefgründigen Sinn, den er selbst seinem intensiven Leben zu geben vermochte.

Denken wir auch an all das, was sein Leben bewegte, seine Vitalität, seine Begeisterung für die Natur und die Berge, die er besonders liebte. Er war ein Mensch, den Feinfühligkeit, Größe und Edelmut, Warmherzigkeit und Anziehungskraft kennzeichneten.

Seiner Gemahlin Renate, die in wunderbarer Weise, takt-
voll und einfühlsam seinen Überschwang zu bändigen wußte,
seiner liebenswerten Tochter Christiane, die er besonders zärt-
lich liebte und die ich mehrfach die Freude hatte, während der
Sommerferien als Famula in meiner Klinik zu haben, seinen
Söhnen, deren Erfolg ihn mit Stolz erfüllte, und seinen trau-
ernden Angehörigen bekunde ich meinen Schmerz und mein
tief empfundenes Mitgefühl.

Wenn es wahr ist, daß die Toten so lange weiterleben, wie
sie geliebt werden, dann wird Georg Heberer in Ewigkeit fort-
leben. In den Kreisen der Chirurgie wie auch bei seinem Nachfolger, Professor Schildberg, der die ihm übergebene Fackel
weiterträgt, bei seinen Assistenten, seinen Freunden und seinen Bewunderern wird die Erinnerung an Georg Heberer fortbestehen. Uns allen hat er ein Vermächtnis hinterlassen – sein
eigenes Vorbild. Was mich betrifft, so kann ich ihn nicht dahin-
scheiden lassen, ohne ihm diese letzte Ehre zu erweisen. Georg,
mein lieber Freund, sei glücklich im Paradies der wahrhaft
Großen.

Louis F. Hollender

Bei der jährlichen Rotwand-Besteigung
mit den Studenten 1974

Erinnerungen an den „Menschen"
Georg Heberer

Zutiefst betroffen erreichte mich die Nachricht vom plötzlichen, unerwarteten Ableben meines hochverehrten Freundes Georg Heberer. Unfaßbar, da ich doch wenige Tage zuvor einen Brief von ihm erhalten hatte, in dem er – wie es stets seine Gewohnheit war anläßlich der Chirurgenkongresse in München, so auch heuer – Freunde in sein gastliches Haus am Stadtpark einlud. Fast ahnungsvoll stand in dieser Einladung: „...bis zu unserem hoffentlichen Wiedersehen grüße ich Euch, auch im Namen von Renate, sehr herzlich". Eine Einladung, die nicht mehr stattfinden konnte, die aber von seiner lieben Frau Renate im Anschluß der von F. W. Schildberg mit viel Liebe und Einfühlung ausgerichteten akademischen Trauerfeier am 2. Juli 1999 in Georgs Sinne nachgeholt wurde.

In zahlreichen Gedenkreden und Nachrufen wurde Lebenslauf und Wirken dieses großen Chirurgen, akademischen Lehrers und Klinikers gedacht, der seinen Freunden und allen, die das Glück hatten ihm zu begegnen, unvergessen bleiben wird.

Ich möchte an dieser Stelle versuchen, den „außergewöhnlichen Menschen" Georg Heberer, so wie ich ihn durch Gespräche, Briefe und gemeinsame Ausflüge kennen lernen durfte, etwas näher zu bringen. Ich bin mir aber dessen bewußt und es wäre mit Theodor Billroths Worten zu sprechen: „Ein Fall von Hochmut oder Dummheit", wollte ich dieser schillernden Persönlichkeit nur einigermaßen gerecht werden. Seit meiner Mitgliedschaft in der Deutschen Gesellschaft für Chirurgie 1963 kenne und bewundere ich Georg Heberer als blendenden Redner, souveränen Diskussionsleiter und scharfen, aber nie beleidigenden Kritiker. Er selbst konnte aber auch Kritik vertragen. Als ich ihm in einem seiner Vorträge auf medizinhistorische Ungereimtheiten aufmerksam machte und behutsam meinte, er möchte den „Beckmesser" in mir verzeihen, schrieb er mir: „Lieber Kurt, es war keinesfalls „Beckmesserei" von Dir, sondern es sind hervorragende Anregungen, da ich mich – es sei gestanden – noch tiefer medizinhistorisch hätte einlassen müssen. Nun habe ich Gelegenheit, dies in den nächsten Wochen nachzuholen...".

Über seine Abschiedsvorlesung erzählte er mir in bewegten Worten, wie überrascht er war über die zahlreich erschienenen Ehrengäste, ehemaligen Schüler, sowie einer kaum faßbaren Zahl Studierender. Der ihm zu Ehren veranstaltete Fackelzug auf dem Klinikgelände rührte ihn zu Tränen. Mit seiner Emeritierung hörte er schlagartig zu operieren auf und rührte, wie er mir erzählte, trotz wiederholtem Drängen seiner großen Patientenschar kein Skalpell mehr an, da er nicht wollte –, obwohl physisch durchaus in der Lage – in eine Situation kommen, wie sie von Sauerbruch bekannt ist, oder wie er sie bei seinem hochverehrten Lehrer und väterlichen Freund Rudolf Zenker miterlebte. Keineswegs war es aber ein Ruhestand des geistigen Schaffens. Zahlreich waren die Einladungen als Festredner und Vorsitzender in verschiedenen Gesellschaften im In- und Ausland. Von F. W. Schildberg wurde er wegen seiner Auslandsaktivitäten scherzhaft als „Außenminister der Klinik" apostrophiert, worüber er sich sehr freute.

Sehr beschäftigte ihn auch die Frage nach der Entstehung der großen Chirurgenschulen, wobei er hinterfragte, ob dies heute noch gefragt wäre. Ich meinte es komme auf die Persönlichkeit an, räumte aber ein, daß es heute durch andere Strukturen schwieriger sein werde. Ernst von Bergmann stellte anläßlich einer Gedenkrede an Bernhard von Langenbeck fest: „Die erste selbständig denkende und arbeitende Schule deutscher Chirurgen hat Vinzenz von Kern in Wien, die zweite von Langenbeck in Berlin gegründet". Nach Theodor Billroth ist es später nur wenigen Auserwählten gelungen eine Schule zu hinterlassen. Georg Heberer war diese Gnade ebenfalls beschieden.

Nach seiner Emeritierung wurden ihm in der Klinik Räumlichkeiten zur Verfügung gestellt. Um jedoch durch seine Anwesenheit den täglichen Betrieb und die Arbeit seines Nachfolgers nicht zu stören benutzte er, wie er mir zeigte, einen „Schleichweg", der ihm ermöglichte unbemerkt zu kommen und zu gehen. Als dies Schildberg zu Ohren kam, stellte er Heberer eines Tages die Frage: „Habe ich etwas falsch gemacht?" Heberer war, wie er mir erzählte, über diese große Bescheidenheit und Loyalität seines Schülers und nun Chefs tief beeindruckt, behielt aber seine Gewohnheit bei.

Um möglichst rasch von zu Hause zur Klinik und wieder zurück zu kommen benutzte er, wie er mir belustigt erzählte, nicht immer den Verkehrsvorschriften entsprechende „Fahrbahnen" und nahm es auch mit dem Tempolimit nicht allzu genau. Dieses Fahrverhalten konnte dem „Auge des Gesetzes" nicht unbemerkt bleiben. Die Folge war; er wurde zu einem Verkehrserziehungskurs verdonnert, den er widerspruchslos, denn er hätte genügend Möglichkeiten gehabt, dies abzuwenden, absolvierte. Nur, wie ich mich einmal als sein Beifahrer überzeugen konnte, geholfen hat es allerdings nur bedingt.

Er erzählte mir auch – was mir übrigens nicht bekannt war, obwohl ich nach der Emeritierung von Paul Fuchsig von 1975 bis 1977 die Klinik supplierte – daß er während dieser Zeit, noch vor Erstellung des Dreiervorschlages durch die Fakultät eingeladen wurde die I. Chirurgische Klinik in Wien zu besichtigen. Mit dabei war F. W. Schildberg. Die Bausubstanz war aber nicht nur renovierungsbedürftig, sondern infolge des ewig nicht fertig werdenden Klinik-Neubaues keineswegs mehr zeitgerecht, so daß es danach nur bei diesem einzigen Besuch geblieben ist. Geblieben ist aber sein herzlicher Kontakt mit der Österreichischen Chirurgie und seine Wertschätzung der Wiener Schule, die in Theodor Billroth einen Höhepunkt erreicht hatte. Sicherlich hat dazu beigetragen, daß er, zusammen mit seiner lieben Frau Renate, einige Sommer in Billroths Villa in St. Gilgen am Wolfgangsee verbrachte, die zu einem Hotel umgebaut worden war.

Anläßlich des österreichischen Chirurgenkongresses 1992, den ich erstmals im Fürstlich Esterhazyschen Schloß in Eisenstadt ausgerichtet hatte, war Heberer von dem ihn bisher unbekannten pannonischen Ambiente so angetan, daß es mich drängte, ihn und einige Freunde mit ihren Gattinnen bei nächster Gelegenheit zu einem „Burgenlandtrip" einzuladen. Eine Gelegenheit bot sich 1998 während des Kongresses in Baden bei Wien. Nach München zurückgekehrt schrieb er mir voll Begeisterung und Dankbarkeit, wobei er meinte: „…wir Deutsche können von Euch Österreichern doch noch einiges lernen…". Bei den vielen gesellschaftlichen Abenden, die ich mit ihm verbringen durfte, bewunderte ich seinen Esprit und seine Schlagfertigkeit, wobei er nach einem gelungenen Bonmot die Gewohnheit hatte „schelmisch" die Zungenspitze etwas vorzustrecken.

Heberer war auch ein begeisterter Musikfreund und Opernliebhaber. Seine Lieblingsoper war Rigoletto. Ich erinnere mich an einen Opernabend mit ihm in Wien, anläßlich meiner Verleihung des großen Verdienstkreuzes der Bundesrepublik Deutschland. Es war uns allen eine große Freude mitzuerleben wie begeisterungsfähig er war und wie sehr er den musikalischen Abend genossen hatte.

Wollte man dem Menschen Heberer nur einigermaßen gerecht werden, so bliebe es nur sehr unvollkommen, würde man seine geliebte Frau Renate und seine Kinder, auf die er mit Recht sehr stolz war, nicht einbeziehen. Sein für ihn so typischer Ordnungsruf: „Renate" – gepaart mit seinem berühmt verschmitzten Lächeln – klingt noch oft in unseren Gedanken nach. Sie war der ruhende Pol, die kluge, stille, einfügsame, liebenswerte Gefährtin, die den „Feuergeist" zuweilen auch behutsam bremste.

Sein Tod war so außergewöhnlich wie sein Leben. Wenn er das Ende seines Erdendaseins mitbestimmen hätte können, so, davon bin ich überzeugt, wäre es tatsächlich auch so gekommen wie es letztlich dann auch geschah. Plötzlich, unerwartet, noch in voller Schaffenskraft in Mitten seiner geliebten Berge nach einem schönen Skitag, den er mit seinem älteren Sohn in dem geliebten Arosa verbrachte, dort wo er auch seine letzte Ruhestätte gefunden hat.

Kurt Keminger

Nachruf auf Professor Dr. med. Dr. h. c.
Georg Heberer (1920–1999)

Fassungslos mußten wir die traurige Nachricht zur Kenntnis nehmen, daß unser lieber Freund und hochgeschätzter Kollege Professor Dr. med. Dr. h. c. Georg Heberer, em. Direktor der Chirurgischen Klinik Großhadern der Ludwig-Maximilian-Universität München, während eines Skiurlaubes in Arosa am 21. März 1999 völlig unerwartet einem Myokardinfarkt erlegen ist. Geboren am 9. 6. 1920 in Dietzenbach bei Frankfurt a. M., erfolgte nach Studium und Kriegsdienst seine Promotion 1945 in Tübingen. Bis 1951 in Mannheim tätig ging er mit seinem Lehrer und Mentor Rudolf Zenker nach Marburg. Zenker wurde ihm zum nachahmenswerten Vorbild, durch dessen Ausstrahlung er nachhaltig geprägt wurde. 1953 habilitierte er sich mit einer Arbeit über die „Segmenttopographie der Lunge". Zusammen mit Zenker und Löhr wurde hier auch das Standardwerk über Lungenresektionen verfaßt. 1958 erfolgte durch Zenker gemeinsam mit Heberer die erste erfolgreiche Operation am offenen Herzen mit Hilfe einer Herz-Lungenmaschine in Deutschland. Nach der Berufung Zenkers nach München war er 1958/59 Kommissarischer Direktor der Chirurgischen Universitätsklinik Marburg. Mit 38 Jahren erhielt Heberer den Ruf auf den Lehrstuhl für Chirurgie in Köln-Merheim. Dort errichtete er bereits 1959 die erste Abteilung für Experimentelle Chirurgie mit H. J. Bretschneider in Deutschland. 1963 erfolgte seine Berufung zum Direktor der I. Chirurgischen Universitätsklinik in Köln-Lindenthal und 1973 nach München, Nußbaumstraße, als Nachfolger seines Lehrers Zenker. Von 1978–1989 war Heberer Direktor der Chirurgischen Klinik und Poliklinik Großhadern der Universität München.

Heberer hatte seine vier Kliniken immer wieder umgebaut, ausgebaut und den modernen Entwicklungen angepaßt. Sein perfektes Organisationstalent ließ die schwierige Übersiedlung der gesamten Klinik nach Großhadern in kürzester Zeit und klaglos ablaufen.

Das erfolgreiche Projekt „Münchener Modell zur Organtransplantation" führte seine Klinik in eine Spitzenstellung in Europa und bei den Nierentransplantationen auf den dritten Platz in der Welt.

Klinische und wissenschaftliche Arbeiten fanden ihren Niederschlag in 14 Büchern und Monographien – darunter sind besonders „Aorta und große Arterien" mit Rau und Löhr und „Indikationen zur Operation" mit Hegemann und in der 2. Auflage mit Schweiberer – und mehr als 350 Originalarbeiten.

Ich hatte das Glück mit ihm und Harald Tscherne das „Lehrbuch für Chirurgie und angrenzende Gebiete" im Springer-Verlag herausbringen zu dürfen, das von 1977 bis 1993 sechs Auflagen erreichte.

Zahlreiche Schüler von ihm erhielten Berufungen an Universitätskliniken und Chefarztstellen in z. T. großen Krankenhäusern. Studenten besuchten wegen seines großen didaktischen Geschicks und seiner erfrischenden Vitalität begeistert seine Vorlesungen. Berührend war 1989 seine Abschiedsvorlesung mit dem abendlichen Fackelzug der Mitarbeiter, Gäste und Studenten durch das Klinikgelände.

Für seine Patienten war Heberer unermüdlich im Einsatz, morgens meist der Erste und spät abends der Letzte, wurden ihm von seinen Patienten Vertrauen und Dankbarkeit entgegengebracht.

Hohe Ehren wurden ihm erwiesen, u. a.

- das Ehrendoktorat der Universität Göttingen,
- die Präsidentschaft der Deutschen Gesellschaft für Chirurgie 1980,
- die Ehrenmitgliedschaften des American College of Surgeons und der American Surgical Association, der Kolumbianischen, der Deutschen und der Österreichischen Gesellschaft für Chirurgie, sowie mehrerer Regionalgesellschaften,
- der Bayerische Verdienstorden und
- das Große Goldene Ehrenzeichen des Landes Steiermark.

Regelmäßig besuchte Heberer bis zuletzt (Baden 1998) unsere Kongresse und beteiligte sich oft mit Vorträgen und als Vorsitzender daran. Mit vielen Mitgliedern verbanden ihn lange und innige Freundschaften mit privaten Besuchen. In besonders schöner Erinnerung ist mir unser gemeinsamer Besuch bei der hochbetagten Witwe von Professor Walter Dick in St. Kanzian/Kärnten.

Zum heurigen Kongreß der Deutschen Gesellschaft für Chirurgie in München luden er und seine Frau Renate österreichische Freunde zu einem fröhlichen Wiedersehen in privater Atmosphäre zu sich ein. Er schloß sein Schreiben mit den Worten: „Bis zu unserem hoffentlichen Wiedersehen grüße ich Euch, auch im Namen von Renate, sehr herzlich", so als ob er eine dunkle Vorahnung vor dem Unbekannten hätte. – Es sollte nicht mehr dazu kommen.

Georg Heberer bleibt uns und der Österreichischen Gesellschaft für Chirurgie als herausragende eindrucksvolle Chirurgenpersönlichkeit und als Freund mit Verläßlichkeit, Mut, Optimismus, ungestümer Schaffenskraft und Humor unvergessen.

Seiner Frau Renate, seinen Kindern und Enkeln wendet sich unser tiefes Mitgefühl zu.

Für uns Zurückgebliebene – Familie, Freunde, Kollegen und Patienten – gilt die Mahnung Rainer Maria Rilkes:

„Der Tod ist groß,
wir sind die Seinen lachenden Mund's,
wenn wir uns mitten im Leben meinen,
wagt er zu weinen mitten in uns."

WOLFGANG KÖLE

Verleihung der Ehrendoktorwürde der
Universität Göttingen 1988

Im Rückblick:
Prof. Georg Heberer

Chirurgische Klinik, Nußbaumstraße

Im Vorfeld der Verhandlungen über die Nachfolge auf dem Lehrstuhl seines Lehrers, Rudolf Zenker in München, besuchte Prof. Georg Heberer den Inhaber des Lehrstuhls für Experimentelle Chirurgie, Prof. Walter Brendel, im „Bunker" in der Nußbaumstraße. Diesen hatte Rudolf Zenker der Experimentellen Chirurgie zum Ausbau einer Forschungsstätte im Jahre 1962 überlassen. Dank einer großzügigen Spende der Volkswagen-Stiftung konnte später ein Anbau mit Tageslicht angebracht und dadurch eine Forschungsfläche von etwa 700 m², inklusive Tierhaltung, errichtet werden.

Prof. Heberer, der in Köln-Merheim die erste Abteilung für Experimentelle Chirurgie in Deutschland eingerichtet und deren Leitung dem Physiologen Hans-Jürgen Bretschneider übertragen hatte, kannte Prof. Brendel von den Tagungen der Gesellschaft für Kreislaufforschung in Bad Nauheim; auch hatte er die Arbeiten aus der Münchner Experimentellen Chirurgie auf den Gebieten Hypothermie, extrakorporale Zirkulation und vor allem Transplantationsforschung (Antilymphozytenglobulin) genauestens verfolgt. Nicht überraschend plädierte er für eine intensive Zusammenarbeit mit der Experimentellen Chirurgie für die Ausbildung klinischer Chirurgen in der Forschung und Errichtung einer klinischen Transplantationsabteilung.

Nach Rufannahme durch Prof. Heberer wurde die Beteiligung der experimentellen Chirurgen an den Hauptvorlesungen (Pathophysiologie, Schock, Transplantation) sowie an der Mortalitätskonferenz, Freitag nachmittag, vereinbart. Prof. Heberer ließ sich überzeugen, daß PD Dr. Walter Land, der sich im Institut für Experimentelle Chirurgie habilitiert und an der Chirurgischen Abteilung des Krankenhauses Schwabing den Facharzt für Chirurgie erworben hatte, der bestgeeignete

Kandidat für den Aufbau und die Leitung einer Abteilung für Transplantationschirurgie sei. Ergebnis der gemeinsamen Bemühungen war die Errichtung des Münchner Modells eines Transplantationszentrums. Das von Prof. Land geleitete Transplantationszentrum hat bundesweit Vorbildfunktion übernommen; es war letztlich aus den wissenschaftlichen und personellen Ressourcen des Sonderforschungsbereiches 37 der Deutschen Forschungsgemeinschaft „Restitution und Substitution innerer Organe", dessen Sprecher W. Brendel über mehrere Jahre war, entstanden und stellte die Basis für die Erfolge der Transplantationsmedizin in München dar.

Prof. Georg Heberer bei Wolf und Hund

Im Rahmen des Programms zu dem von Walter Brendel und Claus Hammer seit 1969 betriebenen Projektes „Xenotransplantation" stand die experimentelle Überprüfung der Organfunktion nach Transplantation im nahe verwandten System Wolf - Hund an. Wir hatten den Pionier der Lebertransplantation in Europa, Roy Calne, Professor of Surgery, University of Cambridge, England, einen bewährten Freund des Instituts, dafür gewonnen, die Leber von Wölfen auf den Hund zu transplantieren. Prof. Heberer, dem kein Programm im „Bunker" verborgen blieb, bot sich als erster Assistent für die Operationen an. Die Eingriffe verliefen in denkwürdiger Atmosphäre mit Eintreffen des 1. Assistenten, nachdem der Spenderwolf sicher in Narkose lag. Zwei Operationen wurden durch technische Komplikationen vorzeitig beendet. Bei Hund Nummer 3 war die Wolfsleber transplantiert, die Blutstillung erfolgt und das Abdomen schon verschlossen, als der Empfänger während einer Kaliuminfusion einen Herzstillstand erlitt und nicht wieder reanimiert werden konnte. Prof. Heberer war solche Mißerfolge (3 in 3 Tagen) nicht gewohnt. Er zollte den Experimentatoren seinen Respekt, bedankte sich für die einmalige Gelegenheit an der Wolf - Hund Lebertransplantation teilnehmen zu können und wünschte den Forschern im Bunker viel Erfolg für die nächsten Transplantationen (nicht ohne einige süffisante Bemerkungen über die von Roy Calne beim Verschluß des Abdomens in der Hand geführte Fadenrolle gemacht zu haben).

Szenenwechsel

Prof. Georg Heberer hatte unnachahmlichen Charme und Witz, vor allem in Gegenwart von Damen. Auf dem Wege zum Kongreß der Societé Internationale de Chirurgie im Jahre 1981 in Montreux, Schweiz, trafen wir, kürzlich verheiratet, im Flughafen München-Riem Herrn Prof. Heberer in der Abflughalle (seine Familie war bereits mit dem Auto vorausgereist). Ich stellte ihm meine junge Frau vor, er begrüßte sie äußerst liebenswürdig, lobte ihren argentinisch-deutschen Akzent, unterhielt sich mit uns sehr interessiert und fröhlich, bis er plötzlich mit zu Tode betrübtem Gesicht meinte: „Gnädige Frau, in Großhadern sind wir ganz traurig, die Fahnen wehen auf Halbmast, Sie wissen warum!" Meiner Frau Maria José, war nach ihrem erst kurzen Aufenthalt in Deutschland die Bedeutung von Halbmast noch nicht geläufig. Sie stellte daher schüchterne Fragen. Heberer: „Wir sind sehr, sehr traurig, die Fahnen stehen auf Halbmast und Sie sind daran mit schuld; wir werden Ihnen nie verzeihen, daß Sie beide nach Heidelberg gehen und unsere chirurgische Klinik und das Institut für Chirurgische Forschung in Großhadern im Stich lassen!" Auf dem Wege nach Genf konnte das Problem soweit geklärt werden, daß die Annahme des Rufes auf den Lehrstuhl für Experimentelle Chirurgie in Heidelberg nur bedingt als Fahnenflucht zu werten sei und wahrscheinlich nicht das letzte Wort bezüglich der Chirurgischen Forschung in Großhadern darstelle. Heberers schauspielerische Qualitäten waren außerordentlich, meine Frau machte mir ernsthafte Vorwürfe, diesen interessanten Herrn so traurig – um nicht zu sagen depressiv – gestimmt zu haben.

Lehrbuch

Kurzer Telefonanruf: „Können Sie bitte zu einer Besprechung raufkommen?" Chefzimmer: „Herr Köle und ich haben beschlossen, ein Lehrbuch der Chirurgie für Studenten herauszugeben, das besser und erfolgreicher sein wird als alle Chirurgiebücher auf dem Markt". Mit dieser Einleitung waren bereits verschiedene Mitarbeiter seiner Klinik konfrontiert worden. Er benötigte nun – innert Tagen – das Kapitel „Schock und Fettembolie" – „Das können nur Sie schreiben, Sie übernehmen das? „Ja? – Wir sind froh, nein wir sind glücklich!" (dreimaliges Zungenschnalzen). Es folgten – wie für alle Autoren – Briefe, Memos, kurze, freudige Kommandos auf dem Gang, unerbittlich den Abgabetermin in Erinnerung rufend. Nicht nur das Lehrbuch „Chirurgie und angrenzende Gebiete", sondern alle seine Bücher wurden für Heberer zur Passion und dadurch zum Horror einiger der Autoren. Auflage für Auflage: kurze Termine zur Manuskriptabgabe, Korrektur, Änderung, Wiedervorlage, unerbittlich mit charmantem Werben oder bestimmter Forderung. In der Tat, Georg Heberer war ein erfolgreicher Herausgeber – seine Bücher werden hierfür noch viele Jahre Zeugnis ablegen.

Chirurgenkongreß

Für die Jahre 1979–1980 hatte die Deutsche Gesellschaft für Chirurgie Prof. Georg Heberer zu ihrem Präsidenten gewählt. Er wollte selbstverständlich eine denkwürdige Tagung mit Neuerungen im Programm gestalten und bat mich, die erstmals ins Programm aufgenommene Posterausstellung mit Diskussion zu organisieren. Er akzeptierte die Planung, den Kauf der Posterwände, deren Aufstellung, allerdings behielt er sich die Entscheidung der zuzulassenden Poster selbst vor. Es bedurfte nur weniger Besprechungen, da der Herr Präsident sehr klare Vorstellungen und präzise Vorgaben gemacht hatte.

Eine dieser Besprechungen sollte im Hotel Bayrischer Hof stattfinden. Heberer hatte mich kurzfristig abends zum Probeessen für das legendäre „Präsidentenessen" eingeladen und wollte bezüglich seines geplanten Menüs und der Wahl der Weine beraten werden. Der Runde gehörten seine Familie und zwei der engsten Mitarbeiter an. Mit seiner Vorliebe fürs

Detail und chirurgischer Präzision wurde schlußendlich das Präsidentenmenü festgelegt, nicht ohne daß der Herr Ober, der Restaurantchef und Hoteldirektor sowie die Mitglieder der Runde – „bitte, offen und ehrlich" – mehrfach um ihre Meinung gefragt worden waren. Die Posterausstellung war völlig vergessen, sie wurde jedoch zum festen Bestandteil des wissenschaftlichen Programmes aller nachfolgenden Chirurgenkongresse.

George

Auf Grund seiner offenen, zupackenden und keinesfalls schüchternen Art hatte Georg Heberer keinerlei Probleme internationale Kontakte zu schaffen und unter den Chirurgen in aller Welt Respekt und Freunde zu finden. Auf internationalen Kongressen wurde ich oft nach Prof. Heberer from Munich gefragt; jeder seiner Bekannten und Freunde hatte eine besondere, meist fröhliche Begebenheit über ihn zu berichten. Seine Vorträge wurden stets mit Aufmerksamkeit verfolgt. In Erinnerung blieben seine stets lebhaften und impulsiven Diskussionseinwürfe. Seine Persönlichkeit und Stellung in der internationalen akademischen Chirurgie bestbeschreibend, war meines Erachtens die stets wiederholte Feststellung: „George? – he is a character!"

Sein Tod hat alle, die ihn bis zum Schluß voller Energie und ungebrochener Neugierde kannten, völlig überrascht. Unmittelbar nach Erhalt der Nachricht haben Prof. Jens Witte und ich beschlossen, in das in Druck befindliche Buch „Was gibt es Neues in der Chirurgie?" folgende Widmung aufzunehmen: „Prof. Dr. med. Dr. h.c. Georg Heberer hat das Projekt „Was gibt es Neues in der Chirurgie", wie alle Neuerungen in Forschung und Klinik, hellwach und kritisch beobachtet; er ist am 21. März 1999 überraschend verstorben, ohne diese erste Ausgabe gekannt zu haben. Wir widmen ihm, dem steten Förderer der Forschung, klinischen Mentor und Freund, posthum dieses neue Werk".

Konrad Messmer

Im Gedenken an Georg Heberer

Der Grundstein unserer immer enger werdenden Verbundenheit lag in unserem gemeinsamen Urlaubsort Arosa. Dort haben wir im Laufe der Jahre und Jahrzehnte viele gemeinsame Stunden verbracht. Da bei solchen Aufenthalten die Menschen frei und nicht in irgendwelche Pflichten eingebunden sind, können sie sich unbeschwert kennen lernen.

Georg Heberer war stets ein froher und allen schönen Dingen des Lebens aufgeschlossener Mensch. Seine Vitalität war beeindruckend und übertrug sich auf seine Umgebung, ohne die eigene Person in den Vordergrund zu stellen. Seine künstlerischen und geistigen Interessen waren vielfältig, in den letzten Jahren wandten sie sich immer mehr philosophischen Fragen zu. Besonders beschäftigte ihn zuletzt das Leben der Menschen in Hinterindien, seine letzte Reise führte ihn nach Bhutan. Sein schriftlicher Bericht hierüber ist tief beeindruckend.

Georg war ein Freund im besten Sinne. Er nahm Anteil an dem Leben der Menschen um ihn herum und zwar nicht oberflächlich. Da sich bei ihm die Verläßlichkeit mit der Freude am Leben paarte, war er so gern gesehen. Seine Vitalität übertrug sich auf seine Umgebung. Um so mehr hat uns sein plötzlicher und für uns alle unbegreiflicher Abschied aus seinem vollen Leben bestürzt. Georg Heberer war für uns ein Vorbild, eine große Persönlichkeit und ein enger Freund; er wird uns sehr fehlen.

GERT CARSTENSEN

„He",
Was bleibt, wenn einer geht?

Nachdenklicher als früher mahnt die Frage, seitdem es öfter auch Altersgenossen trifft. Sie drängt sich auf, je nähr die Linien des Lebens verliefen, unabweisbar, als könnte die Antwort den Verlust lindern.

Was bleibt von G. Heberer?

Eindrucksvoll erstand sein Porträt aus den Trauerreden, unvergeßliche Dokumentation eines bedeutenden Chirurgenlebens, eines Wissenschaftsorganisators, des verehrten Meisters. Ist da noch Raum für einige persönliche, biographisch-anekdotische Pinselstriche, die sein Bild konturieren wie ein anderer Blickwinkel das Hologramm?

Was bleibt mir von „He", dessen Paraphe mir schon früh in den 45 Jahren unserer Bekanntschaft symbolhaft vertraut wurde, dessen erster gefäßchirurgischer Doktorand ich war, meinem langjährigen Klinikchef und Wegbegleiter?

1954, während der Pflichtfamulatur an der Chirurgischen Universitätsklinik Marburg, nach dem ersten klinischen Semester, lernte ich den Oberarzt Heberer kennen: 33 Jahre jung, frisch habilitiert, mit beflügelnder Dozierfreude. Seine Sicherheit und Intuition, besonders in der abdominellen Diagnostik, die sich damals ausschließlich auf die exakte Methodik des Untersuchers stützte, seine Dynamik, vor allem aber sein fesselnder kämpferischer Einsatz für den Kranken zogen den Studenten in seinen Bann. Ausgerechnet mich, der kein Blut sehen konnte, begann er für die Chirurgie zu interessieren.

Schon bald danach bot er mir im Rahmen einer Dissertation über den dringend benötigten Ersatz großer Gefäße an, mit ihm eine Arterienbank an der Zenkerschen Klinik einzurichten. 1956 erschien im Chirurg „Bedeutung und Aufbau einer Arterienbank" als erste gemeinsame Publikation mit einem seiner Doktoranden.

„He" verdanke ich, daß ich die Pionierphase der modernen deutschen Gefäßchirurgie mit ihren Problemen und Grenzen, klinischen Höhen und Tiefen unmittelbar – sogar hakenhaltend – miterlebte. Nachhaltig beeindruckte mich damals schon sein Ringen um die vollständige aktuelle Information. Literatursuche und -sichtung, akribisch und kritisch, Kongreßteilnahme und persönlicher Austausch waren – und blieben – verpflichtend. Die profunde Kenntnis sowohl der historischen Leistungen, nicht zuletzt des deutschen Beitrages, als auch des internationalen Wissensstandes war Basis seiner klinischen Arbeit wie auch seiner umfangreichen Kapitel im Handbuch der Inneren Medizin (1958) und in Ratschows Angiologie (1959) sowie zahlreicher Vorträge und Diskussionen.

Auf sein grundlegendes Übersichtsreferat „Fortschritte und Probleme der Wiederherstellungschirurgie großer Arterien" vor dem Deutschen Chirurgenkongreß 1957 hat er sich u. a. durch den Besuch führender US-amerikanischer Kliniken vorbereitet. Unvergeßlich ist mir nicht allein seine subtile Auswertung der Ergebnisse, sondern auch seine mitreißende Schilderung, ja Anleitung, wie man es trotz vollem Visitenprogramm schafft, eine fremde Stadt kennenzulernen. Wenige Jahre später, in Houston, konnte ich darauf zurückgreifen.

Schon in jenen Jahren fiel sein Gespür für Tendenzen und richtungsweisende Entwicklungen auf, das ihn später als Klinikchef auszeichnete. Es war sicherlich der Lohn seiner intensiven Informationsarbeit.

Respekt gebietend war auch sein unablässiges, bisweilen unnachgiebiges Bemühen um die Klarheit und Prägnanz der deutschen Sprache. Texte zu straffen, zu „glätten" und zu präzisieren war ihm einen gesonderten Arbeitsgang wert. „Vater streicht" kommentierte einmal sein kleiner Sohn, als noch spät ein Manuskript zu Hause abgegeben wurde. Seiner Auffassung von der Sprache als einem Werkzeug des Chirurgen, das ebenfalls gepflegt und geschliffen gehört, sowie seiner diesbezüglichen „Überzeugungsarbeit" konnte sich keiner entziehen.

„He" lag die fachliche, nicht weniger auch die persönliche Entwicklung seiner Mitarbeiter am Herzen. Unvergessen bleibt mir sein „Rat", als er herausfand, daß ich mit einer attraktiven Kollegin zwar die Adresse, aber (noch) nicht den Namen teilte.

„He"s Freude an Fach, Familie – und Borgwards Isabella – mag Teil der allgemeinen Aufbruchstimmung der 50er Jahre gewesen sein, in die auch unser beider aufstrebender Lebensabschnitt fiel. Immer jedoch – damals wie später – hatte man den Eindruck, daß seine positive Ausstrahlung einem Gespräch, einer Situation oder einem Entschluß die entscheidende Wende gab.

Einem derartigen Entschluß verdanke ich meinen prägenden 15monatigen Aufenthalt bei M.E. DeBakey und D.A. Cooley in Houston.

„He" als Klinikchef traf ich 1961 nach meiner Rückkehr. Mit 40 Jahren hatte er ein erstes bedeutsames Ziel erreicht. Die Entfaltung seiner Persönlichkeit in den folgenden neun Jahren, die ich an seinen Kölner Kliniken mitarbeiten durfte, läßt sich in diesem kurzen Beitrag nicht annähernd skizzieren.

Was bleibt mir von „He"?

Zuallererst mein Dank an den Mann, der mich bewog, Gefäßchirurg zu werden, und vor dessen überragender Persönlichkeit auch meine gelegentliche Kritik zurücktrat.

Es bleibt die unvergängliche Erinnerung an den gewaltigen Lebensbogen, der sich zwischen seinen unermüdlichen Anstrengungen der Marburger Pionierzeit und dem 19. März 1999, zwei Tage vor seinem Tod, spannt, jenem Tag, an dem die erste Stellenausschreibung eines Professors für Gefäßchirurgie an der Philipps-Universität Marburg im Deutschen Ärzteblatt erschien – ein Bogen, den wohl niemand eingehender würdigen kann als „He"s erster gefäßchirurgischer Doktorand und langjähriger Wegbegleiter.

Es bleibt das fachliche und menschliche Vermächtnis, das sicher jedem allgegenwärtig war, der später selbst einmal Verantwortung für Kranke und Mitarbeiter trug.

Es bleibt lebendig im alltäglichen Gedächtnis auch der Schatz seiner Lebensregeln, seiner Sprüche, die eigentlich Maximen waren. Noch oft habe ich sein „Fertigwerden, Giessler!" im Ohr.

Nun ist er selbst fertig geworden, auf seine typische Art. Was bleibt? Ein Vorbild, bis zuletzt.

REINHARD GIESSLER

Heberer in Hamburg

Einem Kongreß, auf welchem man Georg Heberer nicht begegnete, fehlte etwas. Er sprühte – sein Blick, auch wenn er im Gespräch vertieft schien, traf einen – wenn er wollte. Dann gingen beide Arme in die Höhe, der Name des soeben Erkannten wurde nicht gerufen, sondern gebrüllt – über Treppen, über Etagen hinweg. Die Begrüßung war gesten- und wortreich. Seine Herzlichkeit tat wohl, war unglaublich persönlich und zugewandt.

Das CCH in Hamburg war ein solcher Begegnungsort. Die Nordwestdeutsche Chirurgenvereinigung tagt traditionsbeständig-hanseatisch jedes Jahr in der ersten Dezemberwoche. Ehrenmitgliedschaften reihten sich bei Georg Heberer, aber die des Nordens bedeutete ihm besonders viel. Waren doch in den kalten, nördlichen Gefilden eine Reihe seiner Schüler seßhaft geworden. Man gewöhnte sich daran, daß ein lebendiger, extrovertiert Erscheinender im Kreise der distanzierten, eher introvertierten Hanseaten wie eine heimische Nordseebrise durch den CCH-Beton stürmte.

Die Festabende hatten ihre Bedeutung. Das Atlantic Hotel an der Außenalster gab den nostalgischen Rahmen, dessen Charme sich kaum ein Besucher entziehen konnte. Der Smoking, das Abendkleid – es gehörte dazu, paßte, sie waren nicht aufdringlich, sondern selbstverständliche Form. Der große Spiegelsaal war mit Festlichkeit an runden Tischen gefüllt, das neue Ehrenmitglied in der Mitte.

An diesem Abend war Gert Fröbe – schwergewichtig und unvergessen – als Gast dabei. Er trug in dunklem Rollkragenpullover zu fortgeschrittener Zeit seine Morgenstern-Gedichte vor. Er lispelte als Schnecke, war Fisch, donnerte als Meeresbrandung, drehte und schwang sich: eine Eruption, unnachahmlich, unvergessen. Brausender Beifall nach atemlosem Schweigen – für Gert Fröbe zu wenig. Die Größe und Weite des Saales etwas unterschätzend, die Begeisterung nicht verspürend, glaubte er, daß ihn keiner so richtig verstanden hätte. Er kam an unseren Tisch, mit Mühe hatten wir ihn zu diesem Abend überredet. Erschöpft, etwas unsicher beklagte er sich darüber, daß nichts „hinübergekommen sei." Georg Heberer kam in diesem Moment, um sich zu verabschieden. Auf die Frage, ob er auch den Eindruck hätte, daß der Mime keinen Anklang gefunden habe, führte der Gefragte seinen berühmtberüchtigten, gefürchteten Schlag aus. Er hieb Gert Fröbe mit einer riesigen Ausschlagbewegung auf den Rücken, daß es nur so knallte und rief in die Runde:

„Aber Herr Fröhlich, sie waren doch ganz toll!"

Damit war es endgültig aus. Die völlige Erstarrung des so Gelobten wurde als selbstverständliche Beruhigung eingestuft und mit einem Lachen, einer Fersendrehung war Georg Heberer verschwunden. Es dauerte lange, um Gert Fröbe klarzumachen, daß dieses Lob ehrlich aus dem Munde unseres Ehrenmitgliedes gekommen und herzlich war.

Herbert Imig

Die lieben Spezialisten

Das gedehnte „i" in dem Wort „lieb" kennzeichnete meiner Erfahrung nach bei Heberer einen mit einer gewissen Aggressivität und Kritik gemischten, absoluten Willen zur Verbindung mit dem geliebten Objekt.

Oft wurde dies durch eine physikalisch zumindest partielle Einrahmung, wenn nicht Umklammerung oder impulsiv ausgeführte Beschleunigung des Objektes von einer ferner stehenden Position durch Schubkraft, ausgeführt mit der dominanten Hand an den Rücken des Betroffenen zum Hebererschen Zentrum mehr als nur angedeutet.

Diese gewisse Ambivalenz erscheint mir typisch im Umgang mit den sogenannten Spezialisten innerhalb – nicht unbedingt außerhalb – seiner Klinik.

Möglicherweise liegt die Wurzel hierfür in Heberers eigener Entwicklung.

Mir ist ein Film mit dem jungen Gefäßspezialisten Heberer in Erinnerung, in der ein in Haltung, Mimik und straffster Intonation und Wortwahl beeindruckender jugendlicher Held den etwas behäbig wirkenden älteren chirurgischen Herrschaften die Vorzüge der speziellen gefäßchirurgischen Beschäftigung darlegt.

Er hat für sich natürlich den Spieß umgedreht um der Spezialistenfalle zu entgehen. Nicht sei die Gefäßchirurgie eine spezielle Disziplin, sie sei der zentrale Teil der Chirurgie. Damit konnte die Expertise in einer speziellen, damals neu aufgekommenen Disziplin der Chirurgie als Vehikel dienen, die Spitze einer als umfassend, umgreifend, vollständig empfundenen Chirurgie zu erklimmen.

Dies mag auch mit dem Wunsch der Beherrschung der gesamten Chirurgie zusammenhängen. Dieser Begriff hat allerdings eine schillernde Bedeutung.

Ausgehend von einem Klinikdirektor bedeutet er natürlich Kontrolle und Macht.

Ausgehend von der praktischen Tätigkeit, der intensiven Beschäftigung und der umfassenden Kenntnis bedeutet es volle fachliche Kompetenz in wissenschaftlicher und praktisch handwerklicher Tätigkeit in allen Teilbereichen. Hier liegt des Pudels Kern, hier klaffen Anspruch und Wirklichkeit auseinander. Denn die Fülle der wissenschaftlichen Informationen, die fortschreitende technische Facettierung, die Entwicklungen individualisierender operativer Verfahren übersteigt das tatsächliche Fassungsvermögen einer Einzelperson.

Hier ist eine reale Aufteilung der Beherrschung der Chirurgie auf einzelne Individuen notwendig, die sich den Teilbereichen ganz oder überwiegend verschreiben.

Diese stellen dann über kurz oder lang die Frage, ob die fachliche Beherrschung mit einer umfassenden Beherrschtheit vereinbar ist.

Für Heberer war die Antwort klar und eindeutig mit ja zu beantworten.

Real bedeutete dies, daß die unter Zenker durchgeführte Schaffung eigener Kliniken, wie der Neurochirurgischen -, der Urologischen - und der Herzchirurgischen Klinik mit den anderen Teilbereichen der Chirurgie: der Unfallchirurgie, der Gefäßchirurgie sowie der Plastischen- und Handchirurgie nicht weitergeführt wurde.

Die Gefäßchirurgie war dabei wohl das Gebiet, das er möglicherweise mit einer gewissen Wehmut selbst nicht mehr im vollen Umfang ausüben konnte angesichts der Anforderungen seiner übrigen chirurgischen Tätigkeit und der Leitung der Klinik.

Für die Spezialisten bedeutete dies, daß die eigene spezialisierte Tätigkeit akzeptiert und nach Maßgabe der Gesamtinteressenslage der Klinik auch gefördert wurde. Im Stellenplan der Klinik wurden diese Spezialisten mit C3-Stellen betraut und erhielten die Möglichkeit auch eines persönlichen adäquaten Auskommens.

Über die Klinik hinaus konnten die einzelnen Spezialisten im wesentlichen sich als Einzelpersönlichkeiten und mit jeweils speziell personenbezogenen Leistungen profilieren. Dies gelang auch auf nationaler und internationaler Ebene.

Allerdings zeigte die Entwicklung, daß zumindest in einigen anderen universitären Einrichtungen in Deutschland, in denen die Spezialisten eine eigene Abteilungsfunktion erhielten und eigene Kliniken installiert wurden, eine breitere Bearbeitung der Spezialdisziplin in wissenschaftlicher und klinischer Hinsicht möglich war, basierend auch auf einer größeren Anzahl von Mitarbeitern und Ausbildungsstellen. Dies erbrachte eine größere Präsenz auf wissenschaftlichen Veranstaltungen und Gremien und führte dazu, daß frei werdende Positionen innerhalb Deutschlands in diesen Spezialdisziplinen vorrangig aus solchen selbständigen Kliniken besetzt wurden.

Es ist sicher ganz im Heberer'schen Sinn, nicht nur die Vergangenheit zu beleuchten, sondern mögliche Entwicklungen in die Zukunft zu skizzieren, basierend auf den faktischen Gegebenheiten.

Ein wesentlicher positiver Aspekt des gesamtchirurgischen Klinikkonzeptes besteht ja darin, daß eine große Transparenz zwischen den einzelnen Klinikbereichen vorhanden ist.

Diese Transparenz zu erhalten sollte für die Zukunft eine nicht unwesentliche Aufgabe sein.

Es gilt Beherrschtheiten zu reduzieren, die Teilgebiete, bzw. im Fall der Plastischen Chirurgie das Gebiet, im Stellenplan vergleichbar anderer Einrichtungen in Deutschland anzuheben ohne notwendigerweise Mauern zu errichten.

Es gilt die einseitig geführte dominante Handbewegung, die in eine zentripetale Richtung zwingt, in eine konzentrische Anordnung mit Kontakten zwischen dominanten und nicht dominanten Händen einzelner chirurgischer Persönlichkeiten mit speziellen Kenntnissen zu transformieren, damit sich nicht zentrifugale isolationistische Kraftkomponenten ihre Bahn brechen.

RÜDIGER G. H. BAUMEISTER

Gedanken an Georg Heberer

Georg Heberer ist tot. In den geliebten Bergen ereilte ihn mitten in voller Aktivität sein Schicksal. Mit ihm verlieren die deutschen Chirurgen einen ihrer großen Pioniere, der wie kaum ein anderer die Gefäßchirurgie in unserem Lande mitentwickelt, gefördert und geprägt hat und der in den vergangenen Jahrzehnten national und international die deutsche Chirurgie verkörpert und ihr weltweit Ansehen und Respekt verschafft hat.

– Die ersten 14 Jahre seiner chirurgischen Tätigkeit war er Schüler von Rudolf Zenker (1945–1959 in Mannheim und Marburg), dem er sich zeitlebens wissenschaftlich und freundschaftlich verbunden fühlte und wußte.

– Schon in Marburg konnten Zenker und Heberer in Deutschland den ersten erfolgreichen kardiochirurgischen Eingriff am offenen Herzen durchführen (1958).

– Studienaufenthalte in Zürich und in führenden amerikanischen kardiovaskulären Zentren ließen ihn erkennen, daß die Chirurgie im Deutschland der Nachkriegszeit nur in engster Verflechtung mit experimenteller Forschung den Anschluß an die Weltelite erreichen kann.

– Nach dem ersten Ordinariat in Köln-Merheim (1959) und dem Wechsel nach Köln-Lindenthal (1963) profilierte er sich insbesondere in Herz- und Gefäßchirurgie.

– Heberer gelang 1959 in Köln die erste operative Versorgung einer traumatischen thorakalen Aortenruptur in Europa – die zweite in der Welt.

– 1973 wurde er als würdiger Nachfolger seines Lehrers Zenker auf das traditionelle chirurgische Ordinariat der Ludwig-Maximilians-Universität München berufen und konnte

– 1977 dann die Chirurgie im Klinikum Großhadern übernehmen, wo er bis 1989 wirkte.

Seine Arbeiten haben der Gefäßchirurgie in Deutschland und darüber hinaus wesentliche Impulse gegeben. Zahlreich sind seine Publikationen bis in die letzten Jahre über bahnbrechende Forschungsergebnisse, zuletzt auch über neue wichtige Fragen ärztlicher Ethik.

– 1963 erschien das grundlegende Werk „Aorta und große Arterien", das unter der Mitarbeit von G. Rau und H. H. Löhr alle bekannten wissenschaftlichen Erkenntnisse der Gefäßheilkunde umfaßte.

– 1974 gab er zusammen mit G. Rau und W. Schoop eine Neuauflage der „Angiologie" heraus, die 15 Jahre zuvor von M. Ratschow erschien und die diesmal eine eindeutig chirurgische Ausrichtung fand.

– 1976 erschien „Die Arteriosklerose als chirurgische Aufgabe" und

– 1977 das für Studenten und Assistenten die chirurgische Grundlage bildende Lehrbuch für „Chirurgie" (zusammen mit W. Köle und H. Tscherne), das viele Jahre lang mit den häufigen Neuauflagen Basis des studentischen Unterrichts war und auf nahezu jedem Assistentenschreibtisch stand.

– 1981 kam die „Indikation zur Operation" (gemeinsam mit L. Schweiberer) heraus, in dem auch und gerade zur gefäßchirurgischen Indikation und Verfahrenswahl grundsätzliche Aussagen gemacht wurden.

– 1987 schließlich gab Heberer zusammen mit R. J. A. M. van Dongen im Rahmen der Aktualisierung der Kirschnerschen Operationslehre den Band „Gefäßchirurgie" heraus, der bis heute der chirurgische „Brockhaus" in allen gefäßchirurgischen Zentren geblieben ist und in mehrere Sprachen übersetzt wurde.

Daß er auch der Thoraxchirurgie, der Transplantationschirurgie und allen Bereichen der von ihm geliebten Allgemeinchirurgie entscheidende Impulse zu geben verstand, zeichnet ihn als einen der letzten großen Chirurgen aus, die chirurgische Forschung und klinische Erfahrung auf allen Teilbereichen der Chirurgie beherrschten. Er war ein glänzender und virtuoser Operateur, dessen Geschicklichkeit viele seiner Schüler ihre operative Technik verdanken.

Seine Verdienste hatten viele Ehrungen zur Folge, so war Georg Heberer Präsident der Deutschen Gesellschaft für Chirurgie 1979/1980, deren Ehrenmitglied er wurde und er war Präsident mehrerer regionaler und fachbezogener wissenschaftlicher Gesellschaften, wurde mehrmals Ehrenmitglied nicht nur nationaler, sondern auch und besonders internationaler Gremien und Träger von vielfachen Auszeichnungen, über die er sich auch freute, die ihm aber in ihrer Wertigkeit zweitrangig waren. Seine Schüler aber waren stolz auf solche Ehrungen und ihren Chef.

Georg Heberer war ein leidenschaftlicher und kompromißlos leistungsorientierter Mensch, der von sich und seinen Mitarbeitern sehr viel verlangte. Er konnte sehr unbequem sein, ja in seinem Drängen nach Erkenntnissen und Wissenschaftlichkeit – und angesichts einer Lässigkeit eines Mitarbeiters verletzend scharf. Gleichgültigkeit, Mittelmaß oder nicht voller Einsatz waren ihm ein Greuel. Er forderte alles, respektierte aber auch andere persönliche Interessen. So bildete er, wohl einer der letzten großen chirurgischen Generalisten, eine Chirurgenschule, die durch das Vorbild des Lehrers, die grundlegende Ausrichtung auf ärztliche Ethik und wissenschaftliche wie menschliche Wahrhaftigkeit und Redlichkeit geprägt war und sich als Gemeinschaft Gleichgesinnter verstand. Alle wußten, daß er seine Kräfte bei seiner Familie fand – und wie wichtig auch Golfplätze, die großen und kleinen Museen der Welt, aktuelle Ausstellungen und insbesondere die Berge und ihr Schnee Zielpunkte seiner Interessen bedeuteten.

Wir haben eine ausrichtende Persönlichkeit verloren, ein berufliches Vorbild und einen väterlichen Freund. Wir sind aber dankbar, mit ihm eine Zeit gemeinsam gelebt und von ihm gelernt zu haben und werden seiner, der unser Leben und die Gefäßchirurgie in Deutschland so entscheidend geprägt hat, in Verehrung gedenken. Unser Mitgefühl gilt besonders seiner Frau Renate, seinen drei Kindern und deren Familien und allen, die um ihn trauern.

HANS MARTIN BECKER

Georg Heberer – Lehrer, Mentor und Freund
Erinnerungen aus fünf Jahrzehnten

Für mich über einen langen Weg in der Chirurgie vermittelt und dies fast von Anfang an (1953) über verschiedene Stationen seines glanzvollen Weges wurde Georg Heberer mir mehr und mehr, insbesondere nach seiner Emeritierung, zu einem unwahrscheinlich nahestehenden, väterlichen Freund. Es taten sich Welten auf, die im Berufsleben verborgen waren oder zumindest nur geahnt werden konnten. So ergab sich für mich ein Bild vom Lehrer und Vorbild, das dann lückenlos in Freundschaft und Kameradschaft überging.

Er trat in jungen Jahren zu Beginn meiner Berufsausbildung in mein Leben. Dieses ging nach einer durch den Krieg gezeichneten Jugend, dem Medizinstudium mit einem Beginn an der Luftwaffenärztlichen Akademie in Berlin und nach 1945 in Mainz in dem Dasein eines heranwachsenden Chirurgen auf. Das Umfeld war durch die traditionelle Schule von Rudolf Zenker und seinem dynamischen Schüler Georg Heberer geprägt. Ihm, dem jungen Oberarzt und Privatdozenten, wurde ich damals in Marburg zugeordnet. Er sollte mich auf einen erfolgreichen akademischen Weg bringen.

Er kannte mich durch und durch wie nur wenige Menschen auf meinem Lebensweg, entwickelte erheblichen Einfluß auf mein Denken und Tun, und offenbarte sich mir in einer schier unglaublichen Vielfalt an Können, Interessen, Kreativität, an Wißbegierigkeit, Forscherdrang, an brillanter Intelligenz, großem Durchsetzungsvermögen und unerschöpflicher Leistungsfähigkeit. Viele Facetten prägten sein Leben als Chirurg, Wissenschaftler, akademischer Lehrer, als willensstarker Organisator, gepaart mit einer ausgeprägten Vorliebe zum Wirken als Baumeister, als faszinierender Publizist, zugleich aber auch als zuverlässiger Freund und Kamerad, Sportler, Opern-Fan, Konzertgänger und Museumsbesucher. Eine überschäumende Vitalität riß Menschen seiner Umgebung meist hemmungslos in seinen Sog. Assistenten, Mitarbeiter, Schwestern und Pfleger, Kollegen und Patienten, aber auch Freunde und Familie wissen davon zu berichten, erlebten ihre eigenen Geschichten mit ihm und lassen in der Erinnerung daran diesen so besonderen Menschen lebendig werden.

Lebenslauf, beruflicher Werdegang, fachliche und akademische Leistungen sowie wissenschaftliches Œuvre werden an anderer Stelle gewürdigt. Mein kleiner Beitrag soll durch einige für mich unvergeßliche Erlebnisse im Verlauf von fünf Jahrzehnten die vielseitigen Charaktereigenschaften und Eigentümlichkeiten Georg Heberers beleuchten. Sie knüpfen sich naturgemäß an meinen eigenen Werdegang, in dem ein enger Kontakt und vielseitiger Gedankenaustausch trotz späterer räumlicher Entfernung nie abriß, sondern gerade dann sich zu echter Freundschaft über das ursprüngliche Lehrer-Schüler-Verhältnis hinaus entwickeln durfte. So konnte ich einen „anderen Georg" erleben, wie dies wohl nur Vereinzelten zuteil wurde. Dieser „Andere" enthielt im Kern eine Persönlichkeit, die von großem Verantwortungsbewußtsein, Erfüllung im Beruf, Lebensfreude und Humanität geprägt war.

Unsere in Marburg noch kleine Chirurgenfamilie lebte und wirkte in einer großartigen Aufbruchstimmung. Heberer war der Kronensohn seines Chefs Zenker, voll unbedingter Loyalität und ein Primus inter pares mit seinen Con-Oberärzten Gerd Hegemann, Wilhelm Schink und Friedhelm Scherer.

Es war die große Zeit der Tuberkulose-Chirurgie mit Perfektionierung von Segmentresektionen, denen auch die Habilitationsschrift von Heberer gewidmet war. Unter anderem war er im Sanatorium Sonnenblick ständiger Operateur, zusammen mit Bethge und Scholze. Einmal sollte er die Frau des Pathologen L. operieren, doch bekam sie ihn vor Einleitung der Narkose nicht mehr zu Gesicht. Später erklärte er ihr, er sei durch die uns damals wohlbekannte Bahnschranke am rechtzeitigen Kommen verhindert gewesen. An guten Erklärungen mangelte es ihm nie! Frau L. aber blieb immer skeptisch, ob er sie denn wirklich operiert hatte!

Mit Schlagfertigkeit hatte er stets Entschuldigungen zur Hand, wenn einmal etwas nicht so lief, wie es eigentlich sollte. So führte er vor Gästen eine Mamma-Amputation durch. Bei der Auslösung des Resektionspräparates entstand ein größeres Loch im dorsalen Hautlappen. „Hier pflege ich die Drainage herauszuleiten", war seine Erklärung! Dann nahm die Gefäßchirurgie ihren Anfang mit dem homöoplastischen Aortenersatz bei thrombotischem Verschluß. Die Einführung des synthetischen Gefäßersatzes erweiterte rasch das Spektrum therapeutischer Möglichkeiten in den verschiedensten Bereichen des arteriellen Gefäßsystems.

Schließlich wurde er zum Motor in der Entwicklung, der experimentelle Erprobung und der ersten erfolgreichen Anwendung einer Herz-Lungen-Maschine am 18. Februar 1958. Nach einer Vertretung Zenkers erwähnte dieser bei einer Visite zu mir: „Jetzt hat ihm (Heberer) Bock (der damalige Chef der Inneren Medizin) Privatpatienten übergeben und damit nicht auf mich gewartet – er hat nun den Durchbruch geschafft. Ich freue mich für ihn!"

Zenker folgte 1959 dem Ruf nach München, während Heberer kommissarisch die Klinik in Marburg weiter leitete. In dieser Zeit war seine Berufung auf den II. Lehrstuhl in Köln-Merheim zu erwarten, mit 38 Jahren ein ungewöhnlich früher Erfolg. Schwaiger trat in Marburg an, Heberers stellten ihre Möbel auf Lager und fuhren nach Sizilien in die Ferien. Würde es ein Umzug nach München oder doch nach Köln geben? Der Ruf kam, Heberer erwählte neun Begleiter aus seiner Mannschaft (Albrecht, Bonhoeffer, von Buch, Eberlein, Eigler, Engelking, Giessler, Peiper, Stücker), besprach alle zu übernehmenden Aufgaben und machte sich im Konvoi mehrerer Wagen mit uns auf den Weg. Letzte Lagebesprechung kurz vor Köln, und dann Einrücken in die frühere Kaserne, nunmehr Städtische Kliniken Merheim. Dies kam einer demonstrativen Inbesitznahme gleich, wie Bourmer als dort angetroffener Kommissarius später feststellte. Aufbauarbeit mit einer jungen, enthusiastischen Gefolgschaft – für alle eine großartige Lebensphase, die zusammenschmiedete.

Aufbau der Herzchirurgie (Gehl), Weiterentwicklung der Gefäßchirurgie (Giessler), Aufbau neuer Operationssäle, Einrichtung einer ersten Abteilung für experimentelle Chirurgie in der Funkmeisterei des früheren Fliegerhorstes (Bonhoeffer, Bretschneider). Operativ mußte (durfte) ich Vieles als leitender Oberarzt zum ersten Mal tun. Stets hieß es zuvor: „Haben Sie das schon einmal gemacht?", und wenn ich wahrheitsgemäß verneinte, sagte der Chef: „Dann muß ich es eben selber machen!". Und wie gerne wollte ich einmal eine Isthmusstenose selber operieren! Heberer war im Urlaub, Professor Schulten, der Direktor der Medizinischen Klinik, stellte einen Patienten mit einer Isthmusstenose zur Operation vor. Natürlich machte ich sie. Heberer zurück – erfuhr es, schaute verwundert und stellte fest: „Wenn etwas passiert wäre, hätte ich Dir den Kopf abgerissen!". Von da ab hatte ich grünes Licht.

Bei der Weihnachtsfeier 1960, die ich in der Eingangshalle unserer Klinik organisierte, vergaß ich die Ehepartner der Kollegen einzuladen. „Wie konnte das passieren, Peiper, das muß anders werden – du solltest heiraten!". Im neuen Jahr konnte ich gehorsam vermelden: „Ich habe mich verlobt, Herr Professor". „Wann bekomme ich die Dame vorgestellt?" Wir machten unseren Vorstellungsbesuch – es wurden keine Bedenken geäußert! Diese „Folgsamkeit", letztlich Folge seiner Überzeugungskraft, spiegelt sich geradezu frappierend in einer anderen Geschichte wider. Jahre später weilte Georg Heberer beim Skilaufen in Arosa, als sein früherer Mitarbeiter Tietz (später Chefarzt im Severins Klösterchen, Köln), ebenfalls beim Skilaufen, in eine Schlucht mit Gewässer abstürzte und schwer verletzt wurde. Heberer veranlaßte seine sofortige Überführung von Bruneck im Pustertal auf die Intensivstation nach Innsbruck. Dann flog er selber mit einem Hubschrauber zu ihm und fand ihn nicht mehr ansprechbar. Er schüttelte ihn am Arm und rief sorgenvoll: „Tietz, wach auf!". Dieser öffnete die Augen und sagte leise: „Jawoll, Herr Professor!" Man sagte später: „Er holt uns auch noch aus dem Jenseits zurück, wenn er uns braucht".

Immer hielt er uns, wenn er uns noch benötigte. Hierzu eine weitere Begebenheit. Als ältester Oberarzt unserer Klinik in der Lindenburg wurde es langsam Zeit, sich Gedanken um einen Absprung zu machen. In dem renommierten St. Georg in Hamburg sollte die Chirurgie neu besetzt werden. Professor Vosteen, damals am gleichen Krankenhaus als Ärztlicher Direktor, kannte mich, da ich seine Mutter in Merheim operiert hatte, und legte mir nahe, mein Interesse zu signalisieren. Der Chef war in seinem Ferienhaus auf den Kanaren. Ich telegraphierte ihm, um seine Meinung einzuholen und erhielt folgende lakonische Antwort: „Projekt lohnend, Zeitpunkt ungünstig!" Für wen wohl? Immerhin dachte er aber vielleicht an die Medizinische Hochschule Hannover, wo ich seit Jahren für ihn, Gründungsmitglied der Hochschule, in der Baukommission tätig gewesen war.

Zunächst einmal erhielt Heberer aber 1963 einen Ruf auf den I. Lehrstuhl, also über den Rhein in die „Lindenburg", eine großartige Anerkennung der in Köln geleisteten Arbeit. Durch seine Berufungsverhandlungen wurde ihm eine umfangreiche Modernisierung der alten, durch Kriegsschäden stark in Mitleidenschaft gezogenen Klinik ermöglicht. Bald klopfte und hämmerte es allerorten. Der bisherige Oberarzt Posth saß in seinem Dienstzimmer im alten Operationsbereich und stellte etwas wehmütig fest: „Dies sind die Zeichen der neuen Zeit!" 2 ½ Operationssäle ohne viel Nebenraum war für einen Heberer bei einer 200-Bettenklinik natürlich viel zu wenig. Es wurde an- und umgebaut, er legte selber mit uns Hand an beim Abschlagen der alten Kacheln aus den alten OP's (was bauseitig nicht vorgesehen war! – aber nun wurde alles wirklich neu und schön). Es entstanden weitere Operationsräume, z. B. durch Anbau in vorhandene Gebäudelücken. Große Krankensäle wurden in kleinere Zimmer umgestaltet, neue Betten kamen, die alten Pferdedecken verschwanden (!), eine neue Blutbank wurde eingerichtet und hierfür Herr Bube von Merheim nach Lindenthal versetzt. Ein „Gebäudezahn" entstand für die Angiologie (Rau), ein weiterer für eine in solcher Form und Ausstattung bisher aber noch nirgends in Deutschland vorhandene Intensivstation. Zuvor war die Poliklinik bereits vollständig neu in einem Pavillon des Klinikums etabliert worden. Sie zog aus einem sehr bescheidenem Etablissement im alten, stark zerstörten Bürger-Hospital nunmehr in die Lindenburg und damit in die unmittelbare Nachbarschaft der Hauptklinik (Reichmann). Sie war zuvor viele Jahre lang der eigentliche Sitz des II. Lehrstuhls gewesen.

Auch für die experimentelle Chirurgie mit dem ersten derartigen Lehrstuhl in Deutschland (Bretschneider, Isselhard) hatte Heberer in seinen Berufsverhandlungen die Verlagerung mit Neubau in den Bereich der alten Frauenklinik erreicht. Später kam hier eine aus Landesmitteln finanzierte Abteilung für experimentelle Immunologie (Hermann) hinzu, die er im Rahmen der von ihm sehr frühzeitig erkannten Bedeutung der Transplantationschirurgie (Eigler) aus Forschungszwecken für notwendig hielt.

Unermüdlich sann Heberer auf weitere Verbesserungen. Urologie (Albrecht) und Röntgen-Diagnostik (Kallenbach) veranlaßten weitere Planungen, jedoch waren die Mittel erschöpft. Heberer nahm seine älteren Mitarbeiter mit sich zu diesbezüglichen Verhandlungen bei dem von ihm sehr geschätzten, verdienstvollen und tüchtigen Kanzler Dr. Wagner. „Njet" hieß es – nicht immer mehr für einen Unersättlichen! Noch so viele gute Argumente schienen nicht zu fruchten. Da überkam es unseren erfolgsverwöhnten Chef, er schlug mit beiden Fäusten auf den Tisch und schrie uns zu: „Wir gehen!" Kaum in seinem Dienstzimmer angelangt, ließ seine langjährige Sekretärin, Frau Schulze, ihn wissen: „Der Kanzler ist am Telefon". Nach einiger Zeit erfuhren wir, alles war den Vorschlägen entsprechend genehmigt worden, es konnte wieder gebaut werden, ein weiterer „Zahn" in einer noch vorhandenen Gebäudelücke entstand.

Der Pathologe Eder sagte einmal beim Durchgang durch die Klinik, auf eine Toilette zeigend: „Warum hat Ihr Chef daraus noch kein Oberarztbüro gemacht?"

Ein nunmehr großer Operationstrakt bot mit fünf Sälen gute Möglichkeiten zur Entfaltung einer reichen operativen

Tätigkeit auf zahlreichen, sich neu etablierenden, Gebieten (Allgemeinchirurgie, Bauchchirurgie, Herzchirurgie, Thoraxchirurgie, Gefäßchirurgie, Unfallchirurgie, Kinderchirurgie und in späteren Jahren die Nierentransplantation (Eigler). Hierher gehörte die beste Fachleitung, die zu haben war. Ich wurde zurück nach Merheim geschickt, um die ehrwürdige Vinzentiner-Schwester Lamberta zu gewinnen. Nach ihrer Zusage eilte Heberer zur Generaloberin, um eine Versetzung in die Lindenburg zu erreichen, und auch dies setzte er durch.

Immer größere Eingriffe, insbesondere in der Aortenchirurgie, forderten Heberers ganzen Einsatz, gelegentlich mit 10- bis 15-stündigen Operationen und dieses ohne Pausen oder Stärkungen. Unverbissen wurde stets bis zum Ende durchgestanden. War es da nicht verständlich, daß er sich mittags eine kleine Ruhepause in einem Domizil hinter seinem Dienstzimmer gönnte? Zugeben mochte er dies aber ungern. Wenn er herauskam, erklärte er ungeniert, er habe gerade seine Dias geordnet, was ein Schmunzeln bei den auf ihn zur Visite Wartenden auslöste. Oder: „Ich habe gerade dies oder jenes Wichtige gelesen, meine Herren – kurz überfliegen und für das ganze Leben merken!" Und letzteres tat er in erstaunlicher Weise. Überhaupt las er viel, auch Geschichtliches, über die Politik und Belletristik. So manche Anregung habe ich über die Jahre hinweg von ihm erhalten.

Er wußte stets, was um ihn herum vor sich ging, wo etwas im Argen lag, wo etwas verborgen werden sollte. Immer war er präsent, wenn nicht persönlich, dann aber stets mit seinen Auffassungen, Anordnungen und Wünschen. Geradezu unheimlich folgende Begebenheit: Irgendwann einmal fand ein Kongreß der Nordwestdeutschen Chirurgen in Berlin statt. Ich gehe vor dessen Beginn vom Hotel zum Kurfürstendamm, um dort etwas zu erledigen. Bei der Straßenüberquerung vor dem Hotel Kempinski stoße ich auf meinen alten Confrater aus Merheimer Zeiten, Herrn Bourmer (später langjähriger Präsident der Ärztekammer Nordrhein). Dieser hatte eine Verpflichtung im Vorstand des Herzzentrums und war auf dem Wege dorthin. Wir hatten uns länger nicht gesehen. Ich erzählte ihm, daß ich kürzlich eine großartige Trekking-Tour in Nepal zusammen mit unserem alten Chef gemacht hatte. Er, der gewisse Schwierigkeiten mit seinem Chef in jenen gemeinsamen Merheimer Jahren gehabt hatte, verwunderte sich maßlos, daß ich ein solches Unternehmen zusammen mit Heberer durchgeführt hatte und gab einige recht unfreundliche Bemerkungen hierzu ab. Man kennt solche Momente, in denen es besser keine Zuhörer geben sollte! Man dreht sich dann unwillkürlich um, ob jemand mithört, so auch bei dieser Gelegenheit. Und wer steht unmittelbar hinter uns? Der alte Chef!! Gehört hat er wohl nichts, aber selbst wenn, seine Einladung zu einer Tasse Kaffee am Kempinski-Eck kam aus echter Freude an diesem plötzlichen Wiedersehen!

In späteren Jahren ging er mittags zu einer Siesta nach Hause. Einmal hatte sich eine Delegation der Russischen Handelsmission mit dem berühmten Professor Androssow aus Moskau angesagt. Jener wollte an unserem Operationsprogramm teilnehmen und uns dann den von ihm entwickelten mechanischen Nahtapparat vorführen. Wir wußten nichts genaues und ahnten nicht einmal, wer dieser Kollege eigentlich war (einer der prominentesten russischen Chirurgen und Pionier in der sich anbahnenden Ära mechanischer Nahtapparate) und was er wollte. Das Operationsprogramm war längst vorüber und der Chef daheim beim Mittagessen. Als die Delegation erschien, trommelte ich zumindest alle erreichbaren Kollegen in unserer Bibliothek zusammen. Die Russen versteinerten, als sie erfuhren, Professor Heberer habe schon die Klinik verlassen. „Bitte holen Sie ihn – wir haben ihn persönlich erwartet", wurde mir bedeutet. Und: „Professor Androssow geht davon aus, daß er ihm seine Nahtapparate im Tier-OP vorführen kann". Herr Bretschneider wurde verständigt und bereitete einen Hund für die gewünschte Demonstration vor. Heberer wollte aber trotz mehrfacher Telefonate nicht erscheinen. Als ihm dann aber doch die Bedeutung des Besuches und des prominenten Gastes klargemacht werden konnte, erschien er mit reichlicher Verspätung. Die Bibliothekstür öffnete sich, Heberer eilte auf Androssow zu, umarmte ihn mit allergrößter Herzlichkeit und erklärte, wie sehr er auf ihn gewartet habe, alle gewünschten Vorbereitungen seien natürlich längst getroffen, man könne nun gemeinsam ans Werk gehen." Die Russen strahlten – die Situation war souverän gerettet.

Herausragende Ereignisse späterer Jahre waren sein sich mühsam abgerungener Entschluß, dem Ruf als Nachfolger Zenkers nach München zu folgen (1978) und das von ihm und seiner Familie geliebte Köln zu verlassen, sowie dann 1978 von der Nußbaumstraße in das neue Klinikum nach Großhadern überzuwechseln. Wilhelm Schildberg war jeweiliger Zeuge seiner Selbstzweifel. Doch dann, auf dem Höhepunkt seiner Laufbahn angelangt, legte er wieder überwältigende Aktivität an den Tag, modernisierte erst die alte Klinik unter erheblichen Um- und Anbauten am Operationstrakt und anderes mehr. Gleichzeitig plante er an der neuen Klinik in Großhadern. Andere werden über jenen Zeitabschnitt seiner Berufstätigkeit berichten, während ich mehr und mehr den „anderen Georg" erleben durfte.

Eine ganz wichtige Begegnungsstätte für mich sollte das Präsidium der Deutschen Gesellschaft für Chirurgie werden. Als ich dort Ordinarienvertreter und später Präsident wurde, war Heberer bereit einer der Schlüsselfiguren dieses wichtigen Gremiums. Wie viele Probleme gab es zu besprechen, wie konnte man sich die Bälle zuspielen, wie wertvoll war der ständige Meinungsaustausch! Unvergessen die festlichen Abende aus Anlaß unserer Präsidiumssitzungen am Heimatort des jeweiligen Präsidenten und der Jahreskongresse. Für seine Schüler strahlte er auf seinem ideenreichen und hervorragend organisierten Kongreß 1983 in München. Diese Aufgabe war ihm auf den Leib geschnitten!

Die Atmosphäre seiner Klinik und sein Führungsstil konnte ich anläßlich zweier eigener Operationen erneut erleben. Zwei Tage nach dem Eingriff nahm er mich mit in ein Konzert von Fischer-Dieskau ins Opernhaus. Schwäche durfte nicht gezeigt werden!

Und immer wieder begegneten wir uns auf den verschiedensten Kongressen im In- und Ausland. Stets gab es dabei etwas besonderes zu erleben, Einladungen befreundeter Kollegen, gemeinsame Abende in schöner Umgebung, Unternehmungen aus dem Rahmenprogramm oder aufgrund eigener Wünsche und Interessen. Ich denke an die Tagungen der Nordwestdeutschen Chirurgen, deren Ehrenmitglied er war, an die vielen Treffen beim American College of Surgeons, dessen Honorary Fellow er wurde. Viele Kongresse der Societé Internationale de Chirurgie und des Collegium Internationale Chirurgiae Digestivae sowie vieler anderer Gesellschaften. Unvergeßlich die Abende in Chicago, San Francisco, Atlanta, New Orleans, wenn er mit einem Dutzend persönlicher Einladungen, Schildberg und mich im Schlepptau, zu den Partys der verschiedenen Universitätskliniken mitnahm, wo er unendlich viel Kollegen kannte und stets herzlichst begrüßt wurde.

„Wenn Du nach Orlando kommst, müssen wir den Jubiläums-Weltraumstart von Glenn im Weltraumzentrum in Fort Canaveral an der Küste erleben". Es wurde ein ganz großes, gemeinsames Erlebnis. Lange nach der Emeritierung noch mit Vorträgen aktiv auf Kongressen engagiert, suchte er sich mehr und mehr auch besondere kulturelle Erlebnisse heraus: Konzert- und Opernbesuche, Ausstellungen und Museenbesuche, Kirchen, Tempel, Architektur und ähnliches, aber auch Fahrten durch eine schöne Landschaft. Die Besuche bei seinen Freunden Blasini auf Puerto Rico zusammen mit seiner Frau waren ihm besonders lieb und wert.

Viele, viele Begegnungen mit Georg Heberer gab es anläßlich von Geburtstagen, Ehrungen, Veranstaltungen von sich selber und seiner Schüler. Manche temperamentvolle Rede aus diesen Anlässen ist in lebhafter Erinnerung geblieben, die letzte kurz vor seinem Tode beim Geburtstag von Wilhelm Schildberg im Bayrischen Hof in München.

Ein besonderes Ereignis für ihn war ja wohl die Ehrenpromotion in Göttingen am 25. April 1988 in der ehrwürdigen Aula der Georgia-Augusta. Wie behende kletterte er auf dem Marktplatz dann über den mit Wasser gefüllten Brunnen und erklomm das Gänseliesel zum traditionellen Kuß! Er legte ihr einen bayerisch gefärbten Blumenstrauß – weiß-blau – in den Korb!

Und dann gab es den ganz „anderen Georg". Ich durfte ihn auf zahlreichen, ganz privaten, völlig intimen Reisen erleben. Fritz Zimmer, sein Münchener rotarischer Freund, hat sein Bild als Außenstehender treffend gezeichnet. Die Reihe unserer gemeinsamen Reisen, die ich jetzt schildern werde, mag lang erscheinen, wurde von ihm aber durch zahlreiche, weitere Unternehmungen alleine oder mit Frau Renate bzw. seinen Kindern noch vermehrt.

Stets war er der perfekte Planer, der bestens informiert war und wußte, wie er die von ihm ins Auge gefaßten Reisebegleiter animieren konnte. Manchem erschien diese unglaubliche Reiselust ungewöhnlich. Hatte er, wie Thomas Mann, das Gefühl, daß Reisen das einzig taugliche Mittel gegen die Beschleunigung der Zeit ist? Je älter wir werden, desto mehr besteht unser Leben aus Wiederholungen und wir haben das Gefühl, die Zeit entgleite immer rascher. Die Reise hingegen wiederholt nichts, sie füllt die Tage mit neuen Wahrnehmungen – die Zeit, die uns noch bleibt, erscheint länger! Und wir entdecken das zu Hause immer wieder neu. Wir bemerken immer frische Seiten an einer längst gewohnten Umgebung. Aber es bleibt die Sehnsucht – und diese war für Georg Heberer etwas zu tiefst Spirituelles.

Dabei zog ihn stets aufs Neue der Ferne Osten mit seinen faszinierenden Landschaften an, den alten, fremdartigen Religionen, mit seinen faszinierenden Kulturschätzen und den großen geschichtlichen Entwicklungen.

Allein das Königreich Nepal im Himalaja war dreimal Ziel gemeinsamer Reisen. Die erste schloß sich an einen Kongreß des CICD in New Delhi vom 8. bis 15. November 1990 an. Ich war von meinen Mitarbeitern Lepsien, Schafmayer und Lüdtke begleitet, die von Heberers Kameradschaft, aufgeschlossener Zuwendung und Vitalität außerordentlich beeindruckt waren. Erst seit 1951 für Ausländer zugängig, schlug uns die Hauptstadt Kathmandu sogleich in ihren Bann. Farbenprächtige, kunstvolle buddhistische und hinduistische Heiligtümer, wie in Swayambunath auf einem Hügel vor der Stadt, wo lamaistische Mönche ein Kloster betreiben, oder Pashupatinath mit den Shiva-Heiligtümern und den Totenverbrennungen am Bagmati-Fluß. Faszination durch die riesige Stupa-Anlage in Bodnath als bedeutendes tibetisches Religionszentrum oder die alten nepalesischen Königsstädte Patan, Kathmandu und Bhaktapur, ein einziges, großes Freilichtmuseum voller unerhörter Kunstschätze. Größte Freude empfand Georg Heberer beim Kaufen kleiner Souvenirs von Straßenhändlern, wobei er es im Feilschen zu wahrer Meisterschaft brachte. Renate wird manchmal gestöhnt haben über all diese vielen Dinge, die er mit nach Hause brachte. Die Floskel: „Mein Freund wird auch bei Ihnen kaufen – sie müssen mir aber einen weiteren Nachlaß im Preis einräumen!" zog dann und wann.

Unvergeßlich die Busfahrt über die sogenannte „Chinesische Straße" viele Hundert Kilometer gen Westen bis in das Annapurna-Gebiet. Bei einem Stop in großer Höhe schien diese wie Sekt auf ihn zu wirken. Während uns bereits die Luft knapp war, begann er aus vollem Halse zu jodeln und in gebeugter Haltung Wedelübungen auszuführen. Die Lebensfreude ging in solchen Augenblicken einfach mit ihm durch! Ein Höhepunkt war der Aufenthalt in der Fishtail-Lodge am Phewa-See in Pokhara. Da wo schon so manche Prominente aus vielen Teilen der Welt vor uns geweilt hatten, konnten wir das einzigartige Panorama der Annapurna-Kette genießen. Unvergeßlich der Sonnenaufgang. Er hatte schon wieder davon gelesen, und daß man ihn am besten von einem gemieteten Ruderboot aus über den See hinweg betrachten könne. Also machten wir dies morgens um 5 Uhr und erlebten ein einzigartiges Schauspiel der orangefarben aufgehenden und sich im See spiegelnden, von Nebelschwaden reflektierten Sonne, wobei sich die gesamte schnee- und eisbedeckte Annapurna-Kette ebenfalls grandios im Gewässer spiegelte. Kann es einen großartigeren Gleichklang der Empfindungen geben als bei uns, die wir in so mancher heiklen operativen Situation ebenfalls ein gleiches, oft ungeheuer beeindruckendes, Erlebnis gehabt hatten? Verbunden durch viele Höhepunkte im Leben waren dies nun Steigerungen, die Heberer mit seinen ihn begleitenden Gefährten zusammen gleicherweise empfinden durfte. Die mächtige, eisbedeckte

Spitze des Machhapuchare, des Fishtail (6000 m), mit blühenden Weihnachtssternen über dem malerischen Städtchen Pokhara und einen um einen bunten Teppich handelnden Heberer am Straßenrand! Ein Schnappschuß unter vielen. Dann ging es in Hochstimmung durch eine großartige Gebirgslandschaft hinab ins Terai in der Ganges-Ebene. Dort im Wildlife Resort MACHAN erlebte ich Georg beim Elefantenritt durch den Urwald, auf einer wilden Bootsfahrt über Stromschnellen, auf der Pirsch nach Nashörnern und anderen wilden Tieren. Meist vorneweg sah er sich auf einem Trampelpfad durch den Urwald plötzlich in seinem Vorwärtsdrang gebremst, als nämlich unmittelbar vor ihm ein riesiger Braunbär auftauchte. Wie immer beherrschte Georg die Theorie perfekt, und so war er der Erste, der im angeratenen Zick-Zack-Lauf nach rückwärts das Weite suchte! Am abendlichen Lagerfeuer gab es hierzu schmunzelnde Bemerkungen. Er blieb natürlich der Held!

Zu einer zweiten Nepal-Reise animierte er mich um Weihnachten 1990. „Du mußt wieder mit nach Nepal kommen – ich habe soeben über den Summet-Club beim Deutschen Alpenverein gebucht, es sind aber nur noch ganz wenige Plätze verfügbar!" Er wußte immer, wie er einen zum Mitmachen motivieren konnte. Es ging so weit, daß ich sogar meinen Schwager, einen Landwirt aus der Nähe Göttingens, zum Mitkommen bewegen konnte. Wir waren dann am 2. Februar 1991 eine kleine Gruppe, die sich zu einer „Mt.-Everest-Hüttenwanderung" mit Ausgangspunkt in München am Flughafen traf. Wir waren fünf: Georg Heberer, der Münchener Gynäkologe Fritz Zimmer, mein Schwager Ludwig von Breitenbuch, Bernhard Maissen aus Arosa und ich. Wir hatten nur noch zwei weitere nette, bayerische Begleiter dabei. Unsere Gruppe war klein, Nepal und die ins Auge gefaßte Trekking-Route im Khumbu-Nationalpark absolut leer, da der Tourismus wegen des gleichzeitigen Golfkrieges zum Erliegen gekommen war. Mit einer „Twin otter" ging es zu dem von Sir Edmund Hillary in den 50er Jahren angelegten kleinen Landeplatz nach Lukla (2804 m), wo Sherpas unsere großen Rücksäcke übernahmen und wir uns nun auf den Weg zum „Dach der Welt" machten. Jeden Tag wurde 6 bis 7 Stunden auf steinigen Wegen, über schwindelnde Hängebrücken und mit steilen Auf- und Abstiegen gewandert. Hingerissen schien Georg Heberer von den Gebetsfahnen am Wegesrand und den heiligen Mani-Steinen mit den berühmten Mantra „Om Mani Padme Hum" des Bodhisattva Avalokiteshvara, einer alten buddhistischen bzw. lamaistischen Anbetungsformel: „Oh du Juwel in der Lotusblume". Dieser Spruch symbolisiert ganzheitlich den Menschen von Anfang bis Ende. Er faszinierte Georg Heberer, so daß er mir in der Erinnerung durch ihn personifiziert erscheint.

Nie gab es ein Anzeichen von Müdigkeit bei Heberer, unermüdlich stapfte er bergauf und bergab, teilte seine Müsliriegel und sein Trinkwasser mit uns, begeisterte sich an den großartigen Ausblicken auf den Götterberg Amai Dablang (6856 m) und malerische Stupas, heilige Steine mit herrlichen Bodhisattvas, vorbei an Thame (3800 m) Khumjung, Phurt, Kunde (mit Besuch des Hillary-Hospitals), Khumbu bis zu dem berühmten Himalaja-Kloster Tengpoche (3867 m). Übernachtet wurde in verschiedenen, recht einfachen Lodges. Georg zog sich zur Nacht eine Wollmütze über die Ohren und hüllte sich in mehrere Bekleidungsschichten sowie einen dicken Schlafsack, denn es wurde nachts bis −15 °C kalt. Zuvor wurde vom Hüttenwirt ein ebenfalls einfaches, aber durchaus schmackhaftes Abendbrot zubereitet. Yak-Fleisch war besonders köstlich. Trotz aller Primitivität sind wir während der Trekking-Tour alle gesund geblieben. In Kunde zog Fritz Zimmer einen dicken Stapel von Fotovergrößerungen aus der Tasche und suchte nach den darauf abgebildeten Menschen. Er hatte sie 30 Jahre zuvor auf einer Expedition in dieser Region aufgenommen, und tatsächlich wurden einige noch Lebende herbeigerufen. In der höchst gelegenen Sherpa-Siedlung Khumbu schliefen wir unter dem mit einem weißen Seidenschal als Ehrenbeweis der Sherpas geschmückten Foto von Sir Hillary, der seinerzeit von hier aus die Erstbesteigung des Mt. Everest unternahm. Von Tengpoche aus (4000 m), mit Besichtigung des dortigen berühmten Lamaklosters, war uns die Sicht auf die nun gar nicht mehr ferne Gruppe der Bergriesen Mt. Everest, Nuptse und Lhotse möglich. Unsere kleine Gruppe erlebte all dies in großer Ausgelassenheit und Dankbarkeit für die Freundschaft und Kameradschaft untereinander. Recht abgerissen und doch ein wenig erschöpft, kehrten wir in unser kleines Hotel nach Kathmandu zurück und genossen den ersten warmen Shower nach 10 Tagen. Außer erneuten Besichtigungen im Stadtgebiet unternahmen wir auf meine Anregung hin mit dem Auto unseres Hoteliers einen Ausflug zu dem Vishnu-Heiligtum Changu Narayana in einem kleinen Dorf außerhalb der Hauptstadt. Auch hier wieder Skulpturen, Holzschnitzereien, Bronzearbeiten, Brunnen und vieles andere von überwältigender Schönheit. Eine Einladung durch den früheren Leibarzt des Königs, Dr. Pahri, dessen Sohn Fritz Zimmer von Deutschland her kannte, zu einer großen Gartenparty schloß unseren Aufenthalt in Nepal ab.

Es sollte eine erneute Begegnung mit Nepal geben, und zwar in Verbindung mit unserer letzten gemeinsamen Reise, deren Hauptziel das kleine Himalaja-Königreich Bhutan war. Heberer hatte Bhutan und Sikkim bereits zuvor zusammen mit seiner Frau besucht. Er wußte, daß in diesem – ihn über alle Maßen faszinierenden Land – die größten Sehenswürdigkeiten, vor allem die berühmten Klosterburgen und andere Heiligtümer, nur während der großen Tempelfestspiele zu sehen waren. Diese finden einmal im Jahr in den bedeutendsten Tempelburgen des Landes statt, und zwar mehrtägige, umfangreiche Tanzdarbietungen lamaistischer Mönche mit ihren uralten, in den Klöstern aufbewahrten, Masken und Gewändern. Schon hatte Heberer wieder alle entsprechenden Informationen über Marco Polo in der Hand und stellte sich eine kleine Begleitmannschaft mit einer ihm bereits bekannten, kompetenten Reiseleiterin zusammen. Diese Reise ist nicht billig, da allein die täglichen Aufenthaltsgebühren durch den König hochgehalten werden, um den Tourismus klein zu halten. Dies bedingt aber den besonderen Reiz einer solchen Reise, da bei den eindrucksvollen Mysterienspielen nur vereinzelte Ausländer das großartige, farbenprächtige Bild stören. Diese Reise von Georg Heberer fand zusammen mit dem Ehepaar Zimmer aus München, Ernst Kern aus Würzburg bzw. Zürich, Frau Dr. Renate Fischer (Witwe des Münchner Chirurgen Dr. Amsel Fischer) und mir in der Zeit vom 25. September bis 10. Oktober 1998 statt. Zwei ganze Tage hatten wir erneut für Kathmandu und bestaunten die faszinierende Welt in der Altstadt rund um den Königspalast und den Tempel der Kindgöttin Kumari. Und wieder genossen wir von der Stupa von Swayambunath den herrlichen Ausblick über das Kathmandu-Tal. In fröhlicher Runde mit lebhaften Gesprächen auch mit der Reiseleiterin, Frau Cramer, besprachen wir das, was in den nächsten Tagen in Bhutan zu erwarten war. Heberer genoß die ihm vertraute Umgebung des schönen Oberoi-Hotels, in dem wir schon bei unserer ersten Nepalreise gewohnt hatten. Am nächsten Tag erfolgte der spektakuläre Flug mit der DRUK-AIR entlang der Kette des Hoch-Himalaja nach Paro und dann die Weiterfahrt zur Hauptstadt Thimphu. Auf der ganzen Reise war Heberer immer wieder besorgt, daß auch alle unsere Erwartungen wirklich erfüllt würden, da er uns ja zu dieser Reise überredet hatte. Wir konnten ihn stets aufs Neue beruhigen, die vielseitigen Eindrücke, alle die großartigen Erlebnisse empfanden wir als einmalig und waren ihm nur dankbar dafür, daß er wiederum zum Spiritus rector geworden war. Mit einem Kleinbus fuhr unsere Gruppe in den nächsten Tagen durch das gebirgige Land. Ein erster Höhepunkt war das Erleben des traditionellen Klosterfestes in Punakh/Wangdiphodrang mit stundenlangen, beeindruckenden Mysterienspielen und Maskentänzen von Mönchen und Laien im Innenhof des Dzong. Heberer hatte schon von seiner ersten Bhutan-Reise her von den berühmten Dzongs geschwärmt, einer althergebrachten Einheit von Regierungssitz und geistlichem, d. h. lamaistischem Religionszentrum. Im Mittelalter war Bhutan von Tibet aus besiedelt und buddhistisch – lamaistisch missioniert worden. Nachdem die Ursprungsstätten in Tibet weitgehend durch die Chinesen zerstört sind, läßt sich der Lamaismus in Reinform heute eigentlich nur noch im Bhutan erleben. Diese Tatsache und das Widerspiegeln der uralten Geschichte des heute noch in der

Bevölkerung tief verwurzelten Glaubens sowie eine mystische Wiedergabe jener Vorgänge durch die Jahrhunderte hindurch mittels der traditionellen Mysterienspiele hatte Heberer so beeindruckt, daß er Bhutan mit diesen Festspielen unbedingt erleben wollte. Er konnte sich nicht satt sehen an den immer neuen Darbietungen durch die Tänzer in grotesken Vermummungen und Masken, deren Bedeutung man nur durch genaues Studium der Inhalte der einzelnen Darbietungen erahnen kann. Gesprächsstoff ohne Ende im kleinen Freundeskreis an den Abenden in gemütlicher Runde. Eine Wiederholung dieser Darbietungen gab es dann schließlich in Thimphu, wo ein weiteres ausgedehntes Klosterfest in dem allen anderen Klosterburgen übergeordneten Simthoka-Dzong stattfand.

Als die ganz Unentwegten unserer kleinen Gruppe im Verlauf des Besichtigungsprogramms im Paro-Tal die berühmte Wanderung bzw. den recht strapaziösen Aufstieg zu einem Aussichtspunkt mit Blick auf das „Tigernest" – einem durch Brand größtenteils zerstörten, an einem Felsen klebenden Kloster –, stattfand, war Heberer nicht zu bremsen daran teilzunehmen, obwohl er seine Trekking-Schuhe vergessen hatte. Das war für ihn unerheblich, er lieh sich von Frau Dr. Fischer deren Turnschuhe und stopfte sie mit Tüchern aus! Ich muß gestehen, daß ich Bedenken wegen der Höhe und der Anstrengungen hatte und mir statt dessen mit den Zurückgebliebenen lieber einige religiöse Sehenswürdigkeiten ansah, die auch wir Ausländer aus Anlaß der Festspiele betreten durften. Sonst sind alle diese großartigen Kunst- und Kulturdenkmäler nicht für die Öffentlichkeit zugänglich. Im übrigen waren es nicht nur die wunderschöne Landschaft, sondern auch die im Gegensatz zu Nepal sauberen Lebensverhältnisse einer überaus freundlichen Bevölkerung, die uns begeisterten.

Nach 8 Tagen ging es mit der DRUK-AIR zurück nach Kathmandu und am gleichen Abend noch nach Nagarkot zu dem einzigartig auf einem der Himalaja-Hauptkette vorgelagerten Gebirgsrücken. Beim Abendbrot in der ringsherum verglasten Hotelhalle schwärmten wir von den Eindrücken aus Bhutan und hofften, daß dieses Kleinod in seiner Unverfälschtheit noch lange so erhalten bleiben möge. Am nächsten Tag gab es eine bequeme Wanderung zu den uns schon bekannten Tempeln von Changu-Narayan. Dann folgten noch ein weiterer Tag in Kathmandu bzw. Bhaktapur sowie ein nächster Tag mit einem Ausflug zur Chobar-Schlucht und zum Tempel von Dakshin Kali. Der letzte Tag war dann noch einmal einem Ausflug zu den Königsstädten mit ihren Pagoden und Palästen bzw. den Stupen und Tempeln gewidmet. In der Altstadt von Kathmandu, wo sich in einer Straße eine Werkstatt neben der anderen zur Herstellung von Buddha-Figuren für den ganzen ostasiatischen Raum befindet, gingen Heberer die Augen über. Dem Drang, etwas derart Schönes zu besitzen und mit nach Hause zu nehmen, konnte er immer schon schwer widerstehen. Zu allem Überfluß hatte er in einem ausrangierten Geldbeutel einen Hundertmarkschein gefunden. Ein von ihm erwählter Buddha sollte 200 Mark kosten. Er jammerte und klagte dem Verkäufer, er sei ein armer Mann, auch wenn er nach Nepal gekommen wäre, und alles, was er besäße, seien eben noch diese hundert Mark. Darüber hinaus hätte er nur noch den Flugschein für die Rückreise! Er erhielt diese Figur und ließ sich mit Hundertmarkschein, Buddha und grinsendem Verkäufer von mir fotografieren. Wer strahlte am meisten?

Eine besondere Rolle in Ostasien hatte für Heberer immer schon Japan gespielt. Die Verbindung nach dort war nicht zuletzt durch seinen mehrjährigen Stipendiaten Yoshio Mishima aus Tokio entstanden. Als Humboldt-Stipendiat hatte Mishima 1964/65 zur Kölner Chirurgenfamilie gehört, sich damals für die Gefäßchirurgie interessiert und war mit diesen Kenntnissen nach Japan zurückgekehrt. Dort profilierte er sich als führender Gefäßchirurg und bekleidete später die Position eines Ordinarius für Chirurgie an der Medical and Dental University Medical School in Tokyo. Mishima hat Georg Heberer immer als seinen großen Förderer und Lehrer angesehen. Diese enge Bindung kam bei verschiedenen Gelegenheiten zur Geltung.

Gemeinsam mit Georg Heberer und Wilhelm Schildberg nahm ich am 2. Joint Meeting der Deutschen Gesellschaft für Chirurgie und der Japan Surgical Society in Chiba, nahe Tokio teil. Die Idee eines Joint-Meeting in dreijährigem Abstand stammte von Mishima und meinem Schüler Rüdiger Siewert. Wir waren mit Vorträgen in eine Deutsche Delegation aufgenommen worden. Nach der zweitägigen Veranstaltung wollten wir noch etwas Schönes in Japan erleben. Ich schlug vor, daß wir vor unserem Rückflug einen kurzen Aufenthalt im Hakone Nationalpark, etwa 100 km von Tokio entfernt, nehmen sollten. Sofort übernahm Mishima die Rolle des Gastgebers und arrangierte einen Aufenthalt in dem schönen, am Ashi-See gelegenen Hakone Prince Hotel. Die Hin- und Rückfahrt von und nach Tokio wurde von Haio Fauser von Aesculap übernommen, mit dem uns drei bald echte Freundschaft verband. Auf der Fahrt nach Hakone kamen wir nach Kamakura und besichtigten den riesigen bronzenen Buddha – ein echtes Weltwunder. Als ich Heberer erzählte, in Kamakura gäbe es wunderbare Geschäfte, in denen man die herrlichsten farbigen Holzschnitte kaufen könnte, war er sofort Feuer und Flamme. In einer solchen Galerie wies ich ihn gleich auf das schönste Bild hin, einen Hiroshige aus dem 19. Jahrhundert, der natürlich ziemlich teuer war. Georg mußte ihn haben (denn er brauchte noch ein Geburtstagsgeschenk für Renate!!), hatte aber kein Geld. Kreditkarten und Schecks lassen sich in Japan so gut wie nicht verwenden. Was tun? Fauser schlug vor, weiter nach Hakone zu fahren und Heberer das erforderliche Geld aus Tokio von sich mitzubringen, wenn er uns nach 2 Tagen abholen würde. Den Fuji sahen wir wegen schlechten Wetters nicht, dafür konnte Heberer, für ihn unerwartet, ein grandioses „Hakone Open-Air Museum" in einer grandiosen Bergkulisse beschieden werden. Als Kunstkenner genoß er insbesondere den reichhaltigen Picasso-Pavillon und eine umfangreiche Henry-Moore-Kollektion.

Schon das nächste Jahr sahen wir uns wieder in Japan (25.3.–1.4.1994). Heberers treuer Schüler Yoshio Mishima hatte ihn zusammen mit Schildberg und mich zum Jahreskongreß der Japan Surgical Society eingeladen, deren Präsident er war. Am Anfang bestand eine weitere Einladung, und zwar von einem anderen Schüler Heberers, Professor Ban, dem Chef der

Herzchirurgie an der Universität in Kyoto. Dem Freundschafts-Kleeblatt aus Deutschland standen wieder großartige Erlebnisse bevor. Kyoto ist ja immer eine Reise wert, insbesondere bei einem so liebenswürdigen und großzügigen Gastgeber. Es folgte dann ein ganzer Tag mit Herrn Ban in einer Prunklimousine, die von einem Fahrer mit weißen Handschuhen standesgemäß gefahren wurde. Ein besonders schöner Aussichtspunkt wurde uns mit dem Hiei-Berg geboten, wo sich der „Vatikan" der alten Tendai-Sekte befindet. Traumhafter Rundblick bei klarer Sicht auf den Talkessel von Kyoto auf der einen Seite und den Biwa-See auf der anderen. Dem immer so geschichtsbegierigen Heberer bot gerade der Enryakuji-Tempel (788 n. Chr.) gute Gelegenheit, sich in die alte Geschichte Japans einzudenken. In unvergeßlichen Stunden sammelten wir gemeinsame Eindrücke der uralten Geschichte und Religion Japans, die Naturschönheiten und die erste Baumblüte nicht außer Acht lassend. Entzückende Fotos zeigen Heberer eingerahmt von traditionell gekleideten und geschminkten Geishas bei einem Abendessen in einem der berühmten Restaurants von Kyoto. Zuvor hatte uns die Familie Ban sogar in ihrem Privathaus empfangen, in Japan eine ganz besondere Ehrerbietung dem alten Chef gegenüber.

Mit dem Shinkansen, einem schnellen Zug, schneller als der deutsche ICE, nach Tokio zurückgekehrt, waren wir Ehrengäste des Japanischen Chirurgenkongresses im berühmten „Imperial-Hotel". Besonders herausgestellt und geehrt wurden wir durch Mishima anläßlich des Presidential Dinners. Eine ganz besondere Abendeinladung fand durch die alten Freunde, die Professoren Maruyama, Hiki und Nishi im Hause Hiki statt. Natürlich wurden dabei deutsche Volkslieder gesungen, die unseren japanischen Freunden allerdings viel geläufiger waren als uns. Heberer war in voller Fahrt und mit glänzender Laune dabei. Nishi war damals noch Präsident des National Cancer Institute von Japan, Maruyama einer seiner Ableitungsleiter und zuständig für das Magen-Karzinom. Von allen drei Kollegen wurde für das nächste Jahr der I. Internationale Magen-Karzinom-Kongreß vorbereitet und zwar in

Kyoto. An jenem Abend erfolgte die Einladung an uns, bei diesem Unterfangen aktiv mitzuwirken. Auch dieses Mal wurden unsere vom Kongreß abweichenden Unternehmungen durch unseren Freund Fauser arrangiert. Zunächst stand ein Besuch der Barnes-Collection an, für die Einzelkarten bestellt waren, der Eintritt aber durch Tausende wartender Japaner stark verzögert schien. Heberer bewährte sich einmal wieder als unser Anführer. Er eilte mit uns an jenen tausenden Wartenden vorbei zum Eingang und hatte keinerlei Skrupel, sich mit uns radikal vorzudrängeln.

Dann ermöglichte Fauser uns einen Tagesausflug in den Nikko-Nationalpark mit den prächtigen Tempelanlagen des Dynastiegründers und Shoguns Tokugawa Ieyasu (17. Jhdt.). Besonders beeindruckte Heberer in einem Tempelfries der sogenannte „Heilige Stall" mit den berühmten drei Affen: „Du sollst nichts Böses hören, nichts Böses reden, nichts Böses sehen". Sah er darin eine eigene Lebensdevise?

Daß ich Georg Heberer im gleichen Frühjahr dann anläßlich eines Billroth-Symposiums Rügen zeigen konnte und mich einer wunderschönen Wanderung entlang der Kreidefelsen in Stubbenkammer erinnere, sei nur am Rande erwähnt. Auch Billroths Geburtshaus in Bergen konnte ich ihm bei dieser Gelegenheit zeigen.

Nun kam im folgenden Jahr (1995) noch einmal Japan an die Reihe. Es war wieder Frühjahr und die ersten Obstblüten zeigten sich, als Heberer und Schildberg mit mir im Nijo Castle in Tokio durch den Park gingen. Es war das Jahr, in dem wenige Wochen vorher ein schweres Erdbeben große Teile von Kobe, zum Teil auch von Osaka, zerstört hatten. Im Rahmen des Kongresses gab es wieder schöne Veranstaltungen, die nicht näher erwähnt werden sollen. Ich schlug vor, an einem Tag, an dem wir frei waren, eine große Sehenswürdigkeit in der weiteren Umgebung zu besichtigen, was mir in all den Jahren meiner häufigen Japan-Besuche noch nie gelungen war: Das aus dem Mittelalter stammende, hervorragend erhaltene und äußerst imposante Himeiji Castle. Hierzu mußte man mit einem Zug, der an jenem Sonntag zum ersten Mal nach den Erdbebenzerstörungen wieder fuhr, durch Kobe nach Himeiji fahren. Meine beiden Freunde waren ohne Zweifel äußerst beeindruckt von diesem beachtlichen Relikt japanischer Geschichte. Es hatte sich schon vor der Reise die Frage gestellt, was man anschließend für ein paar Tage noch unternehmen könne. Der Vorschlag, weiter in den Süden Japans zu reisen, fiel nicht auf meine Gegenliebe und konnte durch das gerade stattgehabte Erdbeben auch weitgehend entkräftet werden. Statt dessen schlug ich unter Berücksichtigung eines alten Wunschtraums vor, Birma zu besuchen. Dieses durch Revolutionen und Militärdiktatur geschüttelte Land war erst seit kurzem wieder bedenkenlos für Touristen zugänglich geworden. So hatten wir, wiederum zu Dritt, eine mehrtägige Reise in dieses Land gebucht, für die der Ausgangspunkt Bangkok sein sollte. In Bangkok kannte ich mich gut aus. Schildberg hatte zur Bedingung gestellt, daß wir in dem Weltspitzenhotel „Oriental" wohnen müßten, sonst käme er nicht mit! Diesen Wunsch erfüllten wir ihm. Ich hatte Heberer erzählt, daß ich durch das mir bekannte Ehepaar Sanpratid – er ist Herzchirurg in Bangkok – von früher her Verbindung zu einem sehr guten Schmuckgeschäft „Cosmos" im Sheraton hätte. Ich müsse dort ein paar Kleinigkeiten abholen, die wir durch Frau Sanpratid bestellt hatten. Georg meinte: „da kann ich ja mitkommen, ich brauche für mein Patenkind noch einen winzig kleinen Anhänger". Diesen Anhänger sollte er bekommen, aber noch einiges darüber hinaus! Er konnte dem Glanz der herrlichen Edelsteine einfach nicht widerstehen, und Renate wird sich ohnehin darüber riesig gefreut haben. Dann flogen wir in die Hauptstadt von Myanmar (Birma), in das alte Rangoon, jetzt Yangon. Rasch wurden wir wieder von den großartigen religiösen Bauten dieses seit alten Zeiten buddhistischen Landes gefangen genommen. Es begann mit der goldenen Swedagon-Pagode in Rangoon, wahrlich ein weiteres Weltwunder! Tausende betender Gläubiger in den Abendstunden beeindruckten uns über alle Massen. Tief beeindruckt saßen wir am Abend in dem berühmten „Strand-Hotel", das, aus der Kolonialzeit erhalten, gerade renoviert worden war und meditierten über die tief verwurzelte Gläubigkeit dieser im

Buddhismus lebenden Menschen. Die Unterhaltung berührte natürlich auch die gegenwärtige politische Situation unter den fortbestehenden Verhältnissen einer Militärdiktatur. Nächstes Ziel war Pagan (10.–14. Jhdt.) einst Hauptstadt von Birma, in dem es zur „Zeit der Tempelbauer" um die 13000 Sakralbauten gegeben haben soll. Auch heute sind in diesem jetzt als archäologisches Gebiet erklärten Areal ungefähr 2300 Pagoden und Tempel in mehr oder weniger gutem Zustand erhalten. Es ist das größte und reichste Ruinenfeld Südostasiens. Heberer war begeistert und konnte sich gar nicht satt sehen. Höhepunkt für ihn sollte ein Sonnenuntergang über diesem grandiosen Ruinenfeld sein. Der vierte Teilnehmer an unserer Unternehmung war ein Diplomat Dr. Sch. aus Bonn. Er machte an diesem ersten Abend den Vorschlag, den Sonnenuntergang doch eher nicht über dem Tempelfeld, sondern an einer besonders prächtigen, goldenen Pagode, in der sich die Abendsonne spiegeln müsse, zu erleben. Bis dahin war es aber viel zu weit und Heberer wurde immer ungeduldiger, ja ärgerlich. Als er sah, daß sich die blutrote Sonne mehr dem Horizont näherte, befahl er schließlich energisch: „Jetzt aber links ab und hier zur nächsten großen Pagode, damit wir dort die steile Treppe hinaufsteigen können, um dieses grandiose Spektakel zu beobachten!" Dr. Sch. war anderer Meinung, konnte sich aber gegen so viel Bestimmtheit nicht durchsetzen.

Die nächste Stätte, die wir per Flugzeug erreichten, war Mandalei im Zentrum des Landes, dem Sitz früherer Königreiche. Und wieder schönste Pagoden und Klöster, so der „Pagode der 730", dem „größtem Buch der Welt" in weißen Marmor gemeißelt, oder die herrlichsten Holzschnitzereien an den Tempelfasaden. Und wieder ging ein kleiner Buddha mit in Heberers Gepäck!

Immer wieder zog es ihn nach Ostasien. Nicht immer konnte er seine Freunde zu jeder Reise bewegen. So ist er alleine in Laos und Kambodscha sowie in Vietnam gewesen.

Fritz Zimmer war es, der meinte, man könne auch wunderschöne Erlebnisse in Europa sammeln und schlug vor, daß wir uns auf seiner großartigen, komfortablen Hütte oberhalb von Lienz in Osttirol zum Wandern treffen sollten. Zweimal nahmen wir im Herbst 1995 und 1996 seine Gastfreundschaft in Anspruch. Hier waren wir ganz unter uns, jetzt zu viert, nämlich Georg Heberer, Fritz Zimmer, der alte Freund und Skilehrer Nicolaus Maissen aus Arosa und ich. Zeitweise stieß Ernst Kern dazu, der eine eigene kleine Hütte in nächster Nachbarschaft besaß. Herrliche Wanderungen bei schönster Herbstfärbung in die Umgebung oder in die Dolomiten, Abende bei prasselndem Kamin und saftigen Steaks, über der Holzkohle gebraten, Zusammensein mit anderen Freunden aus Lienz (Dr. Bernard und Frau, Otto Maroder und Frau). Besuch der Stiftung von Rudolf Pichelmayr und ein Ausflug zum Großglockner. Bei einer Wanderung im Gebiet der großen Zinnen kletterte Georg mit Begleitern über steile Stufen durch einen hohen Felsen, Reste der Befestigungsanlagen aus dem 1. Weltkrieg, in schwindelnde Höhen. Beim Rückweg hatte man eine Taschenlampe vergessen und geriet in größte Schwierigkeiten, den Weg im Dunkeln richtig zu finden. Georg erschien mit blutender Stirn und reichlich strapaziert wieder bei mir, der ich unten gewartet hatte. Im nächsten Jahr hatte Zimmer mit Hilfe seines in den Bergen erfahrenen Freundes, des Veterinärs Dr. Thonhäuser, eine besonders brisante, uns übrige überraschende, Exkursion geplant. Nach einer Übernachtung auf einer kleinen Gebirgshütte erfolgte frühmorgens das Wecken durch unseren Veterinär-Bergführer, der aus Lienz hochgekommen war und uns längst marschbereit wähnte. Wir hatten aber am Abend zuvor urgemütlich und mit vielen Schnäpsen das Zusammensein gefeiert und das rechtzeitige Aufstehen verpaßt. Ich selber ahnte Schlimmes und hoffte auf Schlechtwetter. Fehl gedacht, es war zwar neblig, aber es ging los zu der uns zunächst unklaren Unternehmung: Besteigung der höchsten Erhebung in Osttirol, dem Gipfel des Spitzkofels (3400 m). Ich, völlig unerfahren im Bergsteigen und untrainiert, sah mich größeren Schwierigkeiten gegenüber! Heberer schien das nicht zu berühren. An einer steil aufragenden Felswand angelangt, wurden wir ans Seil genommen und begannen mit Felshaken und Stahltrossen den Aufstieg. Dieser schien kein Ende zu nehmen. Gott sei Dank realisierte man die schwindelnde Höhe nicht, da es neblig war. Georg bewältigte alles mühelos, klagte aber über absterbende Finger. Schließlich schafften wir den Gipfel, die Wolken rissen auf und erlaubten uns einen grandiosen Rundblick. Völlig zerschlagen gelangten wir nach einem langen Abstieg und einer Wanderung zurück zum Auto im Tal, dann schließlich zu einem Abendessen im Hause Thonhäuser. Wir waren erschöpft, aber befriedigt und glücklich. Auch ein solches Erlebnis schmiedet zusammen.

Heberer revanchierte sich für diese Einladungen nach Osttirol mit einer Gegeneinladung zu sich und seiner Frau nach Arosa. Hier verbrachten wir im September 1997 erneut wunderschöne, gemeinsame Tage bei strahlender Herbstsonne und täglichen Wanderungen in großen Höhen. Auch ein Kulturtag mit Besichtigung der Kunsthalle in Chur und einem Abstieg in die Tiefen der Via-Mala-Schlucht wurde eingelegt. Ernst Kern mit seiner Frau waren mit von der Partie, ebenso die Ehepaare Zimmer und Maissen. Ich denke mit großer Dankbarkeit an die Gastfreundschaft von Renate und Georg Heberer in ihrer schönen Wohnung in Arosa zurück, an das gemütliche Beisammensein bei den verschiedensten Mahlzeiten und an all die Gespräche über die vielen Themen, die uns gerade bewegten.

Hier in Arosa sollte Georg Heberers Leben am 21. März 1999, unerwartet für uns alle, enden. Hier liegt er auf dem Friedhof des Bergkirchleins begraben, wo wir noch 1½ Jahre zuvor einen Abschiedsspaziergang zusammen gemacht hatten. So manches hatten wir noch vor, nicht nur die sehr, sehr häufigen Telefonate von Emeritus-Zimmer zu Emeritus-Zimmer im Münchener bzw. Göttinger Klinikum, nicht nur weitere Begegnungen anläßlich der Präsidiumssitzungen unserer Gesellschaft, nicht nur die Teilnahme an Geburtstagen und anderen Festen, sondern gerade auch die Fortsetzung von Reiseplänen. So sollte es noch einmal über die Seidenstraße in Asien gehen, und eine Einladung zu Zimmers nach Mittenwald für einen erneuten Herbstaufenthalt war bereits fest ins Auge gefaßt. Ich habe zuvor viel von den Neigungen unseres alten

Chefs und an schönen Dingen im Erleben unserer Welt gesagt, dabei aber seine Berufung für die Chirurgie und die daraus entstandenen Leistungen in diesem Zusammenhang nur streifen können. Dabei erinnere ich mich eines Ausspruchs meines Vorgängers, Hans Hellner, den ich Georg Heberer bei seiner Ehrenpromotion in Göttingen zugeordnet hatte:

„Leicht fällt die Entscheidung nicht,
zwischen Neigung und Pflicht!
Zu unseren Pflichten müssen wir schweigen,
vor unseren Neigungen uns tief verneigen.
Wohl dem, bei dem Neigung und Pflicht
im Gleichgewicht!"

Er meisterte dieses Gleichgewicht und lebte so ein volles, ein erfülltes Leben. Wir dürfen davon zehren und uns mit Dankbarkeit daran erinnern, daß es ihn in unserem Leben gab.

Hans Jürgen Peiper

Trekking in Nepal 1993

Gedanken eines außenstehenden, guten Freundes von Georg Heberer

Die in der Trauerfeier am 2. Juli 1999 gewürdigten eindrucksvollen Leistungen, Erfolge und Verdienste von Georg Heberer als Arzt, Wissenschaftler, Forscher und Hochschullehrer, als Klinikchef, Präsident von nationalen und internationalen wissenschaftlichen und Fachgesellschaften, als Organisator und Vorsitzender von vielen nationalen und internationalen Kongressen, als Autor von Lehr- und Handbüchern, langjähriger Schriftleiter von Fachjournalen charakterisieren ihn als eine außergewöhnliche Persönlichkeit, voller Ideen und Aktivitäten, mit klarer Diktion und großem Fleiß, beharrlichem Durchsetzungsvermögen und überzeugenden Führungsqualitäten. Hinter all diesen Eigenschaften blieben aber wesentliche Anteile seines Mensch-Seins verborgen und unbeachtet, die besonders bei Begegnungen mit Georg Heberer, ohne Leistungsdruck, belastender Verantwortung und Dienstverpflichtungen, außerhalb seines professionellen Wirkungskreises, zum Ausdruck kamen, z. B. beim Trekking im Himalaya.

Georg Heberer, der in seinem ganzen Leben immer ganz vorne an der Spitze stand und agierte, konnte sich auch in einer, ihm fremden Gemeinschaft, unterschiedlichster Herkunft, unter ungewöhnlichen Bedingungen, ohne Schwierigkeiten ein- und unterordnen. Selbst große Anstrengungen und Entbehrungen hat er klaglos hingenommen und blieb immer kooperativ und hilfsbereit. Er, der sonst unangefochtene „Boss", ließ sich widerspruchslos führen, anstatt selbst Anordnungen zu geben, er führte sie gewissenhaft aus. Der leidenschaftliche Dozent hörte geduldig zu und der immer Gebende hat dankbar angenommen. Im Miteinander und Füreinander war Georg Heberer einer von uns allen und einer für alle. Er hatte für Jeden Verständnis und war immer zum Helfen bereit.

Wer Georg Heberer nur als Klinikchef und international hoch angesehenen Professor seines Faches in offizieller Mission gekannt hat, kann sich diesen „anderen Georg" in herzlich, fröhlicher und verläßlicher Kameradschaft kaum vorstellen. Und wer ihn so erleben durfte hat einen guten Freund gewonnen, den er nach seinem frühen Tod schmerzlich vermißt.

FRITZ ZIMMER

Professor Dr. med. Dr. h. c. Georg Heberer und die Leistenhernie

Georg Heberer war ein begeisterter Anhänger der Allgemeinchirurgie, in deren breitem Spektrum er täglich neben seinen
vielfältigen hochspezialisierten Tätigkeiten operierte.
So begann er fast täglich sein Operationsprogramm mit einer
Leistenhernie.

Als jungen Assistenten zeigte er uns dabei seine ausgefeilte Operationstechnik und sprach der Leistenhernienoperation
nicht nur einmal das Prädikat einer „Anfängeroperation" ab.
Für unseren Chef als Zenker-Schüler war die Operation nach
Bassini in der Modifikation nach Kirschner mit Subkutan-
verlagerung des Samenstrangs über Jahre hinweg das Standardverfahren zur Versorgung der Leistenhernie.

Als Anfang der 8oer Jahre im deutschsprachigen Raum das
Operationsverfahren nach Shouldice aufhorchen ließ, und auf
dem historischen Deutschen Chirurgenkongreß 1983 in Berlin
erstmals einer breiten chirurgischen Öffentlichkeit vorgestellt
wurde, elektrisierte dies auch unseren Chef.

Georg Heberer kannte die Schwächen des von ihm favori-
sierten Vorgehens nach Bassini-Kirschner und ahnte, daß dabei
die Rezidivraten höher lagen als allgemein angenommen und
zum Teil auch publiziert wurde. Das Operationsverfahren nach
Bassini hatte über ein Jahrhundert eine Vielzahl von Modifi-
kationen erfahren, ohne daß die von Bassini publizierten
Rezidivraten von knapp 3 % nur annähernd erreicht wurden.
Im Hernienband der Zenkerschen Operationslehre noch wurde
der Fascia transversalis, im Widerspruch zur Originalpublikation
von Bassini, jegliche Bedeutung für die operative Stabilisierung
der Hinterwand des Leistenkanals abgesprochen. Und nun sollte gerade dieser Fascia transversalis in der Technik nach Shouldice durch die Doppelung derselben eine besondere Bedeutung

zukommen. Die dabei berichteten Rezidivraten aus dem anglo-amerikanischen Sprachraum lagen erstaunlich niedrig.

Jens Witte – damals Oberarzt – wurde vom Chef ausgesandt, um sich das neue Operationsverfahren anzueignen und in die Klinik einzuführen. Zwei Jahre später, 1985, holte mich der Chef zu sich und beauftragte mich, die Rezidivraten aller in Großhadern seit 1978 an einer Leistenhernie operierten Patienten herauszufinden. In der Tat konnten die Rezidivraten von über 96 % aller operierten Patienten verläßlich erforscht werden. Nach einer mittleren Nachbeobachtungszeit von 6 Jahren lag die Rezidivrate nach der Bassini-Kirschner-Operation bei 9 % und nach 1,5 Jahren im Mittel für das Operationsverfahren nach Shouldice bei 6 %. Diese ernüchternden Ergebnisse, die so gar nicht mit den schönen Daten aus manch anderer Klinik übereinstimmen wollten, sollte ich nun auf Weisung von Georg Heberer ausgerechnet auf der Tagung der Bayerischen Chirurgen 1987 in Bad Reichenhall vorstellen – noch dazu in meiner Heimat und in der Stadt, in der ich heute als chirurgischer Chefarzt tätig bin, und das auch noch als Diskussionsbeitrag nach dem Hauptreferat von Schumpelick. Es half keine Widerrede, ich wurde nach dem üblichen Probesingen in der Klinik präpariert und durch Bernulf Günter, damals noch Oberarzt in Großhadern, dem „Feinschliff" unterzogen. Meine Ausführungen hinterließen neben einigen wenigen Spöttern viele nachdenkliche Zuhörer.

Wie mir Georg Heberer später einmal anvertraute, wurde er nach dieser Tagung der Bayerischen Chirurgen mehrfach von Kollegen angesprochen, wobei unsere Erfahrungen und Rezidivraten bestätigt wurden. Auch die Qualitätssicherungsstudien mehrerer Landesärztekammern, die sich mit den Rezidivraten nach Leistenhernienoperationen beschäftigten, haben diese Ergebnisse leider bestätigen müssen.

Am Tage nach der Beendigung jenes Bayerischen Chirurgenkongresses an einem Sonntagvormittag, durfte ich Professor Dr. Georg Heberer assistieren, als er einen seiner älteren chirurgischen Schüler, einen chirurgischen Ordinarius, an einer

Rezidivleistenhernie operierte, obwohl dieser mein Referat in Bad Reichenhall gehört hatte. Wahrhaftigkeit schafft Vertrauen!

In seiner Präsidentenrede 1980 endete Georg Heberer mit den Worten: „Wir müssen uns bemühen, Glaubwürdigkeit und Vertrauen zum Patienten zu mehren – aber auch selbst danach zu leben".

Die lawinenartig einsetzende Entwicklung neuer Operationstechniken und deren rasche Verbreitung in der Versorgung der Leistenhernie erfolgte nach der aktiven Zeit von Georg Heberer. Er hat sie aber, wie wir als seine Schüler wissen, bis zu seinem allzu frühen Tod mit größtem wissenschaftlichen Interesse verfolgt.

Die Leistenhernien-Operation veranschaulicht sehr gut die stetige Aufgeschlossenheit unseres verstorbenen Chefs für neue Verfahren, die nicht Ausdruck seiner Neugier, sondern Ergebnis aus selbstkritischer Reflexion des bisherigen Vorgehens war. Das Neue wurde am alten Vorgehen gemessen, und nur wenn es deutliche Vorteile aufwies, weiter verfolgt. Fremder Sachverstand floß in die Übernahme neuer Techniken stets mit ein, sei es in Form von Besuchen in anderen Instituten oder durch Einladung entsprechender Spezialisten zu kürzeren als auch zu längeren Aufenthalten in unserer Klinik, wo sie sich an der Behandlung der Patienten beteiligten. Die Einführung neuer Behandlungsmethoden erfolgte mit großer Umsicht und stets verantwortungsbewußt und blieb deshalb anfänglich dem Chef und 1–2 seiner Oberärzte vorbehalten, bis erste Ergebnisse vorlagen. Eine solche neue Methode war dann ständiges Gesprächsthema, um Vor- und Nachteile ausgiebig zu diskutieren. Erst nach und nach wurde unter ständiger Evaluation dann ein größerer Kreis von Mitarbeitern mit dieser Methode vertraut gemacht, bis sie als Standard-Operation in die Klinik eingeführt wurde.

EKKEHARD PRATSCHKE

Ein OP-Tag mit
Professor Dr. med. Dr. h. c. Georg Heberer
im Klinikum Großhadern –
Erinnerungen eines Privatoberarztes (1978–1981)

Wie sagte schon Cicero: „De finibus bonorum et malorum". Wenn man sich als ehemaliger Privatoberarzt diesen Worten kommentarlos anschließt, dann ehrt es sicher den großen Meister der deutschen Chirurgie, Professor Georg Heberer. Tatsächlich erscheinen mir rückblickend vermeintlich überstandene Leiden heute nur noch als eine süße Erinnerung. Über die lange Wegstrecke, in der ich chirurgische Wirklichkeit und persönliche Begegnung mit ihm erleben durfte, möchte ich einen „bauchchirurgischen Tag" aus der traditionsreichen Schule des großen deutschen Chirurgen Georg Heberer herausgreifen.

Um 6.45 Uhr erschien der Privatoberarzt auf der chirurgischen Privatstation H21, einem Meisterbetrieb, wo mit unvergleichlicher Präzision alle Befunde bereits vorlagen. Dies machte sich bezahlt, wenn auf die Minute genau Professor Heberer um 7.05 Uhr auf die Station hereinbrach. Spätestens jetzt mußten alle über alles informiert sein. Er wußte auch alles, was in der Welt inzwischen geschehen war, hörte er doch stets um 7.00 Uhr im Auto die Frühnachrichten.

Ihm, dem vitalen Mann mit einer Ausstrahlung, der sich keiner entziehen konnte, eilte dann die ganze Mannschaft einschließlich Schwester Georgine durch alle Zimmer der Station nach. Die unvergeßliche Chefvisite wurde jäh unterbrochen, wenn der Hol- und Bringdienst den ersten Patienten für den Operationssaal abholte. Uns gegenüber imponierte er dann plötzlich als „Pfleger Georg", was dennoch stets mit einem erheblichen Respektanspruch verbunden war. Er schob dann mit uns gemeinsam das Bett des Patienten bis zum Lift vor. Für einen Assistenten war es Pflicht, den Patienten im Lift bis hinauf zur OP-Schleuse weiter zu begleiten. Manchmal ließ er es sich auch nicht nehmen, selber am Bett des Patienten bis zur Schleuse anwesend zu sein. Die Visite wurde anschließend als Triumphzug fortgesetzt, wobei manchmal plötzlich inne gehalten wurde, um den Worten Billroths zu gedenken: „Was uns gelingt ist selbstverständlich, was uns mißlingt, daran tragen wir schwer". Dies hatte auch für Professor Heberer volle Gültigkeit am Bett eines schwerstkranken Menschen, wo sich die ganze Größe seiner Berufsethik zeigte und die suggestive Kraft seiner Worte dem Kranken Trost und Hoffnung vermittelte. Er nahm tiefe Anteilnahme am Schicksal der Menschen. Die Niederlagen der Chirurgenkunst machten ihn traurig. Jede Visite war eine persönliche Begegnung, nicht nur mit dem ihm anvertrauten Patienten, sondern auch mit allen anderen in seiner Umgebung tätigen Menschen. So erstaunte es mich immer wieder, wie er über jeden genau Bescheid wußte. Er kannte die Sorgen eines jeden, wobei er über ein phänomenales Gedächtnis verfügte. So verwunderte es nicht, wenn er plötzlich mit der Reinigungsfrau über ihre Probleme redete und für sie tröstende Worte fand. Genauso wandte er sich immer wieder uns zu und wir erfuhren viel über ärztliches und chirurgisches Arbeiten und Denken. Sein innerstes Bedürfnis als akademischer Lehrer war, sein Wissen an uns weiterzugeben und uns dabei auch an seinen Problemen teilnehmen zu lassen. So wurde immer wieder an jedem Krankenbett die sogenannte richtige Indikation sorgfältig überprüft, erlernt und die Befunde abgefragt.

Gegen 7.45 Uhr stürzten wir dann gemeinsam zur morgendlichen Klinikbesprechung neben dem Direktionszimmer. Anschließend oder nach der 8.oo Uhr-Vorlesung erschien dann Professor Heberer im Operationssaal. Wenn Schwester Rosemarie alles gerichtet und der Oberpfleger, Herr Ahorner, gelagert hatte und darüber hinaus ein ihm vertrauter Anästhesist die Narkose machte, herrschte Zufriedenheit und wenn nicht? Ein mißtrauischer Blick ging hinüber zum Anästhesierten: „Ist

Herr Professor Peter, Herr Professor Martin oder Herr Professor van Ackern heute nicht da?" Lautete die Antwort „NEIN", kam die obligate Frage: „Wie lange sind Sie schon Facharzt?" Fehlte die vertraute Instrumentierschwester, war die Enttäuschung groß. Professor Heberer wandte sich mit dem jedem vertrauten Ellenbogenknuff an einen der Assistenten und fragte leise: „NAME, NAME?", der ihm dann zugeflüstert wurde. Danach fuhr er mit lauter freundlicher Stimme fort: „Heute ist ja die liebe Schwester ... bei uns". Wenn alles zum Hautschnitt vorbereitet war, bestieg er den berühmten dreibeinigen Fahrradstuhl, den wir aus der chirurgischen Klinik Nußbaumstraße mitgebracht hatten, ein wahrhaft antiquarisches Exemplar im modernsten OP-Ambiente. Sobald die Bauchhöhle eröffnet war, war er der alles beherrschende, universelle Chirurg Georg Heberer, der sich auf seinem Fahrradsitz auf- und niederschraubte und den OP-Situs souverän beherrschte bis hin zu dem mit Meisterhand gestochenen und geknoteten Faden und der gesetzten Ligatur. Eine wahre Einheit im Sinne des Zen-Buddhismus. In dieser Selbstversenkung zeigte uns der hervorragende Operateur, was vollendetes chirurgisches Handwerk war. Alles geschah mit äußerster Sicherheit und geprägt von Zuverlässigkeit und Verantwortungsgefühl. Die Chirurgie war für ihn nicht nur bloßes Operieren, was selbstverständlich fließend, schnell und exakt erledigt wurde, sondern ein Ritual. Seine Begeisterung und Dynamik übertrug er dabei in die Herzen seiner Schüler. Seine operative Technik war geprägt von größtmöglicher Schonung des Nachbargewebes. Kamen wir bei der tiefen anterioren Resektion zur Anastomose, höre ich ihn noch heute sagen: „Ich mache nur ganz wenige Nähte, vorne 5 und hinten 6, aber nie mehr als 12". Manchmal waren es allerdings ein paar mehr. Jede Operation war einem Operationsschema unterworfen, das wir beim Assistieren oder bei selbständiger chirurgischer Tätigkeit anwenden konnten. Unvergeßlich war der stereotype Spruch bei der Darmanastomose: „Außen-innen, innen-außen". Nach vollendeter Anastomose kam die immer wiederkehrende Warnung an uns: „Fett ist der Feind jeder Anastomose". Dies spiegelt die zielsichere, typische Operationstechnik unseres Meisters wider. Bei jedem Eingriff kam es ihm darauf an, eine erlernbare Standardoperation zu zelebrieren, wie dies hier nur im Rahmen der Bauchchirurgie gezeigt werden soll. Selbstverständlich war es bei jeder anderen Operation, sei es in der Brusthöhle oder am Hals genauso. Darüber hinaus war er allen neuen operativen Techniken stets aufgeschlossen und sie wurden sofort mit uns erarbeitet. Das Handwerkliche stand eben hoch im Kurs. Unvergeßlich war die Entfernung von Tumoren. In der für ihn typischen und zielsicheren Operationstechnik schraubte er sich auf seinem Fahrradstuhl hoch. Die Geschwulst wurde in der Tiefe mobilisiert. Hierfür gab es den Standardspruch, den er mit Siegermiene von sich gab: „Fingerchen, Fingerchen", und schon lag wie von Zauberhand geführt, die Geschwulst auf dem Tisch. Das Ganze war ein ästhetischer Genuß. Beim schweren OP-Situs versuchte er alles, um dem Patienten sein Los zu erleichtern, jedoch, und das war typisch für ihn, nicht um jeden Preis.

Ohne vorangehende exakte Exploration sämtlicher Nachbarorgane der Bauchhöhle verlief keine Operation. Die Präparation zeichnete sich dann durch eine meisterhafte Gewebsschonung aus. So mußten wir uns auch bei der Präparation im linken Oberbauch über die Gefahr einer Milzblutung keine Sorgen machen. Wir waren beruhigt, wenn die Worte unseres großen Lehrers kamen: „Die Milz nehme ich jetzt in den Würgegriff".

Professor Heberer führte das Skalpell mit sicherer Hand und erweckte durch die vollendete Darstellungskunst nicht nur bei uns sondern auch bei den Zuschauern (Studenten und Gastärzten) großes Interesse. Kam es dann z. B. zu einer Blutung und mußte ein Gefäß genäht werden, so konnte er den Zuschauern das Gefühl vermitteln, daß dies nur ihretwegen so war, damit sie einmal von ihm gezeigt bekommen, wie man präzise eine Blutung stillt oder eine richtige Gefäßnaht macht, z. B. an der Arteria hepatica im Rahmen einer Choledochusrevision. Die Ligaturen wurden mit viel Liebe „hingestreichelt". Nach Vollendung einer Naht folgten Blicke des Triumphes. Es ist die Frage offen, was ihn hierzu beflügelte, war es die Angst vor der Blutung, der Insuffizienz, war es die Liebe zu den Menschen, war es der Drang zur Perfektion, der Genuß der Bewunderung? Er war eben ein idealer Lehrer und Meister der Chirurgie, der uns etwas mitgab, daß auch wir später in führender Stellung wieder weitergeben konnten.

Das OP-Programm endete für ihn regelmäßig mit dringenden Telefonaten, die Fräulein Schulze, die Chefsekretärin, vermitteln mußte. Anschließend folgte der obligatorische Gang „in die Diasammlung".

Nach der 3mal wöchentlich stattfindenden Privatsprechstunde oder spät nach der Fakultätssitzung erschien er stets wohlgelaunt zur Abendvisite. Sie galt obligat in erster Linie den Frischoperierten. Als charismatische Persönlichkeit wirkte er beruhigend auf jeden Patienten ein und versicherte stets: „Gnädige Frau oder Herr ..., heute Nacht schläft Herr Dr. X. persönlich hier auf der Station und paßt auf Sie auf. Wenn Sie Fragen oder Probleme haben, können Sie ihn jederzeit rufen, er ist nur für Sie da."

War der Klinikalltag erledigt, wandte er sich den allgemeinen Problemen des Lebens zu, wobei wir auch hier viel von ihm lernen konnten. So fragte er uns z. B. nach unserer Meinung, tat so als ob er unseren Rat bräuchte, was uns natürlich sehr schmeichelte. Tatsächlich stand für ihn die Entscheidung bereits fest. Er spielte nur den Zögernden, den Unentschlossenen. In Wirklichkeit wußte er genau, was er wollte. Er ließ uns nur noch einmal teilnehmen an seinem Entscheidungsprozeß und hörte zu, wie wir ihn durchlaufen hätten. Fiel einmal ein scharfer Ton oder wurde nicht Machbares verlangt, so ist die Erinnerung dennoch süß, denn ich weiß, dahinter standen die Wärme und Güte eines großen, unvergeßlichen Chirurgen und väterlichen Freundes.

Fritz Spelsberg

Persönliche Erlebnisse mit
Professor Dr. Dr. h. c. Georg Heberer

„Älterwerden hat auch etwas damit zu tun, mit Menschen zu feiern, die ein Stück Wegbegleiter waren". So stand es auf meiner Einladung zum 50. Geburtstag, eine Einladung, die mein verehrter früherer Chef, Professor Heberer mit seiner Frau gerne annahm.

Über diese Wegbegleitung möchte ich einige wenige Gedanken äußern, Gedanken, die unter dem Eindruck seines unerwarteten Todes Gefahr laufen, sentimental zu klingen, zu glorifizieren, schön zu reden oder wie auch immer der Vorwurf lauten könnte.

Ich stehe dennoch zu diesen Gedanken.

Es wäre vermessen, G. Heberers Leben – so wie ich es erfahren durfte – in der uns allen bekannten wissenschaftlichen Betrachtungsweise zu beschreiben. Dazu gehörte ein Mittelwert von mindestens n = 6 Einzelwerten, vorausgesetzt, die Streuung der Einzelwerte wäre akzeptabel. Eine geradezu absurde Vorstellung.

Nicht nur deshalb, weil ein Leben per se so nicht beschrieben werden kann, sondern besonders deshalb, weil Georg Heberers Reaktionen geradezu Streubreite an sich waren. Er war nicht im klassischen Sinn berechenbar, voller Überraschungen und wenn man meinte, seine Reaktion sicher vorhersagen zu können – schließlich sei man lange genug in seiner Nähe – dann zeigte er wieder eine neue Note, die uns überraschte.

So bleiben nur Kasuistiken, Einzelerlebnisse als pars pro toto, mit denen ich einige Gedanken zu meinem Weg mit G. Heberer schildern möchte, Gedanken über einen wichtigen Abschnitt des Lebensweges und natürlich besonders geprägt durch die Chirurgie.

Daß eine Stelle in der Chirurgie frei werden sollte, deutete seine Sekretärin, Frau Schulze, meiner Frau gegenüber am Telefon an. Und natürlich habe man sofort zu kommen, es seien noch viele andere Bewerber da. Als Prof. Heberer dann bei unserem ersten Gespräch jedoch eine Stelle in der Physiologie anbot, kam dies für mich völlig überraschend. Denn ich wollte in die Chirurgie. Er spürte mein Zögern (wie er überhaupt im Gesichtsausdruck des Gegenüber bereits vor dessen Änderung der Mimik diese erahnen konnte, was ich damals noch nicht einzuordnen vermochte). Dennoch akzeptierte er mein Argument, daß ich hierüber eine Nacht schlafen möchte, was ihn jedoch nicht daran hinderte, bereits jetzt von einer Oberarztposition zu schwärmen, die jedoch bei ihm nur möglich sei, wenn man zuvor Grundlagenforschung gemacht und sich habilitiert habe.

Und wie weit war der Facharzt noch entfernt, vom Oberarzt ganz zu schweigen! Ich erinnere mich heute noch an mein Staunen, mit dem ich meiner Frau gegenüber zum Ausdruck brachte, daß hier jemand innerhalb von wenigen Minuten eine Perspektive von 10 Jahren aufriß, wo man als bescheidener Anfänger doch zunächst nur an die ersten Jahre dachte. Dabei war dies nur ein erstes Aufleuchten seiner Art, positiv auf Neuland zuzugehen und uns Jungen Mut zum Betreten von Neuland zu machen.

Die Physiologie war lehrreich, dennoch freute ich mich auf die Chirurgie und insbesondere auf das große Klinikum. Dort vergingen die Jahre.

Dann kam der Zeitpunkt, da war die Privatstation nicht mehr zu umgehen. In der Familie zu Hause, auch in der Kindheit eine intakte Familie erlebend hatte ich natürlich Sorge, wie denn die häufigen Nachtdienste mit den Kindern verträglich seien. Es war dies ganz sicher die größte Belastung für meine Familie.

Deshalb konnte ich Kollegen nicht verstehen, die schnell auf die Privatstation wollten. Nun war es also soweit. Mit dem Betreten der Privatstation war die Krawatte Pflicht. Jenes Kleidungsstück, das am Tage mehrmals entfernt und wieder angezogen werden muß, das als Bakterienfänger herumbaumelt und das zudem die Freiheit des Halses deutlich behindert. Kurzum, die Krawatte war für mich nur bei höchsten Anlässen tolerabel, aber im chirurgischen Alltag ein Hindernis, besser noch ein Ärgernis.

Es mußte somit am Tag des Dienstantrittes auf der Privatstation zum „casus belli" kommen. Wie üblich erfolgte dort die Begrüßung der „Alten" und „Neuen" per Handschlag. Halt, da war ein „Neuer" – ohne Krawatte. Prof. Heberer schaute mich an, deutete mit dem Finger an den Hals und fragte, ob ich nicht Sorge hätte, daß ich sehr schnell Halsschmerzen bekommen könnte.

Ich nahm mir vor, ehrlich zu bleiben, ich wollte keine Krawatte. Also mußte man jetzt etwas riskieren. Deshalb: „Herr Professor, ich habe eine hervorragende Immunabwehrlage...".

Das Thema Krawatte war nie mehr ein Diskussionspunkt, er akzeptierte den „eigenen" Weg und er akzeptierte sogar, daß dieser Weg Nachahmer zumindest für kurze Zeit fand.

Und es wurde der mühsame Weg der Entbehrungen für die Familie, das familiäre Mittagsmahl wurde oft in der Kantine eingenommen. Vielleicht würde man dies heute anders organisieren, dennoch, es waren halt die Lehrjahre, die keine Herrenjahre sein können.

Mit den Jahren des Einsatzes für die Klinik kristallisierte sich der Weg in Richtung Habilitation: „Welches Thema?"

Da ich in der Physiologie Stoffwechselparameter am Herzen untersuchte und mit dem künstlichen Pankreas eine neuartige Meß- und Versuchsapparatur zur Verfügung stand, betreute mich Prof. Heberer mit diesem Fachgebiet. Thema: Postaggressionsstoffwechsel.

Nun bin ich zwar schon der Meinung, daß man in jeder Forschungsrichtung Dinge bewegen kann. Dennoch war der rein biochemische Ansatz nicht mein Traum. Aber durfte man zu diesem Vorschlag nein sagen? Bestand nicht die Gefahr, ohne Arbeitsgebiet zu bleiben und damit den Habil-Weg zu opfern?

Ich wollte ein Thema, das mich faszinierte, es war mir aber auch klar, daß die Bitte um ein anderes Thema konstruktiv sein mußte.

Und so nahm ich erste Stoffwechseluntersuchungen mit dem künstlichen Pankreas pflichtgemäß vor, ließ aber noch intensiver den Kontakt zur Physiologie aufleben, wo die Endothelzellforschung gerade Wesentliches in der Grundlagenforschung beitrug. Der Physiologe hatte Erfahrung mit der Zellkultur, als Chirurg konnte ich chirurgisches Know-how einbringen und daraus wurde letztlich ein tierexperimentelles Modell, das die Ergebnisse der Forschung an isolierten Zellen validierte. Zudem war es erst jetzt möglich, Reparaturleistungen des Körpers auf zellulärer Ebene im Bereich von Venensegmenten zu untersuchen.

Erst als ich einiges an Daten und Bildmaterial zusammen hatte – wer elektronenmikroskopiert hat, kann die Faszination verstehen, wenn nach mehrtägigen Versuchen das Bild auf dem Schirm aufgebaut wird – ging ich zu meinem Chef und gestand mein „Fremdgehen". Meine Sorge, G. Heberer könnte mir dies übelnehmen, löste er – wieder mit seiner „Streubreite". Statt Stirnrunzeln ein geradezu kindliches Mitfreuen an der Begeisterung seines Mitarbeiters. Es wurde daraus ein für mich faszinierendes Jahr der Forschung mit schönen Resultaten.

Aber es gab auch Unangenehmes in dieser Zeit.

Zum Abschluß des Habilverfahrens war dieser so gefürchtete Vortrag vor der inneren Fakultät zu halten. Die Arbeit war geschrieben, das erste Kolloquium bestanden, ein Vortrag, der zwar wegen der Unberechenbarkeit der Diskussion nicht ungefährlich war, aber auf den man sich dennoch freute, konnte man doch die hart erarbeiteten Daten präsentieren.

Nicht so der Vortrag vor der inneren Fakultät. Er fand in einem dunklen Raum statt, der im November noch trister wirkte. Alle Herren trugen schwarz und so hatte die Atmosphäre durchaus etwas Beerdigungshaftes an sich.

Manche lernten den Vortrag auswendig, einige hielten ihn sozusagen unter Simulation größtmöglicher Störfaktoren gegen die Tagesschau.

Ich memorierte meinen Vortrag noch im Gang, plötzlich ein Klopfen aus dem noch unzugänglichen Saal, die Tür flog auf, viel zu früh wankte ein blasser Kandidat heraus und schon stand ich mitten auf dieser „beerdigungshaften" Bühne. Es ging gut, im Gegensatz zum Vorredner, der offensichtlich mitten im Vortrag steckenblieb, das Handtuch warf und so den viel zu früh verabschiedenden Applaus verursachte.

Ob die Kerze half, die Frau Heberer zu dieser Zeit zu Hause brennen ließ, darüber darf man spekulieren. Ob solche Symbolik Sicherheit geben kann, dies darf offen bleiben. Mir hat diese Geste sehr gut getan. Ich empfand sie als Zeichen der Unterstützung, als Mittragen einer Last – und das war sie zu diesem Zeitpunkt, auch wenn man den Druck schnell wieder vergessen hat. Eine Kerze für einen anderen anzünden, dies tut man nur für einen Menschen, den man mag. Unser Beruf hat für solche Gefühle nur wenig Platz. Und unter Männern ist das Zeigen von Gefühlen als Schwäche andeutend belastet. Gerade deshalb habe ich die Kerze als Geschenk empfunden, als Geschenk von Frau Heberer, der es wichtig war, was sich in der Klinik ihres Mannes abspielte.

Mit der Zeit gab es an der Klinik auch spezielle Pflichten zu erfüllen, die eben notwendig waren, um den Gesamtbetrieb „am Laufen" zu halten. Da gab es für mich die Aufgabe der Betreuung der Gastärzte und der chirurgischen Stellen. Ständig kamen Bewerbungen, manche waren so hervorragend, daß man schnell reagieren mußte, um einer anderen Klinik zuvorzukommen. Dann wiederum gab es auch Begegnungen zum Schmunzeln.

Da kam ein Sohn eines C4-Mannes als Bewerber. Die Unterlagen sprachen für einen dynamischen jungen Mann, dem es sichtlich zuwider war, sich zunächst mit dem Ghostwriter unterhalten zu müssen. Diesen Unwillen ließ er leider etwas zu stark wirken.

Als Prof. Heberer den Kollegen zu sich bat, gab es immer wenige Sekunden, in denen ich um meinen ersten Eindruck gefragt wurde. Hier habe ich lediglich geantwortet: „Ein Ordinariensohn".

Kaum im Chefzimmer nahm der junge Kollege das Sofa mit ausgebreiteten Amen in Besitz, man mußte als Lehrstuhlinhaber offensichtlich um seine eigene Position fürchten. Dieses Gespräch war für mich ein Paradebeispiel, wie man es als

Bewerber wohl nicht machen sollte. Jedenfalls war der Kollege sehr schnell wieder entlassen, meine Aufgabe war es dann, eine verbindliche Absage vorzuformulieren.

Es konnte aber auch anders verlaufen. Die chirurgische Fußballmannschaft brauchte für die regelmäßigen Auseinandersetzungen mit den Anästhesisten (die unfairer Weise ihre Mannschaft mit Pflegern verstärkte) einen Fußballnachwuchs. „Ist das denn ein ausreichender Grund für diesen Kollegen?" fragte der Chef. „Natürlich nicht", war meine Antwort, „aber der Mann packt zu, die Klinik darf nicht nur experimentell kopflastig sein, das Fußballspielen ist sozusagen nur die Zugabe". Der Chef ließ sich überzeugen, die Wahl war richtig, nicht nur deshalb, weil dann Seriensiege über die Anästhesie gelangen.

Man wurde älter, die Verantwortung nahm zu.

Es war wieder einmal einer der Rund-um-die-Uhr-Nachtdienste. In zwei Sälen wurde operiert, in das laufende OP-Programm kam die Anmeldung einer bereits angiographisch auswärts gesicherten Ruptur der thorakalen Aorta. Ich nahm den Patienten über unsere OP-Gegensprechanlage an, im Hinterkopf die „Sicherheit", nach Beendigung des gerade laufenden Eingriffes per Telefon einen älteren Oberarzt zu erreichen, der mir helfen sollte.

Und wie das so ist, es war keiner erreichbar.

Nun hatte ich den Eingriff vielleicht dreimal assistiert, auch die Bilder der Gefäß-OP-Lehre waren vollständig präsent, hatte man doch dort den Verlauf jedes Nadelstiches vor der Drucklegung komplettiert. Aber dann allein verantwortlich den Eingriff durchzuführen, ist eben doch eine Dimension höher anzusiedeln, als ihn theoretisch zu beherrschen.

Es gibt Menschen, die diesen Schritt leicht gehen, andere, die doch Zweifel empfinden. Keine Ängstlichkeit, diese wäre negativ – ich höre noch seinen Ausspruch: „Angst ja, aber keine Ängstlichkeit, ein Chirurg, der keine Angst hat, ist gefährlich."

Daß mein Chef solche Gedanken in mir las, war glaube ich der Grund für seine Reaktion am folgenden Tag. Der 1. Dienst stellte an dem mit Röntgenbildern übersäten Schaukasten die chirurgischen Taten vor, es wurde also auch eine thorakale

Aortenruptur versorgt. Kurzes Zunicken: „Dem Patienten geht es gut?". Antwort: „Ja, Herr Professor". Dann die kurze Frage – „Quis fecit?"...

Heberer sprang auf mich zu, es kam zu einer Thoraxkompression verursachenden Umarmung samt Sternumschlag. Besondere Freude fand immer seinen Ausdruck in einer lebhaften Gestik, damit gratulierte er zur gelungenen Operation. Die Heimfahrt – es war ein Sonntag – war trotz der durchgemachten Nacht etwas Besonderes. Hier hat mich jemand verstanden, hat sich einfühlen können in die chirurgische Einsamkeit einer Entscheidung und sich besonders freuen können über das gute Gelingen. Eine kindliche Freude und vielleicht gerade deshalb eine ehrliche Freude.

Es war aber auch die Bestätigung der Richtigkeit des Ausbildungsweges. Kein Hineinwerfen in unbekanntes chirurgisches Terrain. Sondern ein jahrelanges, schrittweises Aufbauen des Chirurgen, so daß Ausbildung und Erfahrung wachsen konnten. Gerade für dieses subtile Heranführen an Verantwortung bin ich ihm besonders dankbar.

Manchmal ertappe ich mich, daß ich einen seiner typischen Sätze von mir gebe, es ist dann so, als stünde Georg Heberer vor mir. Und es sind Sätze, die man früher als übliche Sprüche abtat, die aber jetzt, wo man in vorderster Schußlinie steht, als Leitsätze formulieren könnte.

Gibt es eine besonders kritische Situation, höre ich ihn sagen: „Ich habe nur Angst vorm Herrgott." War dies seine Art, Sicherheit aufzubauen, um dem anderen von vornherein zu zeigen, wo es langzugehen hat? Es ist erstaunlich, dieser Satz hilft im Dickicht der Schwierigkeiten, die ein chirurgischer Alltag mit sich bringt.

Auf die Frage eines Rechtsanwaltes, was könne denn beim Eingriff seiner Frau alles passieren (eine Formulierung mit einem sehr unangenehmen Unterton), kam nach kurzem Überlegen: „Alles, Herr Rechtsanwalt. Angefangen vom Verbluten bis hin zum langsamen Sterben an einer Sepsis. Wenn sie von mir jetzt alle Komplikationen hören wollen, dann machen wir ein Seminar und verzichten auf die Operation."

Eine Antwort, die zunächst sehr hart klang. In einer Zeit zunehmender Prozesse, einer Anspruchshaltung, die das Recht auf Gesundheit als einklagbar vermuten läßt, denke ich oft an diesen Satz. Aufklärung hat etwas mit der Seele des Menschen zu tun, der aufgeklärt werden will. So konnte Georg Heberer den Patienten auch in den Arm nehmen und nur sagen, es wird alles gut.

„Ich gebe mir ja die größte Schuld", war keine Selbstkritik, es war die Kritik am anderen. Nicht direkt, nicht verletzend, da er formal den Fehler auf sich bezog. Aber der andere verstand, der Fehler wurde abgestellt.

„Die Indikation zur Operation". Wie oft war dieser Ausspruch zu hören. Er war Programm für meine 15 Jahre und ein Grundstein für solide Medizin. Gerade das Ringen um die richtige Indikation, das Gespräch nicht über, sondern mit dem Patienten war seine Schule der Individualisierung. Man operiert nicht einen Magen, sondern einen Menschen mit einer Magenerkrankung.

In einer Zeit, in der die Medizin Gefahr läuft, daß Indikationen eine pekuniäre Ursache haben können, bin ich zutiefst dankbar für diese kritische Schule der Indikation zur Operation.

Es bleibt Wehmut, nicht mehr Zeit gehabt zu haben, dem Menschen Georg Heberer außerhalb der Chirurgie intensiver zu begegnen. Dies ist nun nicht mehr nachzuholen.

Was bleibt ist die Erinnerung an einen Lehrer, der mit unermüdlichem Einsatz bis zum Schluß die Zentrifugalkräfte einer so großen Klinik zusammenhielt (und welche Kraft diese Motorfunktion erfordert, lernt man erst in Leitungsstellung), eine Forschung auf hohem Niveau unterstützte, junge Menschen konsequent und auf höchstem Niveau motivierte, ausbildete und eine große Schule schuf, von den Mitarbeitern alles fordernd.

Und eine Erinnerung an einen Menschen, über dessen Freundschaft man sich freuen durfte, die meine Frau und ich jetzt sehr vermissen.

Heinrich Stiegler

Verleihung des Bayerischen Verdienstordens
durch Franz-Josef Strauß 1985

Die letzte Gipfelvorlesung auf der Rotwand 1988

Ein Museumsbesuch

1987 fand die 139. Tagung Nordwestdeutscher Chirurgen vom
11. bis 13. Juni in Neumünster unter der Präsidentschaft von U.
Matzander statt. Professor Georg Heberer nahm als Ehrenmitglied natürlich
daran teil. Freitag morgens war er mit der ersten Maschine nach
Hamburg geflogen und in Neumünster rechtzeitig zur ersten
Sitzung angekommen. Einige Tage zuvor hatte er seinen
Schüler, meinen Chef Professor Schildberg, in Lübeck ange-
rufen und angefragt, ob nicht einer der Mitarbeiter der Lübecker
Klinik am Freitag, den 12. 6. gemeinsam mit ihm an bestimm-
te Orte in Schleswig-Holstein zu fahren, die er sich gerne in
Verbindung mit dem Kongressbesuch ansehen wollte. Hauptziel
und Anlaß zu dieser Rundreise war die Tatsache, daß Jens
Witte, der als gebürtiger Norddeutscher über die notwendigen
Kontakte verfügte, ihm eine Privatführung durch das Nolde-
Museum in Seebüll organisiert hatte. Und Nolde war Georg
Heberers Lieblingsmaler.

Die Wahl des Mitarbeiters fiel auf mich und ich nahm sie
gerne an. Sie war verbunden mit einigen strengen Ermahnungen
meines Chefs: „Du bist pünktlich um 10.00 Uhr im Kongress-
gebäude in Neumünster", „Das Auto muß geputzt sein",
„Benzinkosten übernehme ich", „Und nicht vergessen, ihr müßt
den Zeitplan im Auge behalten, die Maschine zurück nach
München startet in Hamburg um 18.00 Uhr". „Du bist mir verantwortlich, daß alles klappt".

Ich traf meine Vorbereitungen, putzte das Auto, studierte
die Straßenkarte und freute mich gespannt auf den sicherlich
interessanten Tag als Chauffeur von Georg Heberer.

Ich war pünktlich in Neumünster. Im Foyer des Tagungs-
gebäudes stand Georg Heberer in der Pause nach der ersten
Sitzung, umringt von Chirurgen, sprach irgendwie mit allen
gleichzeitig, ein Schulterschlag für den einen, ein lobendes Wort

für den anderen: „Pratschke, hast einen guten Vortrag gehalten, kann doch noch was aus Dir werden!". Gleich setzte er die Unterhaltung mit einem Nächsten zu einem ganz anderen Thema fort. Ich hielt mich still zurück, beobachtete das Treiben und hörte zu in der Hoffnung, daß Heberer mich endlich bemerken würde, denn er kannte mich und wußte, daß ich ihn abholen würde. Doch dem war nicht so. Heberer stand im Mittelpunkt des Treibens im Foyer, Chirurgen gingen und kamen, herzliche Begrüßungen, Gespräche, Aufschreie – und die Uhr lief weiter. Die Worte meines Chefs klangen in meinem Ohr: „Ihr müßt die Maschine in Hamburg pünktlich erreichen". Und um 14.30 Uhr wartete der Museumsdirektor in Seebüll.

Da kam mein Chef, den ich gleich ansprach und bat, zum Aufbruch zu drängen. Nach einiger Zeit war es ihm tatsächlich gelungen, Heberer aus dem Gebäude zu geleiten, der es nun plötzlich auch eiliger hatte, aber auf seinem Weg nach draußen immer noch ständig Kollegen begrüßte und für jeden ein persönliches Wort fand. Jeder wußte nun: Heberer war in Neumünster gewesen und hatte an der Tagung Nordwestdeutscher Chirurgen teilgenommen.

Ich war vorgefahren und mein Chef war sichtlich erleichtert, als die kleine Reisetasche endlich im Kofferraum verschwunden war und Georg Heberer auf dem Beifahrersitz Platz genommen hatte. Mit „Ihr müßt euch jetzt beeilen" und „Ich wünsche euch einen schönen Tag" wurden wir verabschiedet und starteten in Richtung Norden. Es war 11 Uhr.

Der Weg führte uns auf der leeren A7 über die eindrucksvolle Hochbrücke am Nord-Ostsee-Kanal und durch die Hüttener Berge nach Schleswig. Wir hatten mit dem Wetter an diesem Tag besonderes Glück, denn es war ein wunderbarer Frühsommer-Tag mit einem tiefblauen norddeutschen Himmel, dessen Wirkung durch einige weiße Wolken verstärkt wurde und dessen strahlende Sonne die grünen Wiesen und gelben Rapsfelder noch intensiver wirken ließen. Heberer war bester Laune, hatte es sich bequem gemacht und sprach in einem fort. „Schönes Auto, ist das Ihres?" – „Habe ich von meinem Vater geerbt." – „Das müssen Sie in Ehren halten, ist für einen Assistenten ja etwas Ungewöhnliches." Ich fuhr damals ein 9 Jahre altes Mercedes-Coupé. Er erkundigte sich nach meinem Vater, fragte nach meiner Frau und was sie mache, wollte genau wissen, in welchem Ausbildungsstadium ich mich befände und was ich bisher getan hätte. Er fand anerkennende Worte, die aus seinem Munde auf mich ganz besonders wirkten, und er erzählte mir von seinen jungen Assistentenjahren bei Rudolf Zenker in Mannheim und Marburg. Ich hörte seinen lebhaften Erzählungen fasziniert zu, denn ich wußte um die ungewöhnliche Situation, als kleiner Assistent einige Stunden ganz allein an der Seite eines solch großen Chirurgen verbringen zu dürfen, der seit meiner Studienzeit, dem Besuch seiner fesselnden Vorlesung und meiner Arbeit als Lagerungspfleger bei ihm im Operationssaal für mich Vorbildcharakter hatte mit einer Mischung aus Bewunderung und Verehrung.

Wir hatten Schleswig erreicht und waren an Schloß Gottorf vorbeigefahren. Er zeigte sich bestens informiert und bedauerte, nicht die Zeit zu haben, das hier befindliche Landesmuseum Schleswig-Holsteins und das noch berühmtere Museum für Vor- und Frühgeschichte mit seiner größten prähistorischen Sammlung der Bundesrepublik besuchen zu können. Wie ein Reiseführer referierte er mir über die Bedeutung des Schlosses, das beinahe 200 Jahre die Residenz der Herzöge von Holstein-Gottorf gewesen war, die von Schleswig aus das Land verwalteten und zugleich Kultur und Wissenschaft maßgeblich und vorbildlich förderten. Sogar einige, mir bis dahin völlig unbekannte Künstler wie den Bildhauer Theodor Allers und den Maler Jürgen Ovens, die der Hof hier für sich arbeiten ließ, kannte er. Doch sein Ziel war der Dom zu Schleswig und sein weltberühmter Bordesholmer Altar, den er sich ansehen wollte. Auf dem von Hans Brüggemann vor mehr als 450 Jahren geschaffenen Altar sind Passionsdarstellungen nach Dürers Vorbild zu sehen.

Am Domportal war ein Schild angebracht, etwa wie folgt: Bis 15 Uhr wegen Veranstaltung kein öffentlicher Zutritt. Was jetzt tun? Einfach aufgeben war nicht die Sache von Professor Heberer. Nach einem kurzen Moment des Überlegens pochte er vehement an das verschlossene Portal. Und nachdem sich nichts tat wiederholte er dies mehrmals mit zunehmender Intensität. Das Portal öffnete sich und ein irritiert dreinblickender Küster sah sich genötigt uns zu erläutern, was schon auf dem Schild zu lesen stand: „Sie können jetzt hier nicht herein". Heberer suchte jetzt mit dem ihm eigenen Charme eine Ausnahmeregelung zu erwirken und ließ den Küster auch wissen, daß er der Prof. Heberer, Chirurg aus München sei und heute extra hierher gekommen wäre – den weiten Weg von München – um den Bordesholmer Altar bewundern zu können. Er hätte keine Zeit bis 3 Uhr zu warten und müsse in die Klinik zurück, da müßte sich doch ein Weg finden lassen ... Doch der Küster hatte wohl strikte Anweisungen und zeigte sich fest entschlossen, niemanden hereinzulassen, auch einen angeblichen Chirurgie-Professor aus München nicht. Mit einem endgültigen „Tut mir leid" verschloß sich vor uns das Domportal wieder und geschlagen traten wir den Rückzug an.

In meiner Befürchtung, daß dieser Mißerfolg den weiteren Tagesablauf trüben könnte, sah ich mich aber gründlich getäuscht. Nach einem kurzen Augenblick der Enttäuschung schüttelte Heberer diese gleichsam ab und war wieder in bester Stimmung: „Auf jetzt, wir brauchen ein kleines Mittagessen, ich möchte Sie einladen". In einer alten Kate der historischen Altstadt fanden wir ein gemütliches Plätzchen für einen schnellen Imbiss.

Dann ging es weiter. Heberer hatte sich eine bestimmte Route vorgenommen und so ging es zuerst in westlicher Richtung nach Husum und von dort streng nördlich über Niebüll nach Seebüll. Ich konnte miterleben, daß auch ein ausgemachtes Energiebündel seine Ruhepausen benötigt. Denn bis Husum folgte ein kurzes Nickerchen, um die Fahrt dann umso energiegeladener fortzusetzen. In der frühnachmittäglichen Sonne wirkte die Natur um uns noch intensiver und die großen Backsteinhöfe lagen glutrot inmitten der Farbenvielfalt, die Norddeutschland zu dieser Jahreszeit bietet. Die trotz ungewöhnlicher Wärme glasklare Nordseeluft tat ein übriges dazu. Heberer verfiel von einem Begeisterungsausbruch in den nächsten und

Salven von Faustschlägen prasselten auf das Armaturenbrett meines alten Autos, mal als Ausdruck höchster Verzückung, mal zur Untermalung einer Äußerung. Ich war mir nicht sicher, ob das Armaturenbrett diesen Tag überstehen würde. Dabei erzählte er mir von schönen Reisen mit seiner Frau und bedauerte, daß sie nicht nach Norddeutschland mitgereist war. Er erkundigte sich genau nach der Lübecker Klinik und der Medizinischen Universität, stellte präzise Fragen und wollte detaillierte Antworten, die er auch kommentierte. Ich war überrascht, wie genau er sich über uns informiert zeigte. Im nächsten Moment machte er mich wieder auf etwas in der vorbeigleitenden Landschaft aufmerksam, das ihm aufgefallen war. Man merkte ihm an, wie sehr er sich jetzt auf den Besuch des Nolde-Museums freute, und er erzählte mir, wie er sich von seinem ersten Geld als kommissarischer Direktor der Marburger Universitätsklinik ein Nolde-Gemälde gekauft hatte.

Die Zeit war wie im Fluge vergangen, und trotzdem kamen wir in Seebüll mit einiger Verspätung an. Alles war perfekt vorbereitet und der Museumsdirektor stand tatsächlich am Eingang zum Atelierhaus Emil Noldes und wartete offensichtlich schon eine geraume Zeit auf uns. Irgendwie muß ihm sofort klar gewesen sein, daß wir der angesagte Besuch waren. Denn er begrüßte uns sofort: „Sind Sie Professor Heberer?" – „Ja, ich freue mich, daß ich hier bin".

Die beiden hatten sofort zueinander gefunden und verschwanden sich lebhaft unterhaltend im Haus. Ich durfte folgen und kam in den Genuß einer ganz besonderen Privatführung durch die Museumsräume und den Blumengarten Noldes, der in der warmen Nachmittagssonne so schön auf uns wirkte, wie er auf vielen farbintensiven Gemälden Noldes festgehalten ist. Wie Georg Heberer die Führung durch die Gemäldesammlung durchlebte, wird mir unvergeßlich bleiben. Er entpuppte sich als profunder Kenner des norddeutschen Malers. Das Museum enthält die Stiftung Alda und Emil Noldes und besitzt den Großteil der Werke des Künstlers. Heberer ordnete die Bilder sofort der jeweiligen Epoche in Noldes künstlerischer Entwicklung zu und wußte um viele Detailinformationen aus dem künstlerischen und privaten Leben des Expressionisten. So wurde ich Zeuge keiner Museumsführung im eigentlichen Sinne, sondern mehr eines Fachgespräches mit sehr vielen Fragen Heberers, die vom Museumsdirektor beantwortet wurden und zu einer Fortsetzung der Diskussion führten. Manche Bilder, die er genau kannte, führten beim direkten Anblick zu wahren Begeisterungsstürmen und Gefühlsausbrüchen Heberers: Brille aufgesetzt, einige schnelle Schritte zum Bild mit lauten, bewundernden Kommentaren. Leicht vornüber gebeugt Details betrachtend, so daß man glaubte, die charakteristische Nase müsse das Gemälde im nächsten Moment berühren. Dann plötzlich sich aufrichtend mehrere Schritte zurückschießend, die Brille fast schon vom Kopf reißend, so daß die zurückgekämmten Haare über die Ohren herunterfielen, dabei laut gestikulierend und kommentierend. Wenn man ihn jetzt so betrachtete, hätte er auch ein Kunstprofessor sein können. Das ungewöhnliche Verhalten, vom Museumsdirektor stets lächelnd begleitet, hatte längst die Aufmerksamkeit der wenigen Besucher hervorgerufen. Sie standen in den Ecken des jeweiligen Raumes und beobachteten teils neugierig, teils amüsiert die Art der Bildbetrachtung des unbekannten Kenners, der sie gelegentlich auch ansprach und mit entsprechenden Bemerkungen ebenfalls zu begeistern suchte. Wenn ich mich recht erinnere, gefielen Heberer die Landschafts-, Meer- und Blumenbilder mit Noldes charakteristischer Farbenkraft und den oft grellen Kontrasten ganz besonders. Lag eine Seelenverwandtschaft des Naturfreundes Heberer mit dem leidenschaftlichen Naturerlebnis Noldes der Bewunderung für den Künstler zugrunde? Besonders bewunderte er auch die Aquarelle der Serie „ungemalte Bilder", die Themen des menschlichen Lebens in Form transparenter, leuchtender Visionen aufnimmt.

Nachdem wir alle Räume besichtigt und uns beim Direktor bedankt hatten, machte ein Blick auf die Uhr deutlich, daß es höchste Zeit für die Rückreise war. Dennoch tranken wir im Kaffee noch eine Tasse und suchte Heberer im Museumsshop noch einige Kunstdrucke aus. Einen der Drucke, einen bunten

Kinderkopf auf einer Ausstellungsankündigung, gab er mir für meine Frau mit und meinte, daß dieses Bild einer Kinderärztin gefallen müsse. Er hatte Recht. Als wir in Seebüll starteten, war das Wasserschloß Glücksburg unser nächstes Ziel. Heberer freute sich auch darauf und hatte sich vorbereitet, denn er erzählte mir von der Geschichte des schönsten Wasserschlosses des deutschen Nordens. Es ist unter anderem das Stammhaus der Könige von Dänemark, Norwegen und Griechenland. Aber die Zeit wurde knapp und als wir vor Flensburg bedingt durch einen Verkehrsstau nur noch schleppend vorwärts kamen, faßte er den Beschluß, auf die Besichtigung des Schlosses zu verzichten und in Flensburg sofort auf die Autobahn nach Hamburg zu gehen. Doch die hatten wir noch nicht erreicht und wir kamen immer langsamer weiter. Allmählich wurde zur Gewißheit, daß wir die Maschine um 18.00 Uhr in Hamburg nicht mehr erreichen konnten. Als Heberer darüber nachdachte, wie die Situation am besten zu meistern sei, kamen wir zufällig am kleinen Flensburger Flughafen vorbei. Mit dem plötzlichen Einfall, eine Maschine nach Hamburg zu chartern, dirigierte er mich vor das Hauptgebäude auf dem ziemlich verlassen wirkenden Mini-Flugplatz und eilte ins Haus. Wenige Minuten später kam er in Begleitung eines Piloten wieder heraus und beide hasteten in ein anderes, kleineres Gebäude, aus dem sie wenige Augenblicke später wieder herausgelaufen kamen, um erneut im Hauptgebäude zu verschwinden. Zum Auto zurück kehrte er dann sehr ruhigen Schrittes. Die Möglichkeit eines Fluges hatte er wegen der vorgeschriebenen Anmeldefristen um wenige Minuten verpaßt.

Jetzt genoß Georg Heberer die 150 km Rückfahrt nach Hamburg unter der im Juni lange am Himmel stehenden Sonne Norddeutschlands. Er war mit dem Tag zufrieden und sehr erfüllt von seinem Besuch im Nolde-Museum. Seine Gedanken gingen aber schon wieder nach Hause in die Münchner Klinik und er erzählte mir ein wenig über seine aktuellen Vorhaben und einige Pläne, die er in den verbleibenden 2 Jahren seines Ordinariates noch realisieren wollte. Das vorgebuchte Flugzeug nach München war natürlich längst am Himmel verschwunden, aber er fand mit etwas Glück noch einen Platz in einer späteren Maschine, mit der er den Rückflug nach München antrat. Zurück blieb ein erschöpfter aber beglückter Jung-Chirurg, der einen eindrucksvollen, äußerst erlebnisreichen Tag mit einer faszinierenden Persönlichkeit verbracht hatte. Eine Woche danach erhielt ich von ihm die neueste Ausgabe seines Lehrbuches mit persönlicher Widmung und einem kurzen, sehr persönlich gehaltenen Begleitschreiben.

GÜNTHER MEYER

Professor Dr. Georg Heberer –
Aus der Sicht eines Assistenten

Professor Dr. Georg Heberer war mir vor meiner Bewerbung an der Chirurgischen Klinik im Klinikum Großhadern nur als Verfasser des Standardwerkes über Chirurgie bekannt, so daß ich gänzlich ohne Vorbelastung und auch ohne Vorahnung in das Bewerbungsgespräch und in den Beginn meiner chirurgischen Laufbahn ging, die bei ihm knapp vier Jahre seine Prägung fand. Schon beim Vorstellungsgespräch wurde ich mit einer äußerst lebhaften Persönlichkeit konfrontiert, die sich vor allen Dingen dafür interessierte, ob ich ein Instrument spiele und wo ich denn geboren sei. Als ich ihm mitteilte, daß mein Geburtsort Frankfurt am Main ist, rief er triumphierend seinem damaligen leitenden Oberarzt Professor Witte zu: „Hesse vorn, Hesse vorn". Dieses sehr unbürokratisch und unkomplizierte Gespräch war das gesamte Vorspiel, bevor ich meine chirurgische Assistentenstelle dann bei ihm antreten durfte. Der Kulturschock, der kam dann allerdings etwas später.

In den ersten Monaten an einer Klinik war ich zunächst tief beeindruckt von der Qualität meiner Kollegen, so daß ich bei mir dachte, daß es an dieser Klinik auch nicht eine einzige „Flasche" gibt, so wie man sie doch sonst in größeren Institutionen schon allein aufgrund der Gaußverteilung erwarten darf. Die Art und Weise wie Professor Heberer seine jungen Assistenten selektionierte und förderte wurde mir dann allmählich in den weiteren Monaten klar. Er gab jedem eine Chance sich zu bewähren und im Klinikalltag auszuzeichnen, allerdings gab es über die Art und Weise wie das zu erfolgen hatte, keinerlei Anleitungen bzw. vorwegnehmendes Feedback, so daß man auf einige harte „Trial and Errors" angewiesen war. So erwartete Professor Heberer von jedem selbstverständlich, daß er sich 100%ig in die Sache einbrachte. Er erwartete nicht weniger als, daß man im jeweiligen Bereich, in dem man tätig war, nicht nur gut sondern der Beste sein sollte. Es war zu dieser Zeit schon eine gewisse Selbstverständlichkeit, daß man entweder bereits zu Schul- bzw. Studienzeiten in irgend einer Art und Weise ausgezeichnet worden bzw. daß man in den Jahren der Assistentenzeit seine Tätigkeit mit einer entsprechenden wissenschaftlichen Auszeichnung unterstrich. Das Leistungsniveau, das er förderte und forderte war auf sehr hoher Ebene angesiedelt.

Seine Führungsqualitäten sind unbestritten, so waren wir uns doch alle einig, daß ein Georg Heberer nicht nur in einer chirurgischen Universitätsklinik, sondern auch in jedem anderen großen Unternehmen mit Sicherheit die Führung übernommen hätte. Sein Führungsstil war allerdings geprägt von einer Zeit, in welcher er Instrumente entwickelte, die heute bei jedem Assessment-Center für Führungsaufgaben doch mit einer gewissen Skepsis und nostalgischer Interpretation aufgenommen werden würden. Er war ein Ordinarius mit autoritärem Führungsstil, der es aber verstand, auch äußerst positiv seine Mitarbeiter zu motivieren. Dieses Zuckerbrot-und-Peitsche-System wurde von ihm in Perfektion angewandt. So konnte eine entsprechende Kritik von ihm in der Indikationskonferenz oder noch schlimmer bei oder nach einer Chefvisite sich verheerend für das eigene Selbstwertgefühl auswirken. Umgekehrt hielt er auch mit überschäumenden öffentlichen Belobigungen nicht zurück, und konnte nach einer gelungenen Chefvisite beispielsweise den Assistenten mit den öffentlich ausgesprochenen Worten „dies war eine der perfektesten Chefvisiten in meinem akademischen Leben" zum strahlen bringen.

Den bedingungslosen Einsatz, den er von sich verlangte, sah er auch als selbstverständlich bei seinen Mitarbeiten an. In der Rückschau erscheint es für mich heute noch höchst beeindruckend, damals verwundert festgestellt zu haben, daß selbst habilitierte Oberärzte abends um 21 Uhr verstohlen abseits gelegene Gänge benutzten, um ungesehen die Klinik verlassen zu können. Georg Heberer war insbesondere für uns jüngere Assistenten höchst faszinierend und konnte mit seiner

Begeisterung einen selbst in einer lethargischen Phase von einer auf die andere Sekunde völlig mitreißen. Wenn man von ihm einen Ritterschlag im Sinne eines präkordialen Faustschlags oder eines mehr als heftigen Schulterklopfens erhalten hatte, so fühlte man sich dadurch mehr als belobigt.

Beeindruckend für uns jüngere war die Tatsache, daß Georg Heberer in der Regel sehr fair und mit Augenmaß seine Mitarbeiter bewertete. Er ließ keine Zweifel offen, was er in welchem Abschnitt der klinischen Laufbahn von einem Assistenten, Facharzt oder Oberarzt erwartete, damit dieser den nächsten, weiteren Schritt vollziehen konnte. Diese dadurch gegebenen Transparenz und vorgegebenen Wettbewerbsregeln ließen in der Assistentenschaft ein ausgesprochen angenehmes Arbeitsklima entstehen, daß sich wohltuend von dem unterschied, was in anderen Universitätskliniken teilweise zu beobachten war. Dies führte zu einem angenehmen persönlichen und akademischen Umgangston. So konnte man öfters auf Kongressen hören, daß die „Heberer-Leute" durchweg durch ein differenziertes, akademisch geprägtes Auftreten zu identifizieren waren.

Für meine wissenschaftliche Laufbahn war Georg Heberer von entscheidender Bedeutung, in dem er mir den Handlungsspielraum gab, um meine eigenen Vorstellungen so zu verwirklichen, daß sie im Kontext mit der Klinik ein sinnvolles Projekt ergaben. Meine Vorstellung was moderne Onkologie und darüber hinausgehend Tumorimmunologie bedeuten könnte, entsprach anfänglich sicherlich nicht seiner Sichtweise. Aber Georg Heberer war immer offen und vor allem auf der Höhe der Wissenschaft, so daß er sehr frühzeitig sich abzeichnende Entwicklungen erkennen konnte, und oftmals eine entsprechende Bearbeitung der jeweiligen Thematik anregte.

In meinem Falle war es neben der experimentellen Onkologie, welche ich zusammen mit Professor Jauch Ende der 8oer Jahre an der Klinik etablieren konnte, die Thematik der Bluttransfusions-assoziierten Immunsuppression. Diese Thematik war ihm aufgefallen und er hatte den frühen Weitblick zu erkennen, daß diese insbesondere für die onkologische

Chirurgie, von erheblicher klinischer Relevanz sein könnte. So war er es, der mich aufforderte, mich auch mit dieser Thematik zu beschäftigen. Daß hieraus später einmal mein Habilitationsthema erwachsen könnte, war zum damaligen frühen Zeitpunkt, kaum daß ich zwei Jahre in der Klinik war, nicht abzusehen. Professor Georg Heberer war für uns jüngere Assistenten eine schillernde Persönlichkeit, die faszinieren konnte, die mitreißen konnte, die allerdings auch gehörigen Respekt einflößen konnte. Er war eine überragende Führungspersönlichkeit, an der man vor allem aber auch ärztliches Verhalten mit dem Patienten studieren und erlernen konnte. Georg Heberer war tatsächlich nicht nur berufener Ordinarius und Klinikchef, sondern vor allem auch mitfühlender Arzt großer Empathie, die sich im direkten Patientenbezug ausdrückte und die er in seiner unnachahmlich persönlichen Art auch unmittelbar auf uns übertrug. Ich habe von Georg Heberer viel gelernt und verdanke ihm die Prägung meiner chirurgischen Denkweise, die, wie ich meine, ähnlich wie bei der Kindererziehung, in den frühen Jahren der Assistentenzeit angelegt war. Seine Ratschläge habe ich immer als ehrlich und meist sehr hilfreich empfunden, so daß er bei mir und so glaube ich auch bei den anderen Mitgliedern seiner letzten Generation Assistenten sehr nachhaltig und in vielen Aspekten bewundernswert in Erinnerung bleiben wird.

MARKUS MARIA HEISS

Errichtung des Transplantationszentrums an der Ludwig-Maximilians-Universität
– Ein Rückblick –

Der Start zur Errichtung eines Transplantationszentrums moderner Prägung an der LMU muß in das Jahr 1975 zurückdatiert werden. Anfang dieses Jahres beschloß Herr Professor Dr. G. Heberer, Direktor der Chirurgischen Universitätsklinik Nußbaumstraße, die Transplantationsaktivitäten an seiner Klinik zu intensivieren. U. a. wurden auch personelle Überlegungen angestellt, insbesondere zu der Frage, wer mit der Aufgabe des Aufbaues und der Errichtung eines Transplantationszentrums betraut werden sollte. Nach einer Reihe intensiver Gespräche auf der einen Seite mit den Nephrologen Münchens u. a. mit Prof. Buchborn und Prof. Edel sowie auf der anderen Seite mit Prof. R.Y. Calne, Lehrstuhlinhaber für Chirurgie an der Universität Cambridge U.K., Prof. Brendel und Prof. Messmer, aus dem Institut für Chirurg. Forschung der Universität München fiel die Wahl auf Priv.-Doz. Dr. W. Land, der zu jener Zeit an der 1. Chirurgischen Abteilung des Städtischen Krankenhauses München-Schwabing (Chefarzt: Dr. M.A. Schmid) tätig war, nachdem er zuvor 4 Jahre am Institut für Chirurg. Forschung unter Prof. Brendel und 6 Monate am Transplantationszentrum der Chirurgischen Klinik des Sahlgrenska-Krankenhauses in Göteborg/Schweden unter Prof. Gelin gearbeitet hatte.

Erste Aktivitäten zum Aufbau bei der Heberer'schen Klinik begannen eigentlich im Oktober 1975, wobei man zu diesem Zeitpunkt durchaus noch von einem „1-Mann-Zentrum" sprechen konnte. Das wohl entscheidende Ereignis, das zur Errichtung eines der derzeit größten Transplantationszentren Europas führte, muß auf Donnerstag, 16. Oktober 1975, datiert werden. An diesem Tag kam es zu einem ersten Kontaktgespräch zwischen Dr. Land und Dr. K. Ketzler, Kuratorium für Heimdialyse, in Frankfurt. Das Kuratorium für Heimdialyse eine gemeinnützige Körperschaft hatte sich bis zu diesem Zeitpunkt mit dem Aufbau und der Errichtung eines Heimdialysenetzes in Deutschland befaßt. In diesem Gespräch, in dem Dr. Ketzler sich interessiert zeigte, auch die Transplantationsmedizin in Deutschland zu fördern, wurde erstmals ein Konzept diskutiert, das darin bestand, daß eine nichtuniversitäre Einrichtung in diesem Falle das Kuratorium für Heimdialyse beim Aufbau und bei der Errichtung eines Transplantationszentrums an einer Universität Hilfestellung leisten könnte. Erste Verhandlungen in dieser Richtung waren am Universitätsklinikum in Essen zuvor gescheitert. Damals beschränkten sich die Überlegungen von Herrn Dr. Ketzler zur Mithilfe beim Aufbau eines Zentrums lediglich auf die Unterstützung im organisatorischen Bereich, insbesondere im Hinblick auf die Organbeschaffung, die bis dato in Deutschland an den wenigen vorhandenen Transplantationszentren ein Schattendasein geführt hatte. Daß 6 Jahre später das Engagement und die Mitbeteiligung des Kuratoriums für Heimdialyse am Transplantationszentrum München einmal so große Ausmaße annehmen würde, konnte zu diesem Zeitpunkt keiner ahnen.

Nach diesem ersten Gespräch, in dem Dr. Ketzler u. a. auch das vorhandene Interesse der Arbeitsgemeinschaft der Bayerischen Krankenkassenverbände an einem derartigen Projekt erwähnte, trafen sich in einer ersten Gesprächsrunde am 3. November 1975 zu einem entscheidenden Vorgespräch Vertreter des Kuratoriums für Heimdialyse (Dr. K. Ketzler) und der Bayerischen Krankenkassenverbände (Direktor Ziegler und Herr Zellner) sowie interessierte Kollegen der Universitätskliniken (Dr. Albert, Prof. Buchborn, Prof. Brendel, Prof. Edel, Prof. Eigler, Dr. Gurland, Dr. Land, Dr. Schildberg in Vertretung von Prof. Heberer) in der Bibliothek des Instituts für Chirurgische Forschung bei Prof. Brendel. Es wurde anläßlich dieses Treffens im kleineren Kreise definitiv beschlossen,

„den Schritt ins Unbekannte" zu wagen, d.h. erstmals an der Universität München den Versuch zu starten, in Zusammenarbeit zwischen universitären und nichtuniversitären Institutionen ein Transplantationszentrum neuerer Prägung aufzubauen. Dies bedurfte natürlich der Zustimmung der Universität München sowie des Bayerischen Staatsministeriums für Unterricht und Kultus, so daß entsprechende Verhandlungen mit diesen beiden Institutionen anberaumt wurden. Leider gab es zunächst eine zeitliche Verzögerung, so daß erst Anfang des Jahres 1976 mit diesen Verhandlungen begonnen werden konnte. Von seiten des Kultusministeriums führten Herr Ministerialrat Schimpfhauser und Herr Oberamtsrat Hruschka, von seiten der Universität Herr Regierungsdirektor Weidenhübler und Herr Regierungsamtsrat Dobler mit den Vertretern für Heimdialyse und der Bayerischen Krankenkassenverbände die Verhandlungen. Als Sachverständiger war Dr. Land geladen. Diese Verhandlungen erbrachten erstmals in der Bundesrepublik Deutschland eine vertragliche Vereinbarung über die Zusammenarbeit von nicht-universitären und universitären Institutionen bei Aufbau und Errichtung eines Transplantationszentrums mit dem gemeinsamen Ziel, die Organtransplantation, im speziellen die Nierentransplantation, als einen neueren Zweig der modernen Medizin in Zukunft zu fördern. In einem Schreiben vom Bayerischen Kultusministerium für Unterricht und Kultus (gezeichnet von Herrn Ministerialdirigent Krafft) an die Universität München vom 11. Februar 1976 ist das Ergebnis dieser Vereinbarungen dokumentiert. Dieses so entstandene Vereinbarungspapier sollte sich in Zukunft als richtungsweisend und beispielhaft für den Aufbau anderer Transplantationszentren an verschiedenen Universitäten in Deutschland erweisen.

Mit der Existenz bzw. mit Unterschreibung dieses Vertrages war die ursprüngliche Idee, die am 16. Oktober 1975 in Frankfurt geboren wurde, Wirklichkeit geworden. Wie sich in den folgenden Jahren herausstellen sollte, war dieser „Sprung ins Wasser ohne zu wissen, ob man schwimmen konnte" wohl doch von „Schwimmern" vollzogen worden, wenn man berücksichtigt, daß das Transplantationszentrum der LMU mittlerweile mit zu den größten und renommiertesten Transplantationszentren der Welt gehört, an dem alle Formen der Organtransplantation durchgeführt werden.

Die erste Phase des Neuaufbaus fand noch in der Chirurgischen Klinik Innenstadt in der Nußbaumstraße statt. Sie war gekennzeichnet durch die Erarbeitung eines völlig neuartigen Konzeptes zur Bewältigung der vielschichtigen Probleme, die mit der Errichtung eines Transplantationszentrums größeren Ausmaßes verbunden sind, geprägt. Das Konzept bestand in der Vorstellung, daß in der heutigen Zeit ein erfolgreich und effektiv arbeitendes Zentrum nur durch gemeinsame Anstrengungen universitärer und nichtuniversitärer Institutionen geschaffen werden konnte. Diese primären Überlegungen zielten zunächst auf die Tatsache ab, daß die Bewältigung der Probleme der Organgewinnung (vor allem die Organisation der Organgewinnung) als Voraussetzung zur Durchführung von Organtransplantationen im großen Stil nicht unbedingt zum universitären Aufgabenbereich zuzurechnen war. Die Bereitschaft des Kuratoriums für Heimdialyse (KfH) in Zusammenarbeit mit den Bayerischen Krankenkassenverbänden zur Übernahme dieses Aufgabenbereiches just zu diesem Zeitpunkt muß nachträglich aus der Sicht der Universität als ein immens glücklicher Zufall und wichtiger Akt gewertet werden, ohne den die Entwicklung des Transplantationszentrums München in jüngster Zeit niemals stattgefunden hätte. Als weiterer glücklicher Umstand muß nachträglich gewertet werden, daß sich im Jahre 1976 eine Gruppe von Kollegen aus den verschiedenen medizinischen Disziplinen zusammenfand, die gewillt war, der Sache der Organtransplantation in München zu dienen und den Versuch zu unternehmen, im Sinne einer engsten interdisziplinären Zusammenarbeit die vielfältigen Hindernisse, die bis dato bestanden, durch aktive konstruktive Mitarbeit aus dem Wege zu räumen.

Das Ergebnis aller dieser ersten Aktivitäten, Vorstellungen, Entscheidungen und Maßnahmen wurde in einem ersten Weißbuch dokumentiert, das von W. Land und Ch. Chaussy

1976 geschrieben und vom Kuratorium für Heimdialyse herausgegeben wurde.

Im Nachhinein darf festgestellt werden, daß dieses Buch, in dem erstmals der Begriff „Münchner Modell" im Zusammenhang mit der Entwicklung unseres Transplantationszentrums auftauchte, an vielen inzwischen in der Bundesrepublik Deutschland aufgebauten Transplantationszentren bis zum heutigen Tage als Grundlage und Beispiel gedient hat. Prof. Dr. Dr. h. c. Georg Heberer hatte in oben erwähntem Weißbuch eine Stellungnahme zu Papier gebracht, die hier nochmals wieder gegeben ist: „Obwohl an dieser Klinik bereits seit über 10 Jahren Nierentransplantationen durchgeführt werden, stand der Ausbau zu einem Zentrum für Nierentransplantationen bisher immer noch aus.

Das grundlegende Problem beim Aufbau eines derartigen Zentrums lag zunächst in der mangelnden Organisation der Organbeschaffung, deren optimale Lösung eine Grundvoraussetzung zur Durchführung von Transplantationen in großen Serien ist. Bei Inangriffnahme dieser Aufgabe ist eine chirurgische Universitätsklinik, die voll ausgelastet ist, mit den Aufgaben der Lehre, Forschung und Patientenversorgung überfordert.

Darüber hinaus waren auf ärztlichem und pflegerischem Gebiet für die Abwicklung der klinischen Nierentransplantationen in großem Stil nicht genügend Personalstellen vorhanden.

In gemeinsamen Anstrengungen mit dem Kuratorium für Heimdialyse, der Arbeitsgemeinschaft der Bayerischen Krankenkassenverbände, dem Bayerischen Kultusministerium und der Universität München wurde nun unter zentraler Berücksichtigung dieser beiden Hauptprobleme ein Zentrum an unserer Klinik geschaffen, das zumindest aus chirurgischer Sicht gesehen ausreichende Kapazitäten besitzen dürfte, um die pro Jahr anfallenden Nierentransplantationen in Bayern durchzuführen. Der Aufbau der Organisation der Organbeschaffung, der in engster Kooperation mit dem Kuratorium für Heimdialyse erfolgte, ist beispielhaft und bisher einmalig in Deutschland, er wird in dieser Informationsschrift gebührend dargelegt.

Aber auch die Neuansätze auf dem Gebiet der inneren (personellen) Struktur des geschaffenen Transplantationszentrums, die nur mit Hilfe der finanziellen Unterstützung durch die Krankenkassen realisiert werden konnten, haben zur Errichtung des Transplantationszentrums geführt, welches durchaus auch auf internationaler Ebene mit den derzeitigen Strömungen und Fortschritten beim Aufbau von Schwerpunktkliniken für Organtransplantationen Schritt halten kann.

Es bleibt zu wünschen und zu hoffen, daß die an diesem Zentrum in Zukunft zu leistende Arbeit erfolgreich sein wird, mit dem Ziel, in gemeinsamen Bemühungen mit den vielen Dialysezentren in Bayern, das Schicksal der chronisch nierenkranken Patienten erträglicher gestalten"

Die derzeitigen Aktivitäten an der Chirurgischen Klinik und der aus dieser Klinik hervorgegangenen Abteilung für Transplantationschirurgie im Universitätsklinikum dürfen wohl als Zeugnis dafür gewertet werden, daß der Wunsch von Prof. Heberer in Erfüllung gegangen ist „... daß die an diesem Zentrum in Zukunft zu leistende Arbeit erfolgreich sein wird ...".

WALTER LAND

Sehr geehrter Herr Professor Heberer, lieber Chef, Dear George

ich wollte Ihnen schon immer einmal einen Brief schreiben, einen persönlichen Brief und nicht nur einen Erfahrungs- und Reisebericht von einer Studienreise, zu der Sie mir in irgendeiner Weise verholfen haben. In Briefen hätte ich viel mehr von den persönlichen Überlegungen, Gemeinsamkeiten und Kontroversen ansprechen und ausdiskutieren können als in den eher kurzen Gesprächen. Dies vor allem, wo Sie doch Ihre ungewöhnlichen literarischen Kenntnisse genauso auszeichneten wie Ihr Wissen als Liebhaber und Sammler der bildenden Künste. Interessieren würde mich dabei unter anderem, ob man in solchen Briefen auch „Thomas-Mann-Sätze" ungescholten hätte entwickeln können. Es gibt ja durchaus Beispiele großer Chirurgen die in Ihren Briefen nicht nur nüchtern sachlich, sondern eher belletristische Adern zeigten. Jetzt ist diese Chance vertan. Es liegt an mir, hätte ich besser gelernt wichtiges, persönliches den vielen unwichtigen Alltagspflichten voranzustellen, dann ... hätte, wäre, könnte ... Sie haben mir aber gelehrt nicht im Konjunktiv zu sprechen sondern Ideen wenn schon dann zu realisieren.

So kann ich nur ein Essay, eine Nachbetrachtung zu unserer Beziehung vielleicht auch Wahlverwandtschaft schreiben. Dabei erlauben Sie mir bitte mit einer Anekdote, meinem ersten Kontakt zu Ihnen zu beginnen.

Meine Anekdote beschäftigt sich mit einem Teilaspekt von Georg Heberers Mitarbeiterführung. Diese beginnt zweifellos schon bei der Mitarbeiterauswahl, die Sie mit Ihrem Personaloberarzt vornahmen, nicht im Sinne eines modernen „Assessment Centers", sondern in traditioneller Weise mit Verlaß auf Gespür, Menschenkenntnis und Intuition, was ja für einen Chirurgen wichtige Eigenschaften darstellen. September 1981, ich bin zum ersten Mal auf dem Oktoberfest. Diese Gelegenheit verdankte ich dem Vorstellungsgespräch, das ich verkürzt wiedergeben möchte. Nach Vorabinformation durch Herrn W. spielte sich folgender Dialog ab: „Sie haben also zwei Jahre

Chirurgie schon hinter sich. Sind Sie nicht eher ein mehr intellektueller internistischer Typ? ... Ja, im Moment haben wir leider keine Stelle frei, vielleicht könnte es in einem Jahr klappen und Sie könnten zunächst noch ein Jahr in die Physiologie oder Pathologie." Auf meinen Einwand, daß ich von meinen anderen Bewerbungen schon teilweise positive Antworten habe und nicht länger mit dem Wechsel an die Universität warten möchte kam die prompte Reaktion. „Also dann Herr W. muß der Herr Soundso aus Kiel erst ein Jahr nach Afrika zu den Schwarzen, der wollte doch eh noch Erfahrungen in einem Entwicklungsland sammeln". Vier Tage später kam der Anruf, daß ich in 4 Wochen meine Stelle anzutreten habe.

Diese Entschlußkraft, verbunden mit der Fähigkeit auf eine Situation akut, notfalls mit einer Kehrtwendung zu reagieren und das ganze mit einem gehörigen Schuß Schauspielkunst (diese reichte in Ihrem Fall von der griechischen Tragödie, über die Klassik bis zur leichten Theatralik und Komik zeitgenössischer Darsteller – keine Vergleiche –) zu garnieren, konnte ich später noch oft genießen. Viele derartige Szenen rufen in mir immer noch ein inneres Lächeln und auch Bewunderung hervor.

Jetzt wird es Zeit, daß ich zu klaren Gedanken und Aussagen komme. Erinnern Sie sich an meine Anrede, Sie waren für Ihre Schüler – ja Schüler, nicht „nur" Mitarbeiter – alles in einem. Der respektierte und geehrte Lehrstuhlinhaber genauso wie der geachtete (was hier allein für Wortspiele und Andeutungen möglich und zutreffend sind) und geliebte Chef, wobei es vielen einfacher fiel die Liebe in der englischen Sprache zu belassen. Dies mag mit persönlichen Beziehungsproblemen ebenso zusammenhängen, wie mit der Angewohnheit in gewisser Selbstironie auch die Möglichkeit des poor George zu verbinden.

In der Rückerinnerung sehen wir natürlich das positive vorneweg. Diese beinahe archetypische Filterfunktion unseres Netzwerkes Gehirn kommt in der Psychologie der modernen Personalführung dann als Think Positive zur gezielten Anwendung. Das Phänomen der positiven Erinnerung trifft offenbar für uns Menschen in allen Situationen und jedem Bereich zu und ist nicht auf posthume Lobreden begrenzt. Ob in der

Eltern-Kind-Beziehung, im Schüler-Lehrer-Verhältnis oder im Zusammenspiel von Vorgesetztem und untergebenem Mitarbeiter, die positive Erinnerung ist als erfahrene Liebe Vorraussetzung zur Weitergabe und Vermittlung positiver Einstellung. Bezogen auf die erfahrene personale Beziehung erwächst daraus die Vorbildfunktion, das Nacheifern und die persönliche Zielsetzung für das eigene Handeln. Die Psychoanalytiker würden vielleicht vom ES oder dem Über-Ich reden. Soweit möchte ich hier nicht gehen, obwohl – es könnte durchaus sein, daß dies zutrifft; zumindest, wenn ich mich selbst in meinem beruflichen Denken und Handeln reflektiere. Doch reden wir nicht von mir, erinnern wir uns an Sie, den Menschen Georg Heberer.

Erinnerung heißt Zurückschauen aus subjektiver Sicht mit all den Erfahrungen und Begebenheiten, die uns inzwischen bereichern und belasten. In den folgenden Abschnitten möchte ich versuchen Sie und einige Ihrer Eigenheiten darzustellen wie Sie für uns und teilweise speziell für mich offenbar wichtig waren, denn sonst würden wir uns nicht erinnern.

Sie sehen sicher vieles anders, legen vielleicht die Stirn in Falten, strecken gar als Zeichen der gutgemeinten Schadenfreude die Zunge heraus und lachen herzhaft mit einem Schlag auf Ihren Schenkel, Ihre Brust und Ihren Rücken.

Das Negative vorneweg. Allen neuen Mitarbeitern wurde sehr schnell klar, der Chef Professor Heberer forderte bedingungslosen Einsatz für die Patienten, nicht nur im Operationssaal und auf Station. Ich erinnere mich an Küchen- und Wäschereibegehungen mit operierten Unternehmerinnen in wieder erblühender Schaffenskraft, die sich über Küche oder Wäsche beschwert hatten, an Spaziergänge im Garten von Großhadern mit Schauspielerinnen, welche zu Ihrer Genesung frische Luft und ein zuhörendes und bewunderndes Publikum bedurften und abendliche Mußestunden mit bestem Rotwein, da die hochwohlgeborene Gräfin oder der bewunderte Regisseur oder Künstler das Gespräch oder das Zuhören zur Genesung bedurften und nicht gerne ihr Schlafgetränk allein zu sich nehmen wollten. Neben vielen Gesprächen über Privat- und

Arbeitswelt interessanter und unterhaltsamer Patienten, die den eigenen Erfahrungsschatz unschätzbar erweiterten erinnert man sich natürlich auch an die Arztcouch auf der man in der Nähe der Patienten schlafen durfte. Falls man nicht schlafen durfte, spornten Sie Ihre Schlafmützen mit munteren Sprüchen und Ritterschlägen zu neuen Taten an. Ihre Morgenfreude, Ihr sprühender Aktivismus waren ansteckend. Auch wenn bei der Frühbesprechung einige schon auf Abreibungen gefaßt waren, so wurden wir auf der H21 immer mit einem Lachen und nahezu manischer Lebensfreude begrüßt. Wer Sie nicht auf der Privatstation erleben durfte, hatte nicht die Chance alle Ihrer Seiten kennenzulernen. So war es wirklich ein Privileg bei und mit Ihnen zuarbeiten. Ein Privileg, dessen wahren Schatz man erst mit Abstand richtig einschätzt. Na ja manches war eben auch einfacher. Es gab kein Arbeitszeitgesetz und Überstundendiskussionen wurden kein Thema bis in die letzten Jahre, da alle Mitarbeiter eine klare Zukunftsperspektive hatten. Dies führte letztendlich oft zu Klagen der Ehefrauen und zur Aussage meines ältesten Sohnes, der beim Anblick des Klinikums immer vom Kindersitz im Auto aus sagte: „Da wohnt mein Papa." Und doch hört der Leser das Positive dieser Erfahrungen heraus, die Erinnerung an die Persönlichkeit jedes einzelnen Patienten auf die man einging und den man als ganzes betrachtete und umsorgte. Eine Erfahrung die keiner von uns Schülern missen möchte und die sicherlich heute oft angemahnt und vermißt wird. Dieses Eingehen auf den Patienten, die Umsorgung und Sorge für ihn mit seiner Familie, die daraus resultierende individuelle Indikationsstellung zur Operation, die Aufklärung nicht im juristischen Sinne sondern unter Einschätzung des Patienten sind für mich die wichtigsten Kennzeichen Ihrer Schule.

Leidenschaftlichen kompromißlosen Einsatz erwarteten Sie jedoch nicht nur hinsichtlich der Patientenversorgung, auch im Bereich von Lehre und Forschung stand die klare Leistungsorientierung fest. Ein leitender Oberarzt sagte einmal warnend zu mir: „Herr Jauch, merken Sie sich, der Chef preßt Sie aus wie eine Zitrone. Schauen Sie, daß immer noch etwas Saft herauskommt". Dies klingt nahezu unmenschlich. So war es aber nicht. Sie forderten und förderten im Einklang. Sie blieben immer unbequem und nachbohrend, verlangten jedoch von den Mitarbeitern nicht mehr als von sich (unter Nichtbeachtung der Mittagpause). Sie wußten die Leistungsfähigkeit Ihrer Mitarbeiter einzuschätzen, hatten die Gabe jeden an seine persönliche Grenze heranzuführen und richteten sich nicht am langsamsten Glied des Uhrwerks aus. Dieses mußte entsprechend der Leistungsorientierung gegebenenfalls ersetzt werden. Die Einschätzung der einzelnen Mitarbeiter führte dazu, daß Sie schon Jahrzehnte vor offiziellen Denkschriften Mitarbeiter selektiv förderten, der eine war in der experimentellen Forschung aktiv, der andere schwerpunktmäßig in der Lehre (z. B. Diasammlung) und viele wurden in der ganzen Breite der praktischen Chirurgie so gefordert und gefördert, daß sie alle profitierten. Man konnte sich darauf verlassen, daß der Einsatz sich irgendwann auch „auszahlte". Eine besondere Atmosphäre schufen Sie zusammen mit Ihrer lieben Frau.

Durch Einbindung der Familien, persönliche Anerkennung und Geschenke bei Familienfeiern, Weihnachtsfeiern und anderen Anlässen, zuallervorderst natürlich die Habilfeiern. Sie förderten die Zusammengehörigkeit, das Wir-Gefühl, die Corporate Identity, die notwendig war um sich ganz der Aufgabe zu widmen. Überflüssig anzumerken, daß vor allem die Feiern bei Ihnen zu Hause unter Federführung von Frau Renate und Mithilfe aller Kinder und deren Partner von einer Gastfreundschaft und Intimität geprägt waren, die alles vergessen ließen. Die Kölner Treffs in Pasing waren Familienfeiern der Heberer-Schule im besten Sinn. Dabei genoß man auch die Standhaftigkeit die Ihre liebe Frau Ihnen gegenüber an den Tag legte. Das war bei Ihrem Talent natürlich auch eine Überlebensnotwendigkeit und zeigte uns auch, daß man Ihnen gegenüber unbequem und sachlich eigensinnig sein konnte. Ich hatte immer das Gefühl, daß Sie Mitarbeiter die hin und wieder widersprachen mehr schätzten als Ja-Sager, die eher Ihren Jägerinstinkt herausforderten. Zumindest, solange man das Widersprechen nicht übertrieb.

Dies war das Negative, zumindest aus meiner Sicht, wobei ich nicht verschweigen möchte, daß Ihre manchmal scharfe Kritik nicht nur anstachelte, sondern dieser Stachel auch verletzend sein konnte. Vor allem, wenn Sie den Eindruck gewannen, daß jemand nicht mitzieht oder nicht leistungswillig war, erzeugte Ihre Reibung nicht nur Wärme, sondern Hitze. Doch dies war immer kalkulierbar. Sie konnten von uns eingeschätzt werden und unterlagen nicht unberechenbaren Launen und ich habe Sie nie depressiv verzweifelnd erlebt.

Das Positive aufzuzählen würde den Umfang meines Buchabschnittes sprengen. Doch einige ganz wenige Eigenschaften können nicht unerwähnt bleiben, auch wenn diese sicherlich in allen anderen Beiträgen auch beschrieben werden.

Neben dem vollen Einsatz für die Chirurgie lebten Sie uns vor, daß es auch noch ein Leben neben und nach der Chirurgie gibt. Meine Kenntnisse über Museen, Literatur und Musik wurden nach jedem Kongressbesuch und durch Abo-Karten beträchtlich erweitert. Sportliche Fähigkeiten und Fitneß waren bei Stations- und Semesterausflügen genauso gefordert wie im Hörsaal. Ihr Umgang und Ihr Eingehen auf Patienten, Angehörige, medizinische Besucher und Gäste aus allen Ländern sind uns Vorbild geworden.

Ihre Vitalität die wie erwähnt zum Anspielungen ans Schauspielerische im positiven Sinne zeigte, Ihre wahrhaftige Menschlichkeit und Humanität, Ihre Lebensbejahung bleibt für uns allgegenwärtige Realität. Wir eifern Ihnen nach und sind dankbar auf Ihren Schultern stehen zu können. Sie ermöglichen uns den notwendigen Weitblick für die Zukunft. Ich hoffe Sie sehen mir nach, daß ich überhaupt nicht Ihre chirurgisch-operativen und wissenschaftlichen Leistungen angesprochen und gewürdigt habe. Aber Sie haben für mich persönlich, für mein Leben als Mensch, Lehrer und Freund so unvergleichlich große Bedeutung, daß selbst die Chirurgie hintanstehen muß.

Mit herzlichem Dank
Ihr KARL WALTER JAUCH

Abschiedsbrief an einen väterlichen Freund

Hochverehrter und geschätzter Freund, lieber Georg,

Du hast ganz plötzlich Deine letzte lange Reise angetreten und viele, sicher Ungezählte trauern um Deine Abwesenheit. Deine Spuren in uns und die Erinnerung an Deine fortbestehende Gegenwärtigkeit haben wir uns bewahrt: einen Augenblick Deiner Gestik, Deine Stimme, das Aufblitzen Deiner Augen, das Anblicken, aber auch Deine allseits bewunderte Intelligenz, Dein Witz und Dein so ansteckendes Lachen, Dein Schweigen und schließlich Deine Nachsicht, Deine Herzlichkeit und Zuneigung, wo nötig auch Diskretion. Du hast uns mit Deiner Person und Persönlichkeit beschenkt. Es war eine Lust und ein Vergnügen sich in Deiner Nähe aufzuhalten, Du hast uns gefordert und unser Leben bereichert.

Wir waren uns lange Jahre fremd, bevor mich Dein Vertrauen erreichte. Distanz war für Dich eine ebenso schöne wie vornehme Umgangsform, mit der Du als chirurgischer Lehrer Deine vielen Schüler begleitet und geformt hast. Woher nahmst Du nur die unerschöpfliche Kraft, im Kreise Deiner Studenten und jungen Chirurgen. Deine Erfahrungen und Kenntnisse mit immer scharfem Blick und gedankenreicher Analyse zu entfalten und zugleich die menschliche Zuwendung zum Kranken so vorbildlich und beispielhaft zu demonstrieren? Die alten Griechen hielten jegliche Äußerung von Schmerz und Mühsal für unanständig, als einen solchen Griechen mit Disziplin, Mut und Toleranz werden wir Dich in Erinnerung behalten. Deine häufige Kritik an anderem und anderen war nie bloß äußerliche Schulmeisterei, vielmehr hast Du mit stets subtiler Sachkenntnis die Probleme konkretisiert und gelöst. Für Dich war Kritik stets dynamisch und konstruktiv mit dem Ziel: Wissen und Erkenntnis zu vermitteln, der Thematik gerecht zu werden und immer bemüht, auch mögliche Auswirkungen zu bedenken und umzusetzen.

Die Chirurgie ist nie so fertig und abgeschlossen, daß sie nicht immer wieder die Phantasie anspornt und neue Aufgaben erzeugt – etwas Erregendes, das Chirurgen zusammenschweißt. Dank des Reichtums fesselnder Probleme [Siegfried Kracauer: Über die Freundschaft. In: Logos. Internationale Zeitschrift für Philosophie der Kultur, Bd. VII (1917/18), Heft 2, S. 182–208], den neben unserer Chirurgie nur wenige Berufe in sich bergen, erhob sich jede „Fachsimpelei" mit Dir zur geistig anspruchsvollen Vertraulichkeit. Du hast uns vorgelebt, wie das Gesamtbewußtsein von der Chirurgie durchpflügt wird und tiefe Furchen erfährt, der Beruf formt und meistert die sich ihm schenkenden Seelen (Siegfried Kracauer, w. o.). Wir haben einen langen Weg zurückgelegt, ehe die von Dir angebotene Ebene des väterlichen Freundes erreicht wurde. Ein feines Gefühl hielt immer genaue Wacht, damit keine Vermischung von Fach und Freund eintrat. Jede Überschreitung der Trennungslinie wurde langsam gestattet durch den Austausch von Gedanken und Einfällen, Besprechung wichtiger Fragen, neben der beruflichen auch gesellige Nähe, ein freies Kommen und Gehen, manchmal auch gemütliches Plaudern. Das ständige Feuerwerk Deiner Ideen klang plötzlich noch voller und stärker, wie beim Cello der Resonanzkasten, alle von Dir ausströmenden Urteile und Handlungen gewannen zusätzlich an Bedeutung. Ich sah und bewunderte Deine tiefe, allem zugrunde liegende Innenwelt. Unsere Erinnerungen hieran werden nicht erstarren, sie bleiben Teil der eigenen Phantasie, immer gegenwärtig.

Die Frage warum auch ich das Geschenk Deiner Freundschaft erhielt, wird nur sehr unvollständig beantwortet werden können. Wie viele Deiner Schüler suchten wir eine Bestätigung der eigenen Pläne, Ideen und Tätigkeit, respektierte Deinen Widerspruch, bewunderte die Weite Deiner uns gezeigten Welt und lernte auch entferntere Grenzen zu respektieren. Wer Dich kannte hat erfahren, daß das ewige Drängen nach Prinzipiellem, die Auseinandersetzungen mit den großen fachlichen und menschlichen Fragen, Deine spontane Unmittelbarkeit kein Privileg der Jugend sein müssen. All diese Impulse hast Du uns Jüngeren, garniert mit Deiner großen Lebensreife, stets angeboten. Wirkliche Freundschaft gibt es selten, so selten, daß Montaigne behauptete, sie komme in hunderten von Jahren nur einmal vor. Deine gewährte väterliche und prägende Freundschaft ist für mich eine solche. Antoine de Saint-Exupéry läßt einen Fuchs seinem „kleinen Prinzen" zum Abschied raten: Adieu, hier mein Geheimnis, es ist ganz einfach: Man sieht nur mit dem Herzen gut, das Wesentliche ist für die Augen unsichtbar. So einfach ließe sich auch unsere Freundschaft beschreiben, dafür bleibe ich Dir dankbar.

Und lebten wir nicht im strengen Germanien sondern im Sonnenland der alten Römer, wir würden Dir, wie dort manchmal üblich, zum Abschied applaudieren. Vom dritten Johannesbrief angeregt, wünsche ich Dir jetzt Frieden, Deine Freunde hier lassen Dich grüßen. Grüße Du unsere Freunde dort, jeden persönlich,

JENS WITTE

Die letzte Ansprache, Klinikfest am 6.3.1999

Die chirurgische Schule im Wandel der Zeit

G. Heberer

Nach den drei gefäßchirurgischen Referaten zum Leitgedanken „So war es", mag auch ein Rückblick auf Chirurgenschulen angesichts rascher Entwicklung der Chirurgie und Änderungen der medizinischen Strukturen interessant sein – allerdings nicht nur mit einem Nachdenken über Vergangenes, sondern vor allem mit Blick auf dringende Fragen der Gegenwart und der Zukunft.

I. Zur Entwicklung von chirurgischen Schulen

In der Medizin entwickelten sich bekanntlich „Schulen" nach dem Vorbild der Antike mit dem Lehrauftrag der Fächer an die nachfolgende Generation. Im Mittelalter war es der arabische Kulturkreis, der zu Keimzellen kommender Hochschulen werden konnte und der damit dem Abendland um Jahrhunderte voraus war.

Die Entstehung von „Schulen in der Chirurgie" hatte meist aus militärtaktischen Gründen begonnen. Ende des 18. Jahrhunderts war die *Pepinière* in Berlin als Ausbildungsstätte zum Regimentsarzt am bekanntesten. Die Gründung der Berliner Universität 1810 durch WILHELM VON HUMBOLDT hatte gegenüber anderen Universitäten eine neue Zielsetzung, nämlich die Durchdringung von naturwissenschaftlichem Denken und Forschen in allen Bereichen der Universität. Auf diesem Fundament gründete BERNHARD VON LANGENBECK in Berlin in den sechziger und siebziger Jahren die erste Chirurgenschule in Deutschland. Seine Leistung war die Bereicherung des chirurgischen

Vortrag, gehalten beim Kongreß für Gefäßchirurgie, 14. Juni 1997, AK Hamburg-Harburg.
Erschienen in den Mitteilungen der Deutschen Gesellschaft für Chirurgie 4/1997

Fachwissens mit neuen naturwissenschaftlichen Erkenntnissen, um die Chirurgie weg vom Handwerk und hin zu einem gleichberechtigten wissenschaftlichen Zweig zu entwickeln. Sein Nachfolger ERNST VON BERGMANN setzte diese Entwicklung erfolgreich fort.

In der zweiten Hälfte des 19. Jahrhunderts fanden die sogenannten theoretischen Wissenschaften in den medizinischen Fakultäten der Universitäten des deutschen Sprachgebietes eine eifrige Pflegestätte. THEODOR BILLROTH war nach seinen Berliner Lehrjahren Ordinarius in Zürich von 1860–1867 und danach bis 1894 in Wien. Er baute zunächst die chirurgische Operationstechnik aus. Erst die Einführung von Narkose und Asepsis sowie die Korrektur von Störungen der Homöostase ermöglichte es Einzelnen, eine Art Pionierwerk aufzubauen. BILLROTH entwickelte die wissenschaftliche Zusammenarbeit im Experiment und in der klinischen Forschung, was wir heute „Teamwork" nennen. Damit begründete er seine weithin ausstrahlende Schule in einem zuvor nicht gekannten Ausmaß – das heißt eine Gemeinschaft von Mitarbeitern, Schülern und Nachfolgern, die sich bezüglich Operationstechniken, kontinuierlichem wissenschaftlichem Streben und ärztlicher Verpflichtung aufs engste miteinander verbunden fühlten. Diese Verbundenheit erstreckte sich bei BILLROTH über die alleinige Wissensvermittlung hinaus auf die Übertragung von Werten und Prinzipien sowie auf alle Bereiche des persönlichen Daseins von Lehrer und Schülern. Sein bedeutendes Werk von 1876 in Wien „Über das Lehren und Lernen der medizinischen Wissenschaften an den Universitäten der deutschen Nation" hat wesentlich dazu beigetragen, daß diese visionäre Leistung auch zur Reorganisation der Universitäten in den USA durch FLEXNER um die Jahrhundertwende führte. HALSTED, der bedeutendste Lehrer und Gründer einer amerikanischen Chirurgenschule in Baltimore, machte kein Hehl daraus, daß bei der Errichtung des Resident-Systems der Assistentenausbildung deutsche Universitätskliniken für ihn Vorbild waren.

Neben Leistungen von B. VON LANGENBECK in Berlin und von THEODOR BILLROTH und seiner Chirurgenschule in Wien, führte diese große Zeit europäischer Chirurgie 1872 auch zur Gründung der Deutschen Gesellschaft für Chirurgie. Der bedeutende deutsche Einfluß auf die europäische und amerikanische Chirurgie hielt vom Ende des 19. Jahrhunderts bis in das erste Drittel unseres Jahrhunderts an. Die Chirurgenschule von ERWIN PAYR eine Generation später sei noch erwähnt; PAYR mit seinem umfassenden Wissen und seiner großen Ausstrahlung an der Leipziger Universitätsklinik von 1911–1936.

HELMUT WOLFF betonte kürzlich, daß – nachdem die naturwissenschaftlichen Betrachtungsweisen und Methoden bereits in die Chirurgie Eingang gefunden hatten – sich die PAYR'sche Schule mehr in der Hervorhebung von moralischen Wertmaßstäben verstand, deren Einhaltung durch Vorbildwirkung und einem strengen Ordinationsmodell gesichert wurde. In einem gedruckten Brief, den jeder in die Klinik eintretende Assistent bekam, waren die wichtigsten Prinzipien seines Verhaltens festgelegt: „Wahrheitsliebe, unbedingte Zuverlässigkeit der Arbeit und reinliche Anzeigestellung".

Um die weitere Entwicklung von Chirurgenschulen in der ersten Hälfte unseres Jahrhunderts darzustellen, möchte ich zwei Chirurgen exemplarisch nennen, die als bedeutende Vertreter unseres Faches der BILLROTH-Schule entstammten und ihr Vermächtnis weitertrugen: FERDIAND SAUERBRUCH und RUDOLF NISSEN. Sie zeigten in verschiedenen Dezennien, daß das Wesen z. B. der SAUERBRUCH'schen Schule nicht allein auf dem Ausbau seines Spezialgebietes beruhte, sondern auf der gleichen Konzeption von Lehre und Lernen, von wissenschaftlicher Arbeit und Berufsführung. Das Wort von dem Schatten, der das Licht begleitet, gilt unabänderlich für jede eigenwillige Persönlichkeit. Es wäre töricht von der Nachwelt und es würde nicht ganz der Realität entsprechen, selbst vor den Leistungen von SAUERBRUCH die Schatten zu leugnen.

In den dreißiger Jahren wurde der Einfluß der deutschen Chirurgie allmählich geringer. Es kam der 2. Weltkrieg. Inzwischen hatte in den angelsächsischen Ländern eine neue Periode der Chirurgie begonnen, die sich auch während und nach dem Kriege sowie in den fünfziger Jahren in Klinik und

Forschung stürmisch weiterentwickeln konnte. Das sogenannte „Teamwork' war dafür entscheidend, das wir in den Nachkriegsjahren – wie einst in der BILLROTH'schen Schule – wieder lernen mußten. Für diese Entwicklung waren wieder die sogenannten theoretischen Fächer wichtig: jetzt Biochemie und angewandte Physiologie, aber auch internistische Kliniker und Anästhesisten, so daß die Chirurgie in die Arbeitsgemeinschaft der anderen praktischen Fächer und der Laboratorien sozusagen eingefügt wurde. Dies erforderte Verständnis für gegenseitige Abhängigkeit und Verzicht auf die dominierende Rolle des Operateurs, damit einhergehend aber auch ein sich wandelndes Bild der Chirurgie und des Begriffes der „Chirurgenschule".

II. Entwicklungen nach 1945

Mit diesen Entwicklungen wurden in den Nachkriegsjahren unsere chirurgischen Lehrer, die ihrerseits bedeutenden Schulen entstammten, konfrontiert. Nach der wissenschaftlichen Isolierung und der Verarmung waren große Bemühungen erforderlich, um allmählich wieder Anschluß an die angelsächsische Chirurgie zu finden. Zunächst gelang in den folgenden zehn bis 15 Jahren unter ungeheurer Anstrengung aller ein Wiederaufbau, den niemand für möglich gehalten hätte. Schon 1952 glaubte K. H. BAUER als Rektor der Heidelberger Universität feststellen zu können, daß die schwersten Jahre des Wiederaufbaues vorbei seien.

Mit Klugheit, großer Hingabe und organisatorischer Begabung haben in dieser Zeit auch weitere führende Persönlichkeiten kraft ihres Charismas und ihres persönlichen Einflusses ihre Chirurgenschulen mit ihren Mitarbeitern aufgebaut und gepflegt. Denn nach wie vor war für die Ausbildung des Chirurgen die einzelne Klinik, die Schule, verantwortlich, aber auch die Gewährleistung der Selbstentfaltung des Schülers, natürlich unter Anleitung des Lehrers. Sicherlich stand hierbei die Autorität des Lehrers im Vordergrund, Autorität im besten Sinne, ausgewiesen durch überragende Kenntnisse und

„wissenschaftliche Phantasie", wie Billroth dies nannte, ebenso wie durch herausragende klinische Fähigkeiten.

Es war Rudolf Nissen, der aber schon 1955 auf einem Fortbildungskurs für praktische Medizin in Davos mit dem Thema: „Das veränderte Bild der Chirurgie" ein eindrucksvolles Bild von einer zu Ende gehenden Epoche vermittelte, in der sich überragende Persönlichkeiten noch ungehemmt von äußeren Zwängen frei entfalten konnten. War dies damals, in den fünfziger und sechziger Jahren, aber wirklich schon das Ende der Chirurgenschulen? In den folgenden Jahrzehnten fand infolge der Veränderung menschlichen Denkens und Handelns ein wahrer Paradigmawechsel statt, wie sich Paul Schölmerich 1984 in seiner Laudatio auf Hans Erhard Bock und seine große internistische Schule ausdrückte. Am Beispiel meines chirurgischen Lehrers Rudolf Zenker und seiner Schule und auch aus eigenem Erleben mochte ich dies verneinen und im folgenden begründen.

Leuchtende Namen von Altmeistern der Chirurgie führen von Erwin Payr (1871–1946) über Martin Kirschner (1879–1942) zu Ludwig Zuckschwert (1902–1974) und Zenker (1903–1984). Ernst Hellner, zunächst Assistent bei Payr in Königsberg, danach bei ihm 1. Oberarzt in Leipzig, sagte als Schüler über seinen Lehrer Payr: „Die Höhe seiner ärztlichen Ethik offenbarte sich am Krankenbett verlorener, sterbender Menschen. Dieses wahre Arzttum, das er seinen Schülern vorlebte, war das Beste, was er ihnen auf ihren späteren Lebensweg mitgegeben hat."

Martin Kirschner, der als begabtester Schüler von Erwin Payr zunächst ordentlicher Professor in Königsberg war, kam dann nach Tübingen und wirkte bis 1943 in Heidelberg. Zum Gedenken an Martin Kirschner sagte sein Lehrer Payr: „Er war ein Mann von ungeheurer Arbeitskraft, großem Ideenreichtum und ganz ungewöhnlich technischer Begabung."

Rudolf Zenker setzte die geistige Kontinuität seines Lehrers Martin Kirschner seit 1943 in den Kliniken Mannheim, Marburg und München fort. Bei aller Vielfalt der Fragestellungen in den Kliniken herrschte im Grundsätzlichen stets ein Konsens. Bei ihm erlebte ich Chirurgie in ihrer würdigen Tradition wie in ihrer faszinierenden dynamischen Entwicklung. Er hat uns mit größter Begeisterung in die Chirurgie eingeführt und zielbewußt gefördert. Er gab entscheidende praktische und wissenschaftliche Impulse im Laufe seines Epoche machenden Lebenswerkes. Wir erlebten RUDOLF ZENKER 1968 als Kongreßpräsident bei seiner Eröffnungsansprache im überfüllten Deutschen Museum in München, was für eine prägende Bedeutung der Meister einer Schule auch und gerade im Bereich des Persönlichen hat: in einem kritischen Augenblick, in der raschen Entscheidung, in der Art, wie er einen bei der Zusammenarbeit anpackte. Entsprechend bestimmter Leitsätze der KIRSCHNER'schen und PAYR'schen Schulen, war er als Arzt Vorbild und Mahner für seine zahlreichen Mitarbeiter, die schließlich in Chefarztpositionen hineinwuchsen oder Lehrstuhlinhaber wurden. Viele konnten dann das akademische Vermächtnis ihres Lehrers an eigenen Wirkungsstätten weitertragen und pflegen. Es nimmt daher nicht wunder, daß die „ZENKER-Schule" in ihrer Zeit ungewöhnlich ausstrahlte.

In den sechziger Jahren glaubten wir – RUDOLF ZENKER mit seinen Getreuen in München, auch ich z. B. nach meiner Berufung 1959 mit meinen Mitarbeitern in Köln – an die weitere Berechtigung und Bedeutung einer „Schule". Denn 13 Jahre lang hatte ich im Ausstrahlungsgebiet der Persönlichkeit von RUDOLF ZENKER in Mannheim und Marburg gelebt und gearbeitet. Es war danach mein Bestreben, während 14 Jahren in Köln und seit 1973 als sein Nachfolger für 16 Jahre in München, das in mich gesetzte Vertrauen zu rechtfertigen: das hieß auch die Leitgedanken seiner Schule im Spannungsfeld zwischen apparativer Medizin und personaler Zuwendung in wissenschaftlicher wie humanitärer Richtung, vor allem die Vermittlung von Werten vorzuleben und weiterzugeben.

Die von mir 1959 errichtete Abteilung für Experimentelle Chirurgie in Köln-Merheim und seit 1963 neue, vergrößerte experimentelle Abteilung sowie eine 1966 erbaute Abteilung für Immunologie am 1. Chirurgischen Lehrstuhl in Köln-

Lindenthal waren wichtige Voraussetzungen für zahlreiche Habilitationsarbeiten in den sechziger Jahren, wo Versuche und Ergebnisse kritisch und transparent evaluiert werden konnten. Der Rückblick auf die so schnell vergangenen 30 Jahre in führenden Positionen von vier Kliniken in Köln und München – in den letzten zehn Jahren im Klinikum Großhadern – erfüllt mich noch heute mit Dankbarkeit. Denn niemand steht mit seiner Lebensarbeit allein. Er verdankt sie auch den Menschen, mit denen er umgegangen ist. Mit vielen verbindet mich herzliche Freundschaft und menschliches Vertrauen. Und ich bekenne: Viel habe ich gelernt von meinen Lehrern, mehr noch von meinen Kollegen, am meisten von meinen Schülern. Bei den vier Klinikwechseln blieb ich stets meinem Prinzip treu, Assistenten und Oberärzte meiner Vorgänger wenn irgend möglich an der Klinik zu behalten und zu fördern, um ihnen nicht, wie die Parze Atropos es tat, den Lebensfaden abzuschneiden – wie sich ERWIN PAYR einst ausdrückte. Zahlreiche fähige und liebenswerte Mitwirkende erhielten ihre fachchirurgische Ausbildung oder konnten mir beim jeweiligen Stellungswechsel folgen und sich in den Kölner und Münchner Jahren habilitieren: 22 Kollegen in Köln und ab 1973 23 Kollegen in München. Dabei machte mir das Mittun bis zur Übergabe von Lehrstuhl und Klinik am 1. März 1989 an FRIEDRICH-WILHELM SCHILDBERG, dem Weggefährten von Köln nach München in drei Kliniken stets besondere Freude.

In diesen drei Jahrzehnten wurde trotz Studentenrevolte, Reform- und Strukturveränderungen chirurgischer Kliniken eine chirurgische Schule im Wandel der Zeit zwar angestrebt und gepflegt, ob sie auch Bestand hatte, ist eine Frage, die nur die Beteiligten selbst beantworten können. Unser jährlicher „Köln-Münchner-Treff" beim jeweiligen Deutschen Chirurgenkongreß in häuslicher Atmosphäre könnte jedenfalls dafür sprechen. Denn in der Klinik ging es uns nicht nur um die Vermittlung von chirurgischen Techniken, sondern vor allem um Indikationsstellung, Fürsorge und Ethik am Krankenbett und menschliche Kommunikation. Es ging auch um Anregungen zu wissenschaftlichen Projekten, um die frühzeitige Erkennung zukunftsorientierter Trends und schließlich auch um die Förderung des beruflichen Weiterkommens.

III. Chirurgische Schulen heute

Wie sieht es aber heute in der Chirurgie aus, nach Aufstand und Zerschlagung der Autorität und den Versuchen zur durchgehenden Demokratisierung aller Strukturen? Das hierarchisch gegliederte System ärztlicher Verantwortung am Krankenhaus möchte man auflösen und durch Ärzteteams ersetzen. Dabei hat sich die Idee einer kollegialen Leitung einer Klinik – in den Zeiten der Demokratisierungseuphorie entstanden – schon längst als Illusion erwiesen. Der Begriff und die Bedeutung der Schule hat ohne Zweifel von seinem Glanz sehr viel verloren. Inhalt, Sinn und Zweck von Schulen in den einzelnen Gebieten oder Schwerpunkten der Chirurgie sind erheblicher Kritik ausgesetzt.

ERNST KERN sprach 1993 vom Ende der chirurgischen Schulen, sprach von einer „zweiten Wende der Chirurgie" und entwarf ein sehr pessimistisches Zukunftsszenario des chirurgischen „Bloß"-Technikers. Er erwähnte als Beispiele die Mikrochirurgie – nur am Operationsmikroskop erlernbar – und die endoskopische chirurgische Technik, wo der junge Assistent nicht mehr nur durch Zusehen und Assistieren bei seinem chirurgischen Lehrer lernt. Er lernt es vom Videofilm, von der interaktiven CD und in Kursen der Industrie in modernst eingerichteten Ausbildungszentren – sogenannten Trainingszentren. Von verschiedenen Trainingskursen in Norderstedt bei Ethicon, in Elancourt am European Education Center bei Auto-Suture und in Tuttlingen bei Aesculap war ich sehr beeindruckt, auch davon, daß Teilnehmer bereits davon sprachen, daß sie bei Ethicon, bei Auto-Suture oder bei Aesculap „ausgebildet" wurden. Allerdings, sie haben dort vor allem Instrumentarium und technische Details der minimal-invasiven Operationstechnik erlernt. HANS TROIDL sagte im Hinblick auf die neue Form des Operierenlernens in der Viszeralchirurgie voraus, daß die Chirurgenschule von Trainingszentren abgelöst werde. Denn in ihrer derzeitigen Konzeption, wo vor allem Technologie und Technik gelehrt werden, eröffnet sie eine echte Alternative zum Lernen in der Viszeralchirurgie. Technisierung und Computerisierung stellen sich zwischen Lehrer und Schüler. Die Technik hat sich damit auch zwischen dem kranken Mitmenschen und dem Operateur eingeschaltet. Diese Entwicklung bahnte sich bereits mit der Stoßwellenzertrümmerung von Nieren- und Gallensteinen an, die in unserem Klinikum in Großhadern entwickelt wurde. Der Patient lag in einer Maschine, die Daten wurden eingestellt und alles Weitere erfolgte computergesteuert. Und wie ist es bei dem heute am Endoskop operierenden Arzt? Die vollcomputerisierte Operation ist in Sichtweite und Greifnähe, man arbeitet am Bildschirm. Er fühlt nur noch begrenzt was er tut, der Bildschirm liefert ihm weit entfernt vom Patienten ein zwei- oder dreidimensionales Bild, nach dem der Operateur seine Operationsinstrumente mittels Steuerung bedient. Ein Roboterarm kann das optische Feld dabei stabil und bewegungslos halten und gibt so dem Operateur während eines größeren minimal-invasiven Eingriffes die Möglichkeit einer erhöhten Präzision und Effektivität.

IV. Zukunftsperspektiven

Eine unbehagliche Vision für mich ist die weitere rasante Entwicklung, die z. B. die Chirurgie für das Jahr 2020 prognostiziert, wo der Chirurg kleine, ferngesteuerte Mikroroboter in Organe oder Blutgefäße einführt, die mit hoher Präzision und für den Patienten schmerzfrei Tumoren entfernen, Ablagerungen aus den Gefäßen schneiden oder winzige Insulinpumpen einsetzen.

Andererseits, Telechirurgie und „Computer-Aided Surgery" haben bereits heute unbestreitbare günstige Effekte, beispielsweise bei der Verschraubung komplexer Beckenfrakturen, die früher extensive Eingriffe erforderten, nun aber tatsächlich minimal-invasiv durchführbar sind. Die häufig zitierten, futuristischen Aspekte der computergesteuerten Kriegschirurgie sind demgegenüber nach meiner Einschätzung sekundär. Werden aber mit dem derzeit in Deutschland geplanten Objekt „OP der Zukunft" Fernsehtechnik, Just-in-time-Management und Roboter den Operationssaal im nächsten Jahrtausend beherrschen?

Die schon bisherigen revolutionären Fortschritte in der Chirurgie, die Wandlung der fachlichen Struktur und die notwendige Spezialisierung brachte die Erfolgssicherheit chirurgischer Eingriffe auf einen bis dahin nicht erreichten Grad. Für die menschlichen Beziehungen hatte diese Entwicklung infolge der gesellschaftlichen Veränderung unserer Zeit aber auch gegensätzliche Folgen im ärztlichen Denken und dem Ethos der Heilberufe. Einige Details seien herausgegriffen. Mit der Gliederung bzw. dem Zerfall großer Kliniken, dem damit einhergehenden Imageverlust ihrer Leiter drohte das Bewußtsein der Verantwortung für das Ganze einer Klinik zu erlöschen. Der Abteilungsegoismus erblühte und er blüht noch heute. Es kam an den meisten Orten zum Wegfall von Chirurgenschulen im ursprünglichen Sinn, sanktioniert bzw. begünstigt durch die gesundheitspolitischen Umstrukturierungen, bei wirtschaftlicher Depression.

Die gesellschaftlichen Auswirkungen auf den Ärztestand und für die Ausbildung junger Chirurgen wurden äußerst ernst. Man denke nur an Arbeitszeitregulierung und Tarif recht. Die durchgehende Verantwortung für die einem Assistenten anvertrauten Patienten – für uns früher noch eine selbstverständliche Forderung – ist infolge der uns aufgezwungenen Arbeitszeitbeschränkungen praktisch kaum mehr durchsetzbar. Auch das persönliche Beispiel des Chefs in der Zuwendung zum Patienten, in der Formung des jungen Chirurgen am Beispiel leidet darunter.

Ist daher die These, daß die Chirurgenschule bei uns heute ein Anachronismus ist, nicht doch zutreffend?

Erlauben Sie mir dazu noch einige Gedanken in einer Zeit wo nicht nur die Gesamtheit des medizinisch Machbaren infolge der Leistungs- und Kostenexplosion in Frage gestellt, sondern die Entwicklung in der Chirurgie in Anbetracht des weiterhin explodierenden Wissens zu einem neuralgischen Punkt wird – auch die Frage des chirurgischen Nachwuchses nach der Chirurgie von morgen.

Warum bedeutet in Deutschland die Spezialisierung, die zwar stets Fortschritt bedeutet, auch eine Gleichsetzung mit Zergliederung und Aufteilung? Hier stehen wir Chirurgen in den Gebieten und Schwerpunkten vor großen Herausforderungen. Präsident H. BAUER hat hierzu wichtige Anstöße auf der Mitgliederversammlung der Deutschen Gesellschaft für Chirurgie in München gegeben und sie im Juni-Heft 1997 unserer „Mitteilungen" mit einem „Brief des scheidenden Präsidenten" nochmals dargestellt.

In seinem bemerkenswerten Referat wies HANS BORST auf dem Deutschen Chirurgenkongreß 1996 auf das Weiterbestehen der chirurgischen Schule am hannoverschen Beispiel hin – wenn mehrere Leiter von Gebieten und Schwerpunkten im Konsens als Schule fungieren und das chirurgische Department als gemeinsame Aus- und Weiterbildungsstätte betrachten. Entscheidend dafür allerdings sind wieder Persönlichkeiten, die sich durch ihr profundes Wissen, technisches Können sowie durch ihre hohen moralischen Wertvorstellungen auszeichnen. Sie sammeln wieder einzelne Kollegen oder Gruppen um sich, die bereit sind, überdurchschnittliche Leistungen zu erbringen. In ähnlicher Weise bemühen sich mit Erfolg in Deutschland nach wie vor viele Kollegen. Überhaupt habe ich den Eindruck, daß der Sinn für den Wert einer Leistung wieder im Zunehmen begriffen ist – nur dort allerdings wo sich Vorbilder finden.

Was aber sind noch ärztliche Wertvorstellungen, worauf sich in Zukunft das Wesen einer Schule im Spannungsfeld zwischen der notwendigen Homogenität in den Grundauffassungen ärztlicher und wissenschaftlicher Tätigkeit und der unerläßlichen Individualität der einzelnen Mitarbeiter gründen sollte?

Bei aller Tatkraft und Entschlußfreudigkeit – untrennbar mit dem Wesen der Chirurgie verbunden – steht die ärztliche Verantwortung und die Befolgung ethischer Prinzipien mit ständiger Selbstkontrolle oben an. Denken wir nur an Technologiebewertung, Ressourcenallokation oder die gegenwärtige

„Leitlinienthematik". Standards oder Leitlinien sollen eine „forensische Schutzwirkung" entfalten, zur Kostendämpfung im Gesundheitswesen beitragen und so uns vor eingreifender Rationierung und ungesteuerter Budgetierung bewahren. Die operative Indikation mit der damit verbundenen Last der Gewissensprüfung und die Wahl einer speziellen Behandlungsmethode in einem medizinischen Methodenstreit liegt stets primär in der Verantwortung des einzelnen Chirurgen. Denken wir nur an die offene oder laparoskopische kolorektale Chirurgie unter Berücksichtigung onkologischer Prinzipien oder an die aktuelle Situation der endoluminalen Stentchirurgie beim Bauchaortenaneurysma, wo wir uns noch in einem Stadium der klinischen Erprobung und der klinischen Forschung befinden. Hier gilt es, Komplikationen festzuhalten und in Zukunft Langzeitergebnisse in multizentrischen Studien zu ermitteln – beim Bauchaortenaneurysma aber erst dann, wenn eine ideale Stentprothese entwickelt ist.

An dem Bekenntnis bei meinem Abschied 1989 über Sinn und Nutzen einer Schule – d. h. in abgewandelter Form im Konsens von Leitern von Abteilungen, die für die Gesamtheit einer chirurgischen Einheit Verantwortung tragen – möchte ich auch in Anbetracht der kritischen Fragen über die Struktur des Gesundheitswesens und seiner zukünftigen Gestaltung weiterhin festhalten. Denn im Mittelpunkt steht stets der Patient. Die für die humanitäre Grundhaltung der Ärzte verheerende Folge des jetzt im Krankenhaus geltenden „ökonomischen Denkens" wird bei der zunehmenden „Ressourcenknappheit" mit einer offenen oder verdeckten Rationierung konfrontiert. Die Rationierung besitzt aber sowohl ethische wie rechtliche Implikationen. In Zukunft werden daher von einer Gruppe gleichgesinnter Lehrer und Lernender Tugenden und menschliche Werte, insbesondere Besonnenheit und Maß gefordert, z. B. bei Fragen der Verteilungsgerechtigkeit oder über Grenzen des ärztlichen Behandlungsauftrages: d. h. wann behandelt wird, wie lange, mit welchem Aufwand und ob überhaupt. Es ist zwar bedauernswert, gewiß, trotzdem in Anbetracht der bisher wirkungslosen Kostendämpfungsstrategien wahrscheinlich kaum zu realisieren: daß jedem Patienten zu jeder Zeit jedes medizinische Wissen und Können zur Verfügung gestellt werde. Dies bedeutet, daß sich die „Managed Care" – in den Vereinigten Staaten weiter unaufhaltsam auf dem Vormarsch – auch bei uns anbietet. Wird uns aber eine neue Welt des integrierten Managements der Gesundheitsversorgung, die mit einer Einschränkung von Freiheit auf seiten des Patienten und der Ärzte verbunden ist, in Zukunft eine bessere Medizin bringen? Was bleibt ist die Tatsache, daß ärztliche Wertvorstellungen bei mutigen Entscheidungsprozessen wieder gefragt sind und in den Vordergrund unseres Denkens und chirurgischen Handelns rücken.

Liebe Kolleginnen und Kollegen, blicken wir noch einmal zurück: Die chirurgischen Schulen haben zu einem Zeitpunkt begonnen, als chirurgisches Wissen und Können noch auf wenige Personen beschränkt und die direkte Unterweisung die einzige Möglichkeit zur Wissensverbreitung war. Diese Situation hat sich mehr und mehr verändert; sie erfolgte zunehmend durch andere Methoden und stellt heute mit der elektronischen Kommunikationstechnologie und der globalen Vernetzung für den Kundigen kein nennenswertes Problem mehr dar. Der handwerkliche Aspekt trat etwas mehr in den Hintergrund. Statt dessen kamen auf die chirurgischen Schulen andere Aufgaben zu: Es galt, die Akademisierung der Chirurgie voranzutreiben, die Chirurgie in den akademischen Fächerkanon einzufügen, benachbarte Wissenschaften und Disziplinen für die Chirurgie fruchtbar zu machen und den Patienten in einer Kooperation mit anderen Disziplinen zu behandeln.

Bei einem Ausblick geht es bei der Aufgabe von Schulen auch heute immer wieder um die Vermittlung von sorgfältigem handwerklichem können. Darüber hinaus gilt es, neue Aufgaben für die Chirurgie zu erschließen, neue Techniken soweit sie sinnvoll sind aufzunehmen, die ständigen Grenzbeschreibungen zwischen den einzelnen Disziplinen zu beachten und die Chirurgie von überflüssigem Ballast zu befreien. Eine der wichtigsten Aufgaben bleibt es nach wie vor, die nach KARL JASPERS (1945) unlösbar verbundenen beiden Pfeiler in der Medizin Wissenschaftlichkeit und Humanität zu festigen und den Fortschritt im wohlverstandenen Sinn des Patienten zu nutzen, d. h. das technisch Machbare gegenüber dem menschlich Sinnvollen im Zusammenhang mit der Selbstbestimmung des Patienten zu bewerten. Es gilt unter verstärktem wirtschaftlichem Druck und gleichzeitigem Anwachsen des Machbaren die Devise: „Es ist nicht alles ökonomisch machbar, was technisch möglich ist" – das heißt aber auch, die Vereinbarkeit von ökonomischen und ethischen Leitlinien einzufordern. Denn die ökonomischen Rahmenbedingungen sind als Determinanten unbestreitbar. Vielleicht würde sich eine chirurgische Schule in der heutigen Zeit auch dadurch auszeichnen müssen, gerade in diesen wichtigen gesellschaftlichen Fragen an die Medizin und die Chirurgie eine befriedigende Antwort zu finden: sparsam, dennoch innovativ und effektiv.

Jeder aber, der einer Abteilung vorsteht und Chirurgen ausbildet, leitet eine chirurgische Schule. Wie gut sie im Kern tatsächlich ist, läßt sich oft erst daran erkennen, wieviele Chirurgen sie in leitende Positionen – Chefärzte oder Lehrstuhlinhaber – entlassen hat und vor allem wie diese sich an ihren Arbeitsstätten durch erwartete Leistungen und Erfolg für unsere Kranken bewährt haben. Das Engagement des jeweiligen Chefs spielt natürlich dabei eine entscheidende Rolle, aber auch die Qualität und Innovationsfreude der Abteilung, und nicht zuletzt die Frage, inwieweit es ihr gelungen ist, neue Gebiete als erste zu erkennen und zu bearbeiten. Dazu aber brauchen wir wieder besonders befähigte, einsatzwillige und verantwortungsbereite Frauen und Männer, die zu ihrer Elitefähigkeit erzogen werden müssen. Denn sie fallen nicht vom Himmel. Sie erfordern bei der Vielzahl genetischer Veranlagungen eine differenzierende Ausbildung, um sich später für die geforderten Leistungsanforderungen erfolgreich entfalten zu können (HUBERT MARKL).

Fazit meiner Ausführungen: Im Gegensatz zu der pessimistischen Prognose – die auf einer Überbewertung des Handwerklichen, unter Zurückstellung der wichtigen ärztlichen Wertvorstellungen beruht – dürfte der Schulbegriff in den Gebieten und Schwerpunkten der Chirurgie auch in Zukunft Bestand haben.

Abschiedsvorlesung, März 1989

Abschiedsvorlesung*

Die Chirurgie in unserer Zeit –
Beständigkeit im Wandel

Spectabilis,
verehrte Gäste, liebe Kollegen und Freunde,
liebe Studentinnen und Studenten,

Es entspricht einem schönen Brauch, sich am Ende der akademischen Lehrtätigkeit in einer Abschiedsvorlesung vor Studenten, Fakultätskollegen und dem eigenen Arbeits- und Wirkungskreis mit aktuellen Themen auseinanderzusetzen, sich den Herausforderungen unserer Zeit zu stellen und persönliche Bekenntnisse zu formulieren. Sind Sie daher nicht verwundert, mich heute zum ersten Mal in der Vorlesung mit einem Manuskript zu sehen. Ich bitte um Ihr Verständnis.

Diese Stunde bedeutet für mich den Abschied von dem traditionsreichen Chirurgischen Lehrstuhl der Ludwig-Maximilians-Universität München, den ich seit fast 16 Jahren inne gehabt habe – seit April 1973 in der Klinik an der Nußbaumstraße, seit Oktober 1978 im Klinikum Großhadern, mit dem ich in den letzten 10 Jahren meines Lebens sehr eng verbunden war.

Der Beschluß der Bayerischen Landesregierung zum Bau eines neuen Universitätsklinikums in Großhadern und die nachfolgende Baugeschichte gleichen der Entstehungsgeschichte des Allgemeinen Krankenhauses – damals ebenfalls vor den Toren der Stadt vor 178 Jahren. Sie sehen hier München von Westen um 1820 anläßlich eines Pferderennens auf der Theresienwiese; rechts im Bilde das Allgemeine Städtische Krankenhaus, hier den Erweiterungsbau mit Eingang zum

---

*gehalten am 22. Februar 1989 in München, Klinikum Großhadern.
Publiziert in Chirurg BDC, 28. Jahrgang, S. 85–92 (1989)

Chirurgischen Spital, womit das Haus seine heutige Gestalt bekam. Das Klinikum Großhadern kennen Sie. Die Verwirklichung der Pläne stieß jeweils auf große Schwierigkeiten. Damals wie heute bedurfte es zu Beginn der Tatkraft Einzelner, zur Vollendung der Anstrengung aller. Da wir eine Medizinische Fakultät an der Ludwig-Maximilian-Universität München sind und bleiben wollen, wird es auch in Zukunft im Hinblick auf beide Klinika – Innenstadt und Großhadern – darauf ankommen, mit Phantasie, Vernunft und Augenmaß das ökonomisch Notwendige mit dem menschlich Richtigen zu verbinden. Dies betrifft Klinik, Forschung und Lehre gleichermaßen.

Ein akademischer Anlaß, wie der Wechsel in der Klinikführung bietet die Gelegenheit, zu drei Problemkreisen einer Universitätsklinik Stellung zu nehmen: zur klinischen Ausbildung der Studenten, zur chirurgischen Weiterbildung und zur Forschung. Auch einige Überlegungen zu Aufgaben, Führung und Gestaltung einer Klinik in unserer Zeit möchte ich aussprechen. Ich will zeigen, was nicht dem Wandel unterworfen, nicht modisch, sondern von Dauer ist. Dabei geht es heute darum, angesichts aller Ausbrüche und mancher angestrebter Umbrüche dem Wandel Stabilität zu geben, dabei die Stabilität im Wandel zu wahren.

Zunächst zur klinischen Ausbildung der Studenten.

Im Rahmen der Vorlesungen bemühte ich mich, aufgeblähten Lernzielkatalogen zum Trotz um Konzentration auf das Wesentliche. Bei der Vermittlung von Fakten in Diagnostik und operativer Indikationsstellung stellte ich die Persönlichkeit des Kranken in den Mittelpunkt. Denn in keinem Bereich der Chirurgie ist das feine Zusammenspiel von Arzt und Patient so wichtig wie bei der operativen Indikationsstellung. Dazu dienten u. a. unsere täglichen Besprechungen um 8 und 16 Uhr mit Oberärzten und Assistenten in Gegenwart von Famuli und Studenten des Praktischen Jahres.

Es nützt es dem Kranken? Immer habe ich auch auf diagnostische und therapeutische Fehler und Mißerfolge hingewiesen, dabei unsere Entschlüsse in Frage gestellt und partnerschaftliche, interdisziplinäre Zusammenarbeit betont.

Wer die heutige Zeit mit ihren Umbrüchen erlebt, muß sich bei der Studentenausbildung fragen: Was wird sich ändern, was muß sich bessern, was darf sich nicht verschlechtern? Mit Nachdruck möchte ich auch hier feststellen, daß die derzeit gültige Ausbildungsordnung und Zulassungspraxis entgegen den Warnungen vieler Fakultäten erlassen wurde; sie ist ein Fehlschlag! Diese Ordnung mit ihrem unübersichtlichen Fächerkatalog mit Multiple-Choice-Fragen als wichtigstem Instrument der Erfolgskontrolle und mit vielen die Eigeninitiative behindernden Reglementierungen des Studiengangs ist eine wesentliche Ursache der Ausbildungsmisere. Ein zweiter entscheidender Grund ist die übergroße Studentenzahl. Die Ausbildungskapazität in den klinischen Fächern wird allein von der Zahl der Patienten bestimmt, die für den Unterricht zur Verfügung stehen. Daß wir trotzdem in den letzten Jahren und im zu Ende gehenden Wintersemester mit 331 Damen und Herren in 26 Gruppen zu 12 bis 13 Studenten einen, wie ich glaube, noch einigermaßen praxisnahen Unterricht für das vierstündige Chirurgische Pflichtpraktikum pro Woche durchhalten konnten, verdanken wir nicht zuletzt auch einigen Krankenhäusern Münchens außerhalb der Universität.

Trotzdem muß gesagt werden: Der Vorwurf mangelnder praktischer Kenntnisse ist zweifellos berechtigt, um so mehr, als der zunehmende Massenbetrieb an den Medizinischen Fakultäten eine ausreichende praktische Ausbildung am Krankenbett oder eine Notfallbehandlung nahezu unmöglich macht. Andererseits dürften Praktisches Jahr und noch eine 18, später 24 Monate während Zeit „Arzt im Praktikum" bis zur selbständigen ärztlichen Tätigkeit, nicht der Weisheit letzter Schluß sein. Denn abgesehen davon, daß die erforderlichen Stellen noch nicht zur Verfügung stehen, erwachsen den Kliniken für ihre Träger und vorgesetzten Ärzte bisher nicht geklärte rechtliche Probleme.

Dazu sei nur gesagt: Überlastung und Mangel in der Ausbildungsmöglichkeit entlassen uns aber nicht aus unserer rechtlichen Verantwortung, Inhalte und Form des Studiums im Hinblick auf die Bedürfnisse der Praxis, notwendige Veränderungen in der Berufswelt und die berufliche Entwicklung in der Wissenschaft zu überprüfen und weiterzuentwickeln. Denn die Verbesserung und Pflege des Medizinstudiums ist eine gleichbedeutende Aufgabe einer Universitätsklinik neben Forschung und Praxis.

Die derzeit vorbereitete Novelle der Kapazitätsverordnung, noch aktuelle Diskussionen des Murrhardter Kreises für stärkere, patientenbezogene Ausbildungsinhalte – nicht was der Arzt wissen, sondern wie er handeln sollte – sind sehr zu begrüßen. In die Zukunft reichende, an der Änderung des Arztbildes orientierte Studienmodelle könnten dafür im Rahmen der sogenannten Experimentierklausel des Hochschulrahmengesetzes einen Ansatz bieten. Voraussetzung aber für eine Reform und Verbesserung der ärztlichen Ausbildung ist eine drastische Verringerung der Studienanfänger für die Medizin von derzeit 12000 um 25 % – wie auch der Wissenschaftsrat kürzlich erneut empfohlen hat. Die Bundesrepublik Deutschland hat mit rund 270 Ärzten je 100000 Einwohnern (ohne Zahnärzte) im Jahre 1986 oder rund 370 Einwohnern je Arzt eine Ärztedichte erreicht, die international kaum übertroffen wird.

Beim Nachdenken über ärztliche Verantwortung des Chirurgen und sein Selbstverständnis heute tauchte manche Frage auf im Spannungsfeld zwischen Tradition, technischem Fortschritt und ärztlichem Auftrag. Welch ein Wandel, welch ein Unterschied gegenüber einer Chirurgenschule zu meiner Zeit. Während damals noch die ganzheitliche Betrachtungsweise des Menschen in der Chirurgie selbstverständlich war, kann man heute darüber nur noch diskutieren und sich darum bemühen. Die junge Generation ist verunsichert, der Chirurg in der Weiterbildung und Forschung hat Mühe, sich über seine chirurgische Identität Klarheit zu schaffen. Zwei Tendenzen sind zu besprechen, die den Wandel in der Tätigkeit und im Selbstverständnis des jungen Chirurgen besonders zu kennzeichnen scheinen: zunehmende Spezialisierung in der klinischen Medizin und zunehmende Technisierung.

1. Zur Spezialisierung

Der Spezialisierung in der Medizin ist nicht auszuweichen. Es ist unbestritten, daß die großen Erfolge nur durch eine Beschränkung auf bestimmte Teilgebiete möglich sind: Moderne Herzchirurgie, Organtransplantation mit hochspezialisierter Diagnostik und therapeutischer Technik, interdisziplinäre Behandlung Schwerverletzter oder Früherkennung von Tumoren durch Verfeinerung der Diagnostik sind bekannte Beispiele.

Ohne die Kunst ausgewogener, unschädlicher Anästhesie und ohne die Substitutions- und Überlebenstechniken der Intensivmedizin wären diese Fortschritte in der operativen Medizin nicht möglich.

Eine für den Kranken optimale Behandlung setzt dabei die sorgfältige Koordination und Integration der Spezialfächer voraus. Die Deutsche Gesellschaft für Chirurgie hat durch Mitwirkung bei der Weiterbildungsordnung ihren Beitrag geleistet, um divergierenden Entwicklungen zu begegnen und die Einheit unseres großen Fachs Chirurgie zu erhalten. Der ständige Kontakt nach allen Seiten hält dem Spezialisten den Blick über die Grenzen seines Teilgebietes hinaus offen.

Den positiven Aspekten der technischen Spezialisierung stehen unbestritten negative Momente gegenüber: Laien, Patienten und Ärzte klagen über die Beschränkung des persönlichen Kontaktes zwischen Arzt und Patient. Der Spezialist neigt dazu, Symptome einer Krankheit nur im Rahmen seines begrenzten Teilgebietes zu sehen. Für den Patienten ist es schwierig, wenn nicht unmöglich, sich im Labyrinth der spezialisierten Medizin in einem großen Klinikum zurechtzufinden. Der Kranke durchläuft eine sog. „Dienstleistungskette" – allein das Wort ist bezeichnend –, die mit zunehmender Spezialisierung immer länger wird; er irrt im „Medizinerbetrieb" umher, vereinsamt und resigniert.

Unverzichtbar ist die Forderung, daß dem Patienten ein Arzt als Bezugsperson zur Verfügung steht, der die Spezialbefunde zu einem Ganzen zusammenfügt, besonders aber dem Patienten als verläßlicher menschlicher Führer durch das Labyrinth medizinischer Informationen und biologischer Unwägbarkeiten dient.

Daß negative Auswirkungen der Spezialisierung so besonders deutlich werden, ist ein Phänomen unserer Zeit, die reich ist an unkoordinierten Fakten und arm an umfassenden, übergeordneten Bezugssystemen. Notwendig ist deshalb eine Kompensation der Spezialisierung, die Einsicht bei jedem Spezialisten, daß die Aufgabe der Heilung eines kranken Menschen immer größer ist als der Beitrag des Spezialisten. Deshalb: „Soviel Gemeinsamkeit wie möglich, soviel Spezialisierung wie nötig!" Vorsicht mit der Überspezialisierung etwa in der Weise, daß ein sehr kleiner anatomischer Teil oder gar eine einzige Operation als Spezialfach überhöht werden.

Ganz besonders gilt es im Fachgebiet Chirurgie, der Gefahr der Einäugigkeit zu begegnen. Die Trennung der gemeinsamen „Lebensader",ist für die spezialisierte und die allgemeine Chirurgie in gleicher Weise gefährlich. Sie ist auch einer abgerundeten Ausbildung von Assistenten und Oberärzten abträglich. Die Gefahr wird am Beispiel der offenbar schicksalsmäßigen Zunahme schwerer Verkehrsunfälle und damit dem Gewicht der traumatologischen Chirurgie besonders deutlich: Der Chirurg muß multiple Verletzungen schnell erkennen können, um rasch und gezielt zu handeln. Pragmatik ist die Kunst, sofort und zweckmäßig zu handeln. Bei Mehrfachverletzten darf der auf die Extremitätenverletzungen spezialisierte Chirurg die Lebensbedrohung des stumpfen Abdominal- und Thoraxtraumas durch Leber-, Milz- oder Gefäßeinriß, der spezialisierte Abdominal- und Thoraxchirurg die Bedeutung des Knieverrenkungsbruchs nicht falsch einschätzen. Beide benötigen über ihre Spezialgebiete hinausreichende Kenntnisse und Erfahrungen. Dies erklärt auch aktuelle Bestrebungen im In- und Ausland, die am besten durch den Terminus Reintegration umschrieben werden, um berüchtigten Querelen des klinischen Alltags zu begegnen.

Gesunde Proportionen bei der Spezialisierung zu finden ist eine hohe und noch nicht überall gelöste Aufgabe.

2. Ein weiterer Aspekt: Wissenschaftlich-technische Entwicklung und ethische Verantwortung.

Es ist kennzeichnend für jede Forschung und Technik – die Chirurgie ist ja in diesem Sinne ein Doppelgebilde –, daß sie heute in Frage stellt, was gestern noch Wahrheit und letzte Vollendung war. Was folgt daraus für die Praxis? Wenn wir Forschungsergebnisse auf den kranken Menschen anwenden, müssen wir Ethik praktizieren. Denn die Ethische Verantwortung ist ein unabdingbarer Bestandteil unseres ärztlichen Berufs. Dazu zählt insbesondere das ärztliche Gespräch – wobei vorgedruckte Formulare kein Ersatz sein können.

Wo die Hochleistungsmedizin ihre Grenzen überschreitet, den Patienten zu einem Rädchen im Getriebe werden läßt, wo die Helfer im Krankenhaus – angesichts des zunehmenden Personalnotstands – zu seelenlosen Automaten werden könnten, ist es für eine Neubesinnung und Neuorientierung in unserem Land allerhöchste Zeit.

Diese Probleme sind ganz besonders aktuell auf unseren Intensivstationen, wo die enge Verbindung von Medizin und Technik notwendig und legitim ist – man denke nur an „Organerweiterung", „Organentlastung", „Organersatz". Die geistig-moralische Bewältigung von Fortschritt und Technik stellt uns vor ungelöste Aufgaben, vor allem, wenn es um Fragen der Intensivtherapie, um Probleme an den Grenzen des Lebens und die Würde des Menschen geht. Wann dürfen wir unsere Intensivmaßnahmen einstellen, wie lange müssen wir sie weiterführen? Wo sind die Grenzen unserer ärztlichen Behandlungspflicht, wenn Können, Sollen und Dürfen gegeneinander abzuwägen sind, ohne daß der Vorwurf der Unterlassung ärztlicher Hilfeleistung erhoben werden kann?

Diese Fragen mit einer neuen ethischen Dimension könnten in den 90er Jahren vermehrt auf Anästhesisten und Chirurgen auch in unserem Land zukommen: Ich denke an die operative Behandlung von HIV-infizierten Patienten mit und ohne AIDS-Erkrankung, insbesondere bei Noteingriffen wegen

lebensbedrohender, offener Verletzungen oder wegen Komplikationen in der Bauchhöhle bei einer AIDS-Erkrankung. Bei
diesen Indikationsentscheidungen sind zwei Aspekte von entscheidender Bedeutung: die nur noch sehr kurze Lebenszeit im
Einzelfall, aber auch die Qualität des zu rettenden Lebens. Ist
dann ein Eingriff mit postoperativer Intensivtherapie überhaupt
noch sinnvoll? – Eine Grundfrage, die wir uns auch in der
Onkologie – z. B. bei einem generalisierten, aussichtslosen
Krebsleiden – vor einer erneuten operativen Behandlung immer
wieder stellen müssen. Bei einer AIDS-Erkrankung kommt
dazu noch die Pflicht, Pflegepersonal, Anästhesie- und
Operationsschwestern und uns Chirurgen selbst vor der gefähr-
lichen HIV-Infektion zu schützen.

Umfang und Grenzen der Handlungspflicht des Arztes finden ihren Rahmen im geltenden Recht. Neben der Pflicht zur
Intensivtherapie – die von den ausübenden vor allem Selbst-
disziplin, Mitgefühl und Aufopferungsfähigkeit erfordert – und
ihrem Nutzen müssen wir ihre Grenzen und psychologische
Problematik besser erkennen. Im Einzelfall muß der Arzt nach
bestem Wissen und Gewissen über den Sinn des Einsatzes
medizinischer Methoden entscheiden, aber auch den Abbruch
diagnostischer oder therapeutischer Maßnahmen persönlich
verantworten. Diese persönliche Entscheidung kann ihm niemand abnehmen. In unserer chirurgischen Schule galt immer:
Nähert sich das Leben infolge einer unheilbaren Krankheit dem
Ende, soll man dieses Sterben unter keinen Umständen ver-
längern. Man soll das Leben ausklingen lassen. Den verlocken-
den technischen Möglichkeiten der Intensivstation darf nicht
das individuelle Recht auf einen würdigen Tod geopfert werden.

Fazit: Es gilt gerade in unserer Zeit, einen uralten ethischen
Kodex zu verwirklichen: Humanitas und Caritas zu wahren,
d. h. mehr Ehrfurcht gerade vor dem Todkranken.

Der „Fortschritt als ärztliches Problem" wirft weitere, aktuelle Fragen auf:

In der Chirurgie muß das Verhältnis Patient–Arzt neu über-
dacht werden. Die uns Ärzte bewegende Diskrepanz zwischen

höchstrichterlicher Rechtsprechung und ärztlicher Verantwortung in der Frage unbeschränkter Aufklärung sei hier als Beispiel genannt. Mit Recht wiesen schon früher der Würzburger Chirurg Werner Wachsmuth und der Göttinger Jurist Hans-Ludwig Schreiber darauf hin, daß wir in der Aufklärungspflicht einen ärztlichen Ermessensspielraum brauchen, wie er in der Rechtsprechung anderer westeuropäischer Länder üblich ist. Er kann sich erst im Einzelfall auf Grund des ärztlichen Gesprächs ergeben.

Zum Problem „Wahrheit und Wahrhaftigkeit am Krankenbett" Kranken betreffend – möchte ich sagen: Man sollte einen Kranken im aussichtslosen Krankheitsstadium über seine Situation in der Regel nicht hinwegtäuschen. Man darf vielleicht nicht alles sagen; aber was man sagt, muß wahr sein – „verknüpfe die Wahrheit mit der Liebe" – sagte Pestalozzi.

Aus ärztlicher Verantwortung gilt es gerade in der Chirurgie, sich auch mit modernen Entwicklungen – z. B. arbeitsrechtlich-gesellschaftspolitischen Veränderungen unter Anpassung an den Zeitgeist – mit Augenmaß und Vernunft auseinanderzusetzen, nach Wegen in der Klinikorganisation zu suchen, um aus dem Dilemma herauszufinden, in das wir durch den wissenschaftlich-technischen Fortschritt und zum Teil übertriebene Erwartungen des Kranken geraten sind.

Aufgaben und Verantwortung eines Chirurgen mit einer 40-Stunden-Woche begegnen zu wollen ist nach meiner Überzeugung höchst fragwürdig. 40Stunden-Woche und chirurgische Tätigkeit, wie sie die Gesellschaft mit Recht erwartet, sind unvereinbare Gegensätze! Ob der Schichtdienst angesichts der derzeitigen Überproduktion an Chirurgen in unserem Land in den 90er Jahren nicht doch zu erwarten ist – wie er sich auf unserer Intensivstation bewährt hat – bleibt die Frage. Die erstaunlichen Ergebnisse auf operativen Gebieten, die hohe Anforderungen an Sorgfalt und Leistungsbereitschaft stellen, haben seit vielen Jahren in der Öffentlichkeit Erwartungen geweckt, die nicht bei jedem Patienten zu erfüllen sind. Ein Kranker ist dann leicht versucht, seine Enttäuschung mit dem Vorwurf eines ärztlichen Leistungsmangels zu begründen oder eine unterlassene bzw. ungenügende Aufklärung ins Feld zu führen.

3. Die Chirurgische Universitätsklinik heute

Die angedeuteten Probleme führen in jeder Chirurgischen Klinik zu Konflikten und inneren Spannungen, denen nur gewachsen ist, wer sich der Grenzen jeder menschlichen Tätigkeit bewußt bleibt. Daher ist es mein Bestreben gewesen, meine Mitarbeiter zu positiver Kritik anzuleiten und sie in der kritischen Analyse des Mißerfolges zu üben. Denn schon früh sollte sich der Blick des Lernenden für den leichtfertig provozierten Mißerfolg schärfen.

Man muß sich vergegenwärtigen, daß ein Kranker, der in einer Chirurgischen Klinik sein Schicksal in die Hände des Operateurs legt, diesem ein Vertrauen entgegenbringt, das im alltäglichen Leben ohnegleichen ist. Jeder Mißerfolg ist für uns selbst ein Beweis für Fehlentschlüsse. Es gibt im Leben eines tätigen Chirurgen keinen Tag, an dem er die Tore seiner Klinik ohne Sorgen hinter sich läßt. Die Jugend stürmt vorwärts, das ist ihr gutes Recht; Vorsicht und weise Zurückhaltung sind aber ebenso berechtigt und notwendig – vielleicht aber mehr Sache „des Älteren".

Nun zur chirurgischen Ausbildung und Forschung
Wir Chirurgen haben seit je ein starkes Gefühl für Tradition. Das mag zum guten Teil daran liegen, daß das Handwerkliche, das ein wesentlicher Bestandteil unseres Berufes ist, nicht ohne die Erfahrungen und Errungenschaften unserer früheren Meister denkbar ist. Der Begriff der „Schule" war in meiner Generation noch sehr ausgeprägt. Aber überzeugt dies auch heute noch? Ist das chirurgische Selbstverständnis in unserer Zeit angesichts zunehmender Spezialisierung und Subspezialisierung noch vereinbar? Zweifel und Hoffnung stehen sich gegenüber. Lassen Sie mich einfach aus meiner Erfahrung berichten.

Durch den naturwissenschaftlich-technischen Fortschritt, die notwendige Spezialisierung und die Einrichtung von nicht mehr weisungsgebundenen Abteilungen gibt es an manchen Chirurgischen Kliniken nur noch ein Nebeneinander von Positionen und Arbeitsrichtungen, ja sogar ein Gegeneinander. Die Einheit der Klinik wird dadurch gesprengt, die organische Gemeinsamkeit von Chirurgen in ihrem Miteinander gestört. Das Streben nach Vielfalt in einer Klinik, so notwendig sie in unserer Zeit ist, darf nicht uferlos sein. Es dämmert uns heute, daß dabei viel Wertvolles verloren ging. Die Einheit muß nach wie vor verteidigt werden, weil sich unkoordinierte Vielfalt selbst ad absurdum führt. Zu dem, was zu tun ist, gehört zwangsläufig mehr Kooperationsbereitschaft innerhalb der Klinik, ganz besonders auch in der Forschung.

Ich habe den Eindruck, daß nicht nur in unserem Land, sondern weltweit der Zusammenhalt der Chirurgie, die Spezialisierung in der Einheit durch Pragmatismus und Common Sense wieder verstärkt gewünscht wird. Dies gilt auch für die jüngeren, in der Weiter- oder Fortbildung stehenden Kollegen und für Oberärzte, die selbst einmal Chefärzte oder Abteilungsleiter werden wollen. Dieses Bestreben entspricht der „normativen Kraft des Faktischen".

Einige Voraussetzungen und Beweggründe sollen angeführt werden:

1. Der junge Chirurg strebt gerade heute eine breit gefächerte Ausbildung an: bei uns mit Beginn in der Poliklinik und der chirurgischen Intensivstation, wo er chirurgische Pathophysiologie, Stoffwechsel, enterale und parenterale Ernährung, Schock und Wiederbelebung sowie Überwachung und Intervention im postoperativen Verlauf mit den Komplikationsmöglichkeiten erlernt. Diese Kenntnisse – im angelsächsischen Sprachraum als „Basic Surgical Science" bezeichnet – sind eine gemeinsame, wichtige Aufgabe für das Gebiet Chirurgie und für die Teilgebiete; sie sind Grundlage für die anschließende Ausbildung in der praktischen Chirurgie, aber auch der klinischen Forschung.

2. Die Verbindung von Krankenversorgung, Forschung und Lehre an unseren Hochschulkliniken – dieses in der Vergangen-

heit so erfolgreiche Prinzip der Einheit – ist auch in Zukunft lebensnotwendig. Immer haben sich klinische und experimentelle Forschung, technische Neuerungen und praktische Chirurgie wechselseitig befruchtet. Deshalb müssen wir auch in Zukunft unseren guten wissenschaftlichen Nachwuchs – der ohne den Ruf nach Arbeitszeitverkürzung hart arbeitet und sich durch den Willen zu Leistung, Pflichterfüllung und Verantwortung auszeichnet – fördern und ihm entsprechende Chancen biete. Das zuvor erworbene methodische Rüstzeug – z. B. in der Pathologie, Physiologie, Biochemie, Immunologie oder in anderen Grundlagenfächern – müßte allerdings effektiver für die Klinik, für klinische und experimentelle Forschung umgesetzt werden. Auch die Empfehlungen des Wissenschaftsrates aus dem Jahre 1986 begünstigen die Einheit in unserem Fach im Hinblick auf die klinische Forschung.

Ein Dilemma allerdings besteht: Chirurgische Forschung braucht neben ihrer „robusteren Schwester", der praktischen Chirurgie, mehr Zeit – zusammenhängende Zeit. Sie benötigt Kontinuität, Planbarkeit und eine langfristig abgestimmte Förderung. Sie ist allerdings auch vermehrt auf die Zusammenarbeit theoretischer und experimenteller klinischer Arbeitsgruppen angewiesen. Die von gegenseitiger Achtung und Vertrauen getragene, neidlose Kooperation sollte Voraussetzung sein für ein erfolgreiches Wirken im Sinne einer wechselseitigen Förderung, Stimulation und Kritik. „Ausbildung durch Forschung" – dafür gilt es neue Impulse zu setzen und neue Wege, zusammen mit theoretischen Instituten und Kliniken des In- und Auslandes zu suchen.

3. Die Vielfalt in der Einheit einer Chirurgischen Klinik mit ihren Teilgebieten und Subspezialitäten gibt den jungen Kollegen innerhalb eines geordneten rotierenden Weiterbildungssystems das bestmögliche klinische und operative Rüstzeug für eine spätere breitbasige Chirurgie. Das „Schreckgespenst" des „Schmalspur-Chirurgen" muß unter allen Umständen gebannt werden – auch im Blick auf die Chirurgie nach 1992 im Raum der Europäischen Gemeinschaft – Probleme, die wir kürzlich in München und Paris diskutiert

haben. Dieses Bild allein, aber besonders die Sprachbarrieren der bisher 12 Länder weisen auf das „Europa der Unterschiede" und die Grenzen hin. Bei der eher abnehmenden Strahlkraft des europäischen Gedankens kann man bei 700 000 Ärzten innerhalb der EG wohl kaum mit einer Harmonisierung der chirurgischen Weiter- und Fortbildung in absehbarer Zeit rechnen.

Bei der Weiterbildung mit neuen Ausbildungskonzepten entgeht man der Gefahr der Einäugigkeit; man ist in der Regel nach 6 Jahren Chirurg mit der Bezeichnung „Arzt für Chirurgie" und hat dann im Rahmen der Fortbildung die Möglichkeit, sich im Teilgebiet der Wahl, das man schon vorher kennengelernt hat, nach ein bis zwei Jahren zu spezialisieren. Die verantwortlichen Teilgebietskollegen dürfen sich natürlich dagegen nicht sperren; sie müssen den jüngeren Kollegen hilfreich zur Seite stehen. An unserer Klinik konnten allein in den letzten drei Monaten zwei habilitierte Kollegen die Teilgebietsbezeichnung Unfallchirurgie, ein habilitierter Kollege die der Gefäßchirurgie und ein Kollege die Teilgebietsbezeichnung Plastische Chirurgie nach Prüfungen der Bayerischen Landesärztekammer zusätzlich erwerben.

4. Nach der Facharztausbildung, nach Habilitation und mehrjähriger Oberarzttätigkeit sucht man in der Regel sein nächstes Ziel: eine selbstständige Position. Denn eine Chirurgische Universitätsklinik muß auch weiter eine ihrer wichtigsten Aufgaben darin sehen, operativ gut geschulte Chefärzte für Krankenhäuser der Maximalversorgung und Krankenhäuser der Grund- und Regelversorgung auszubilden. Nach wie vor wird der größte Teil von Akut- und Notfallpatienten mit chirurgischen Erkrankungen im außeruniversitären Bereich versorgt.

Dies erfordert aber eine regelmäßige Tätigkeit von Fach- und Oberärzten nicht nur in den speziellen Aufgabenbereichen des Gebietes Chirurgie, sondern auch in der Gefäß-, Thorax und Plastischen Chirurgie, wie in der Basis-Traumatologie. Nur dadurch können Kollegen für ihre künftige Tätigkeit in einer verantwortlichen Position ausreichende Erfahrungen in der praktischen Chirurgie, nach Möglichkeit noch in einem Teilgebiet erwerben, so daß sie später die an sie gestellten Erwartungen erfüllen können.

Auf diesem Wege kann auch heute noch eine Chirurgengemeinschaft für den beruflichen und wissenschaftlichen Alltag entwickelt und geprägt werden. Denn im Diagnostizieren, Operieren, Dozieren, also im Handwerk – im Erkennen des Grundsätzlichen und im Auffinden neuer Erkenntnisse, z. B. der so wichtigen Risikoforschung, also im Wissenschaftlichen – sowie in der Behandlung, im Trösten und Heilen des Patienten, also im Ärztlichen, gehen wir alle in einer Klinik gleiche Wege.

Aus persönlicher Erfahrung sind meines Erachtens folgende Konsequenzen für zukünftige Entwicklungen zu ziehen: Unbestritten ist, daß die Chirurgie gerade in unserer Zeit verlangen muß: handwerkliches Können, wissenschaftliches Wissen, klares Denken mit der Fähigkeit zur Unterscheidung von Wesentlichem und Unwesentlichem. Der lernende Chirurg kann eine Führung durch die Lehrenden, d. h. der Oberärzte und Teilgebietskollegen nicht entbehren.

Andererseits sollten kompetente Kollegen aus den Spezialbereichen wieder lernen, daß der Erfolg ihrer Leistungen immer an interdisziplinäre Zusammenarbeit, Integration und Teamarbeit gebunden ist. Die Pflege der „Spezialisierung in der Einheit" fördert darüber hinaus auch die notwendige Qualitätssicherung. Viele chirurgische Erkrankungen, besonders bei älteren Patienten, mit dem Problem der Multimorbidität erfordern, daß Spezialisten sich der Ganzheit, der Unteilbarkeit des kranken Menschen noch mehr bewußt sein müssen. Auch die genannten Beispiele des Mehrfachverletzten, der Notfall- und Akutchirurgie und der Katastrophenmedizin in unserer Zeit zeigen es deutlich: Alle operativen Gebiete und Teilgebiete müssen z. B. innerhalb unseres Klinikums, das als Traumazentrum etabliert und mit Notarztwagen und Hubschraueranschluß ausgestattet ist, so eng wie irgend möglich zusammenarbeiten. Es ist für uns klar, daß der Mehrfachverletzte unter der Verantwortlichkeit eines erfahrenen, qualifizierten Allgemeinchirurgen, der auch Bauch-, Thorax- und Gefäßchirurgie beherrscht, zusammen mit Anästhesisten und den Kollegen der operativen Teilgebiete und Nachbardisziplinen versorgt werden muß. Es waren 925 Patienten im letzten Jahrzehnt. Hier hat sich die Spezialisierung in der Einheit und das Unter-einem-Dach-Prinzip zu bewähren – ein Kompetenzgerangel ist unwürdig und für den Kranken schädlich.

Es darf bei uns einfach nicht so weit kommen, wie es hier im Original aus der Lahey-Klinik in Boston dargestellt ist, wie es vielleicht der eine oder andere Kollege aus egozentrischer Sicht auch gerne sehen möchte: Der Allgemeinchirurg ist als „verlorenes Schaf" einem Rudel hungriger fletschender Wölfe, den Spezialchirurgen, ausgeliefert. „Interbestialisch" stimmt hier etwas nicht; dennoch gibt das Bild die derzeitige Situation des Allgemeinchirurgen in den USA, allerdings auch schon an einzelnen deutschen Kliniken, ganz gut wieder.

In diesem Sinne kann nur unser Leitbild der Chirurgie mit dem Bekenntnis zur „ Einheit in der Vielfalt" richtig sein.

Da wir in der Bundesrepublik jährlich über 500 „Ärzte für Chirurgie" weiter- und fortbilden, bei einer Ist-Zahl von über 10000, darf man, auch wenn bisher keine Bedarfsanalyse für Chirurgen vorliegt, eine derzeitige Überproduktion von Fachkollegen annehmen. In den 9oer Jahren sind daraus berufliche Probleme zu erwarten, die Qualität der Weiter- und Fortbildung dürfte auch im Hinblick auf die Öffnung der EG-Grenzen mehr denn je gefragt sein.

Ich bin glücklich, am Ende meiner akademischen Tätigkeit feststellen zu können, daß zahlreiche frühere Mitarbeiter aus unserer Kölner und Münchner Chirurgengemeinschaft, die in leitende Positionen an Kliniken und Krankenhäusern des In- und Auslandes berufen wurden, den mitunter schwierigen Anforderungen und Aufgaben nicht nur gewachsen waren. Sie haben durchweg Positives und Erfreuliches geleistet. Von einer Entlassung, wie wir es leider in der Bundesrepublik während der letzten Jahre zunehmend erleben mußten, war schon gar keine Rede.

Die maßgebenden Instanzen und Behörden sind gut beraten, sich bei der Entscheidung über die Besetzung von Chefarztposition an Kliniken und Krankenhäusern ausschließlich vom fachlichen klinischen und operativen Können und dem Persönlichkeitswert der Kandidaten leiten zu lassen – und von nichts anderem.

Selbstbehauptung des Allgemeinchirurgen mit einem gereiften Verständnis der menschlichen Biologie im Hinblick auf Erkrankungen und Verletzungen des ganzen Menschen ist ein wesentlicher Schritt zum „Chirurgischen Selbstverständnis" auch in der heutigen Zeit. Dazu gehört die Erkenntnis, daß innovative Technologie und verbessertes Pathophysiologie-Verständnis, das Messer des Chirurgen zunehmend unnötig machen. Der Chirurg muß sich aber innovative Verfahren zu eigen machen und fördern, und damit durch die Qualität der geleisteten Arbeit, also durch Kompetenz, eine vernünftige Zukunftsperspektive weiter entwickeln.

Erich Lexer, früherer Lehrstuhlinhaber in München, sagte: „Chirurgie ist Handwerk, Wissenschaft und Kunst". Chirurgische Ausbildung und Wissenschaft prägten zu Billroths Zeiten das Verhältnis des „Operationszöglings" bzw. des „Operationslehrlings zum Meister. Wenn der Lehrer in seinen Schülern auch in unserer Zeit fortzuleben hofft, so muß er diese Leitgedanken seinen Mitarbeitern, seinen Mitwirkenden, vorleben. Darum bemühte ich mich, in der Erinnerung an meine beiden chirurgischen Lehrer und Vorbilder Rudolf Zenker und Alfred Brunner, beide von Grund auf verschieden in ihrer Art, beide aber Persönlichkeiten, denen man in Verehrung folgen und an deren Beispiel man innerlich wachsen konnte.

Rudolf Zenker verdanke ich meinen beruflichen Werdegang. Er war entscheidend für meinen Lebensweg. Aus einer Lehrer-Schüler-Beziehung entstand eine Freundschaft fürs Leben. Rudolf Zenker ermöglichte mir schon 1950 einen 5monatigen Aufenthalt in der Zürcher Klinik bei Alfred Brunner, dem gütigen Arzt, Schüler Sauerbruchs und Meister der Thoraxchirurgie. Bei Rudolf Zenker, der seit 1943 die geistige Kontinuität seines Lehrers Martin Kirschner in den Kliniken Mannheim, Marburg und München fortsetzte, erlebte ich „Chirurgie" in ihrer würdigen Tradition wie in ihrer faszinierenden, dynamischen Entwicklung. 13 Jahre habe ich im Ausstrahlungsgebiet der Persönlichkeit von Rudolf Zenker in Mannheim und Marburg gelebt und gearbeitet, anschließend sogar noch einen Monat als sogenannter Bayerischer „Oberarzt auf Lebenszeit" in München. Es war dann seit Juli 1959 mein Bestreben in Köln und als sein Nachfolger seit 1973 in München das in mich gesetzte Vertrauen zu rechtfertigen. Das Thema seiner Abschiedsvorlesung lautete: „Vom Arzt in unserer Zeit" –, übrigens genau vor 16 Jahren, am 22. Februar 1973.

Der Rückblick auf die so schnell vergangenen 44 Jahre seit dem Staatsexamen und die 30 Jahre in führender Position an den vier Kliniken in Köln und München erfüllt mich mit Dankbarkeit. Zahlreiche fähige und liebenswerte Kollegen konnten sich in den Kölner und Münchner Jahren habilitieren. Dabei machte mir das Mittun – bis zu den beiden letzten Antrittsvorlesungen der Herren Faist vor 8 Tagen und Krämling heute vormittag – besondere Freude.

In diesen drei Jahrzehnten wurde auch die Grundlage für eine „Schule" gelegt, aus der viele Lehrstuhlinhaber, Chefärzte und Fachärzte hervorgingen. Viele von ihnen sind hier. Ihnen schulde ich Dank für gemeinsame glückliche und erfolgreiche Jahre, denn niemand steht mit seiner Lebensarbeit allein. Er verdankt sie auch den Menschen, mit denen er umgeht. Mit ihnen verbindet mich herzliche Freundschaft und menschliches Vertrauen.

Möge die Tugend der Beständigkeit dafür sorgen, daß gerade in den operativen Fächern „Schulen" nicht untergehen. Sie sind die Felsen im Strom der Zeit. Ich mache mir keine Illusion darüber, daß die substantiellen Grundlagen einer operativen Schule – die in unserem Land eine „historische Realität" darstellt – mit steigendem Wissensumfang, kürzerer Halbwertzeit neuer Erkenntnisse, mit zunehmender Spezialisierung, Einengung der Arbeitsgebiete, der Bildung von Gruppen und von Untergruppen geringer werden. Die Weitergabe von Wertvorstellungen, die Einzelbeziehung zwischen Lehrer und Schüler, sollte davon aber unberührt bleiben.

Daß ich am 1. März einem Schüler aus meinen Kölner und Münchner Jahren, Herrn Professor Schildberg – der die per-

sönliche Beziehung zu München und seiner „Mutter-Klinik"
nie hat abreißen lassen – Lehrstuhl und Klinik übergeben kann,
erfüllt mich mit besonderer Freude. Möge sich die Münchner
Chirurgie in Großhadern in Klinik, Forschung und Lehre auch
weiterhin fruchtbar entwickeln.

Meine Damen und Herren!
Der Abschied von Ihnen, der akademischen Jugend, fällt
mir besonders schwer. Mir waren Vorlesung und Diskussionen
mit Ihnen immer Ansporn und Freude. Meine Wünsche und
Gedanken in einer beruflich schwierigen Zeit werden weiterhin bei Ihnen sein. Ich wünsche Ihnen Zuversicht, besonders
aber Mut und Optimismus.

Mein tief empfundener Dank gilt auch meinen Kollegen,
den Schwestern und allen Mitarbeitern in der Klinik und
Poliklinik, die mir an den verschiedenen Orten meiner Tätigkeit,
besonders während der letzten 16 Jahre hier in München tat-
kräftig zur Seite standen und mir die Arbeit sehr erleichtert
haben.

Auch in Zukunft möchte ich, allerdings ohne die praktische
Chirurgie, an unseren Idealen festhalten. Ich denke dabei an
Worte eines meiner ärztlichen Vorbilder aus Marburger Zeiten,
des Nestors der Inneren Medizin, Professor Dr. Hans Erhard
Bock, der bei meiner Antrittsvorlesung 1953 in Marburg war
und zu meiner großen Freude auch heute bei meinem Abschied
unter uns weilt:

„Man fange nie an aufzuhören, und höre nie auf, anzufangen."

Vielen Dank.

Curriculum vitae

Dr. med. Dr. med. h. c. Georg Heberer

geboren:	Dietzenbach, Frankfurt/Main, 9. Juni 1920
Staatsangehörigkeit:	deutsch
Heirat:	1952 mit Dr. med. Renate Schubert
Kinder:	1 Tochter, 2 Söhne
Religion:	evangelisch
verstorben:	21. März 1999 in Arosa
Studium der Medizin:	1940–1945 Universitäten Marburg, Gießen, Heidelberg und Tübingen

Klinische Ausbildung:

1945–46	Medizinalassistent am Städtischen Krankenhaus Mannheim
1946–48	Assistenzarzt im Institut für Pathologie und der Medizinischen Klinik, Städtisches Krankenhaus Mannheim
1948–51	Assistenzarzt in der Chirurgie, Städtisches Krankenhaus Mannheim (Direktor: Prof. Dr. R. Zenker)
1951–58	Assistenzarzt in der Chirurgie, Universität Marburg (Direktor: Prof. Dr. R. Zenker)

Studienaufenthalte:

1950	Ausbildung in Thoraxchirurgie, Chirurgische Universitätsklinik Zürich, Schweiz (Direktor: Prof. Dr. A. Brunner)
1956	Ausbildung in Thoraxchirurgie und Kardiovaskulärer Chirurgie, Universitäten Houston/Texas, Los Angeles, San Francisco/Kalifornien, Minneapolis, Rochester, Chicago, Boston und New York

Diplomata:

1945	Doktor der Medizin
1953	Habilitation, Universität Marburg Venia legendi für Chirurgie
1958	Professor für Chirurgie, Universität Marburg

Akademische Laufbahn:

1958–59	Kommissarischer Direktor, Klinik für Chirurgie, Universität Marburg
1959–63	Direktor, II. Lehrstuhl für Chirurgie, Universität Köln
1963–73	Direktor, I. Lehrstuhl für Chirurgie, Universität Köln
1973–78	Direktor der Chirurgischen Universitätsklinik München, Nußbaumstraße (Nachfolge R. Zenker)
1978–89	Direktor der Chirurgischen Universitätsklinik im Klinikum Großhadern, München
1989	Emeritierung

Konsiliarische Tätigkeiten:

1953–59	Klinik für Tuberkulose, Universität Marburg
1979–88	Tumorzentrum, Universität München
	a) Gastrointestinale Tumoren
	b) Lungentumoren

Weitere berufliche Aktivitäten:
Vorsitzender der Niederrheinisch-Westfälischen Chirurgen
  1966/67
Dekan der Medizinischen Fakultät in Köln 1967/68
Vorsitzender der Bayerischen Chirurgen 1974 and 1988
Präsident der Deutschen Gesellschaft für Chirurgie 1979/80
(für weitere 3 Jahre Mitglied des Vorstands)
Präsident der Deutschen Gesellschaft für
Katastrophenmedizin 1983 und 1984
Vizepräsident des International College of Surgeons 1988/89

Herausgeberschaften:
„Allgemeine und spezielle Operationslehre" von
Martin Kirschner (gemeinsam mit R. Pichlmayr).
Springer-Verlag Berlin, Heidelberg,
New York, Tokyo.
„Der Chirurg" 1964–89 (gemeinsam mit Ch. Herfarth,
E. Kern und Th. O. Lindenschmidt). Springer-Verlag ,
Berlin, Heidelberg, New York, Tokyo.
„Zentralorgan Chirurgie" (mit F. Linder und
W. Wachsmuth). Springer-Verlag, Berlin, Heidelberg,
New York, Tokyo.

Editorial Board:
„World Journal of Surgery". Springer-International,
New York, Heidelberg, Berlin, Tokyo
„Münchener Medizinische Wochenschrift".
MMW-Verlag, München

Beratertätigkeit bei Fachzeitschriften:
„Research in Experimental Medicine".
Springer-Verlag Berlin, Heidelberg, New York, Tokyo
„Fortschritte der Medizin" Gauting bei München
„Herz-Kreislauf" R. Pflaum-Verlag KG, München.

Mitgliedschaften in Fachgesellschaften:
Deutsche Gesellschaft für Chirurgie
Deutsche Gesellschaft für Herz-, Thorax- und
    Gefäßchirurgie
Bayerische Chirurgenvereinigung
Vereinigung der Niederrheinisch-Westfälischen Chirurgen
Société Internationale de Chirurgie
Collegium Internationale Chirurgiae Digestivae
Société Européenne de Chirurgie Cardio-Vasculaire
American College of Chest-Physicians
The New York Academy of Science

Ehrenmitgliedschaften und Auszeichnungen:
Deutsche Akademie der Naturforscher und Ärzte
    Leopoldina, Halle (1972)
Österreichische Gesellschaft für Chirurgie (1981)
Bayerische Chirurgenvereinigung (1985)
Oberösterreichische Ärztevereinigung Linz (1975)
Surgical Society of Columbia (1985)
American Surgical Association (1985)
American College of Surgeons (1985)
Spanish Surgical Association (1986)
Vereinigung Nordwestdeutscher Chirurgen
Vereinigung Niederrheinisch-Westfälischer Chirurgen
Académie de Chirurgie, Paris (1989)
Max-Lebsche-Medaille der Bayerischen
    Chirurgenvereinigung (1992)
Bayerischer Verdienstorden (1985)
Bundesverdienstkreuz 1. Klasse
    der Bundesrepublik Deutschland
Markowitz Award (1996)
Großes goldenes Ehrenzeichen des Landes Steiermark

Wissenschaftliche Schwerpunkte:

Chirurgische Universitätsklinik Marburg (1951–1959):

1953 Einführung der Lungensegmentresektionen in Deutschland, gemeinsam mit R. Zenker

1956 Einführung von Aorten-Grafts in Marburg, gleichzeitig zu F. Linder in Berlin.

1957 Experimentelle Grundlagenforschung über den synthetischen Aortenersatz und klinische Einführung, gemeinsam mit Petry.

1956– Experimentelle Arbeiten über Hypothermie und
1958 extrakorporalen Kreislauf im Tiermodell. Auf der Grundlage dieser Erfahrungen führte R. Zenker 1958 die erste erfolgreiche Operation am offenen Herzen unter Verwendung der Herz-Lungenmaschine in Deutschland durch.

1959 Erste erfolgreiche Operation in Europa einer traumatischen Ruptur der Aorta descendens unter Verwendung des Linksherz-Bypass (2. Fall weltweit nach K. Klassen, Ohio State University Hospital) führt zu einem lebenslänglichen Resultat.

Chirurgische Universitätskliniken Köln (1959–1973):

1959 Einrichtung des ersten Instituts für Experimentelle Chirurgie in Deutschland nach dem Zweiten Weltkrieg.

1964 Erste erfolgreiche Operation eines rupturierten luischen Aneurysmas des Aortenbogens durch totalen alloplastischen Ersatz in Europa

1963– Entwicklung einer neuen Kardioplegie auf der
1966 Basis der extrazellulären Natrium- und Kalziumrestriktion zusammen mit Novocain (Excerpta Med. Internat. Congr. Ser. 126, 1966) zusammen mit H.-J. Bretschneider (Direktor der ersten Abteilung für Experimentelle Chirurgie in Köln).

1966 Weltweit erste erfolgreiche Operation eines Aneurysmas der Aorta ascendens mit Hilfe der neu entwickelten Kardioplegie (Langenbecks Arch. klin. Chir. 319: 473, 1967).

1965 Gründung des ersten Immunologischen Forschungslabors in einer chirurgischen Klinik in Deutschland (gemeinsam mit G. Hermann).

seit Nierentransplantation beim Menschen und
1967 experimentelle Lebertransplantationen bei Ratten

Chirurgische Universitätskliniken München (1973–1989):
1975/ Entwicklung des „Münchner Modells für
1976 Organtransplantation" gemeinsam mit W. Land. Mit Hilfe dieses interdisziplinären Zentrums nimmt die Zahl der Organtransplantationen in den folgenden Jahren zu.
Seit Umzug in das neuerbaute Klinikum Großhadern
1978 (1500 Betten)

Allgemeinchirurgie:
Interdisziplinäre Diagnose und Therapie von über 950 polytraumatisierten Patienten (1978–1988)

Transplantationschirurgie:
Steigende Zahl der Transplantationen: z.B. 1985 174 Nierentransplantationen, höchste Zahl in Europa, drittgröße Zahl weltweit nach Minneapolis und San Francisco. Bei 15 Patienten simultane Pankreastransplantation.

Endokrine Chirurgie:
Gemeinsam mit R.K. Teichmann Entwicklung eines intraoperativen Schnelltests auf Insulin unter Verwendung eines Radioimmunoassays. Bis 1985 13 erfolgreiche Eingriffe.

Thoraxchirurgie:
1978 bis 1988 über 820 Lungenresektionen und über 200 Metastaseneingriffe.

Gefäßchirurgie:
Seit 1978 zahlreiche Erfahrungen mit der rekonstruktiven
Gefäßchirurgie. Erfahrungen bei über 100 Patienten mit
traumatischen Rupturen und Aneurysmen der thorakalen
Aorta oder atypische suprarenale Coarctatio aortae und
Hypertension.

Bücher und Monographien: 12
Buchbeiträge: 12
Sonstige Publikationen: ca. 550

Lehrstuhlinhaber für Chirurgie:

H.J. Peiper, Lehrstuhl für Allgemeinchirurgie,
   Universität Göttingen
F.W. Eigler, Lehrstuhl für Allgemeinchirurgie,
   Universität Essen
J. Ch. Reidemeister, Lehrstuhl für Thorax- und
   Herzchirurgie, Universität Essen
F.W. Schildberg, Lehrstuhl für Allgemeinchirurgie,
   Universität Lübeck,
   seit 1989 Universität München
V. Zumtobel, Lehrstuhl für Allgemeinchirurgie,
   Universität Bochum
G. Feifel, Lehrstuhl für Allgemeinchirurgie,
   Universität Homburg/Saar
L. Sunder-Plassmann, Lehrstuhl für Gefäß-, Thorax-
   und Herzchirurgie, Universität Ulm
K.-W. Jauch, Lehrstuhl für Chirurgie,
   Universität Regensburg
Y. Mishima, Universität Tokio, Japan
T. Ban, Universität Kioto, Japan
J. Medrano-Heredia, Universität Alicante, Spanien

Bücher und Monographien:

1. Die Lungenresektion (mit R. Zenker and H. Löhr).
   Springer-Verlag, Berlin Heidelberg, 1954, 370 pp.

   Lunge und Mediastinum (mit F.W. Schildberg,
   L. Sunder-Plassmann und I. Vogt-Moykopf). 2. Auflage.
   Springer-Verlag, Berlin Heidelberg New York London
   Paris Tokyo Hong Kong Barcelona, 1991, 666 pp.

2. Aorta und große Arterien – Pathophysiologie, Klinik,
   Röntgenologie und Chirurgie (mit G. Rau und H.H.
   Löhr). Springer-Verlag, Berlin Heidelberg New York,
   1966. Spanische Übersetzung: Enfermedadas de la aorta y
   de las grandes arterias. Editorial Cientifico-Medica
   Barcelona Madrid Lisboa Rio de Janeiro, 1970

3. Angiologie – Grundlagen, Klinik und Praxis (Lehrbuch
   mit G. Rau und W. Schopp) 2. Auflage, Thieme-Verlag,
   Stuttgart, 1974

4. Postaggressionsstoffwechsel - Grundlagen, Klinik,
   Therapie (mit K. Schultis und K. Hoffmann). Schattauer-
   Verlag, Stuttgart, 1977

5. Klinischer Unterricht und Weiterbildung in der
   Chirurgie. Symposion zum 75. Geburtstag Prof. Zenker.
   Springer-Verlag, Berlin Heidelberg New York, 1978

6. Postaggressionsstoffwechsel II (mit K. Schultis und
   B. Günther). Schattauer-Verlag, Stuttgart, 1980

7. Die Indikation zur Operation (mit G. Hegemann).
   Springer-Verlag, Berlin Heidelberg New York, 1973.

   2. Auflage (mit L. Schweiberer) 1981

8. Chirurgie (Lehrbuch für Studenten und Ärzte) (zusammen mit W. Köle und H. Tscherne). Springer-Verlag, Berlin Heidelberg New York
   1. Auflage 1977
   2. Auflage 1978
   3. Auflage 1980
   4. erweiterte Auflage 1983
   5. erweiterte Auflage 986
   6. erweiterte Auflage 1993
9. Chirurgie im hohen Alter (mit J. Witte). Perimed-Verlag, Erlangen, 1982
10. Colorektale Chirurgie (mit H. Denecke). Springer-Verlag, Berlin Heidelberg New York, 1982
11. Ergebnisse der Chirurgischen Onkologie (mit G. Feifel und B. Günther), Band 4. Ferdinand Enke-Verlag, Stuttgart, 1982
12. Gefäßchirurgie (mit R.J.A.M. van Dongen). Kirschnersche allgemeine und spezielle Operationslehre, Band 11. Springer-Verlag, Berlin Heidelberg New York, 1987 [Englische Übersetzung: Vascular Surgery. Springer-Verlag, Berlin Heidelberg New York, 1989.] [Japanische Übersetzung. Springer-Verlag, Tokyo Berlin Heidelberg New York, 1993]

Publikationsverzeichnis

von Prof. Dr. med. Dr. h. c. Georg Heberer

Mannheim 1945–1951

1. Meurer H, Heberer G (1949) Das chronische subdurale Hämatom. Dtsch Med Wochenschr 74: 70
2. Heberer G (1950) Die gegenwärtige Bedeutung der Knochensyphilis. Bruns Beitr Klin Chir 179: 433
3. Heberer G (1950) Zum Krankheitsbild des Pneumoperikards. Chirurg 21: 464
4. Heberer G (1950) Zur Anwendung moderner Chemotherapeutica und Antibiotica in der operativen Urologie. Chirurg 21: 464
5. Heberer G (1950) Erfolgreiche Anwendung moderner Chemotherapeutica und Antibiotica in der operativen Urologie. Z Urol (Sonderheft) 363
6. Heberer G (1951) Mißerfolge und Rückfälle nach Perikardektomie. Langenbecks Arch Klin Chir 266: 693

Marburg/Lahn 1951–1959

7. Heberer G (1951) Komplikationen während und nach Lumbektomien. Chirurg 21: 266
8. Heberer G (1951) Erkennung und Behandlung der stumpfen und offenen Brustverletzung. Unfallchir. Tagung Marburg 5.–6. Mai 1951. (Sonderdruck)
9. Schölmerich P, Heberer G (1952) Elektrokardiographische Untersuchungen vor und nach Perikardektomie. Verh Dtsch Ges Kreislaufforsch, Bad Nauheim 18.–20.4.1952
10. Heberer G (1952) Zur Diagnostik und chirurgischen Behandlung der Lungeneiterungen. Langenbecks Arch Klin Chir 272: 440

11. Schlegel B, Heberer G (1953) Erfahrungen bei der röntgenologischen Diagnostik des verschwielten und verkalkten Perikards. Langenbecks Arch Klin Chir 274: 139

12. Heberer G (1953) Die Bedeutung der bronchovasculären Segmente für die Lungenchirurgie. Langenbecks Arch Klin Chir 273: 229

13. Schölmerich P, Heberer G, von Wallenstein L (1953) Phonokardiologische Untersuchungen bei Pericarditis constrictiva. Medizinische 22

14. Heberer G (1953) Die Anatomie der bronchovaskulären Lungensegmente und ihre chirurgische Bedeutung. Med. Habil.-Schrift, Universität Marburg

15. Heberer G (1953) Die Behandlung der aktiven tuberkulösen Perikarditis durch Perikardektomie. Langenbecks Arch Klin Chir 276: 390

16. Heberer G (1953) Röntgenologische Erfahrungen vor und nach der Perikardektomie. Chirurg 24: 281

17. Zenker R, Heberer G, Löhr HH (1954) Die Lungenresektionen. Anatomie, Indikation, Technik. Springer, Berlin Göttingen Heidelberg

18. Heberer G (1954) Zur Erkennung und operativen Behandlung von Zwerchfellhernien. Langenbecks Arch Klin Chir 278: 328

19. Heberer G (1954) Fortschritte in der chirurgischen Behandlung der Lungentuberkulose. Chirurg 25: 97

20. Heberer G (1954) Technik und Indikationen zur Segmentresektion in der Lungenchirurgie. Langenbecks Arch Klin Chir 278: 511

21. Heberer G (1955) Zur Operation der schwielig-schrumpfenden Perikarditis bei Herzklappenerkrankungen. Langenbecks Arch Klin Chir 282: 333

22. Zenker R, Heberer G, Scholtze H (1955) Abgrenzung der Indikationen zur Segmentresektion bei der Lungentuberkulose. Thoraxchirurgie 3: 194

23. Heberer G, Malkmus S (1956) Pathogenese, Klinik und Therapie der Hämangiome des Mediastinums. Langenbecks Arch Klin Chir 281: 427

24. Heberer G (1956) Die pleuro-pulmonalen Eiterungen des Kindes- und Erwachsenenalters. Langenbecks Arch Klin Chir 281: 598

25. Heberer G, Giessler R (1956) Bedeutung und Aufbau einer Arterienbank. Chirurg 27: 289

26. Heberer G (1956) Bedeutung und Aufbau einer Arterienbank. Langenbecks Arch Klin Chir 284: 291

27. Heberer G (1956) Tierexperimentelle Unterkühlungsstudien. Zentralbl Chir 81: 1642

28. Heberer G (1956) Ergebnisse der Mitralklappensprengung. Zentralbl Chir 81: 1693

29. Heberer G (1956) Tierexperimentelle Beobachtungen zur Herzchirurgie in Unterkühlung. Langenbecks Arch Klin Chir 284: 250

30. Heberer G, Schermuly W, von Buch KG (1957) Empyema in infancy and childhood. German Med Monthly 2: 270–277

31. Heberer G, Schermuly W, von Buch KG (1957) Das spätere Schicksal der Pleuraempyeme im Säuglings- und Kindesalter. Dtsch Med Wochenschr 82: 280–286

32. Heberer G, Kootz F, Meyer-Wegener G, Weiss (1957) Tierexperimentelle Beobachtungen zur Herzchirurgie in intravasaler Unterkühlung. Langenbecks Arch Klin Chir 283: 601.

33. Heberer G, Schmutzer K (1957) Bericht über den 42. Kongress des American College of Surgeons. San Francisco 8.–12.10.1956. Chirurg 28: 80

34. Zenker R, Rambo B, Heberer G, Oech S, Meyer-Wegener H, Beer R (1957) Experimentelle Untersuchungen mit dem Pumpoygenator nach Lillehei und de Wall. Thoraxchirurgie 4: 427

35. Heberer G (1957) Diagnose und chirurgische Behandlung des abdominellen Aortenaneurysma. Dtsch Med Wochenschr 82: 562; 572

36. Heberer G (1957) Diagnosis and treatment of aneurysms of the abdominal aorta. German Med Monthly 2: 203; 211.

37. Heberer G (1957) Zur chirurgischen Behandlung der Colitis ulcerosa. Dtsch Med J 8: 607
38. Heberer G (1957) Fortschritte und Probleme der Wiederherstellungschirurgie großer Arterien. Langenbecks Arch Klin Chir 287: 276
39. Petry G, Heberer G (1957) Die Neubildung der Gefäßwand auf der Grundlage synthetischer Arterienprothesen. Langenbecks Arch Klin Chir 286: 249
40. Stein E, Schölmerich P, Heberer G, Meyer-Wegener H, Gehl H (1957) Elektrokardiographische und hämodynamische Beobachtungen bei extrakorporalem Kreislauf. Verh Dtsch Ges Kreislauff 23: 335
41. Meyer-Wegener H, Beer R, Gehl H, Heberer G, Zenker R (1957) Ergebnisse experimenteller Untersuchungen über pathophysiologische Veränderungen und ihre Ausgleichsmöglichkeit bei Anwendung eines extrakorporalen Kreislaufs. Verh Dtsch Ges Kreislauff 23: 327
42. Schlitter G, Heberer G (1957) Über die Blutdruck- und Gefäßregulation bei der Aortenisthmusstenoseoperation. Thoraxchirurgie 5: 225
43. Beer R, Zenker R, Heberer G, Meyer-Wegener H, Gehl H, Borst HG, Minondo R (1957) Untersuchungen über pathophysiologische Veränderungen im Gasstoffwechsel und Säuren-Basenhaushalt bei Anwendung eines Pumpoxygenators. Anaesthesist 6: 330
44. Zenker R, Heberer G, Meyer-Wegener H, Beer R (1957) Ergebnisse experimenteller Untersuchungen während des extrakorporalen Kreislaufs. Langenbecks Arch Klin Chir 287: 255
45. Meyer-Wegener H, Beer R, Gehl H, Heberer G, Zenker R (1957) Ergebnisse experimenteller Untersuchungen über pathophysiologische Veränderungen und ihre Ausgleichsmöglichkeit bei Anwendung eines extrakorporalen Kreislaufs. Verh Dtsch Ges Kreislauff 23: 327
46. Schlegel B, Heberer G (1958) Mediastinalerkrankungen. In: Cobet R, Gutzeit K, Bock HE (Hrsg) Klinik der Gegenwart 6. Urban & Schwarzenberg, München Wien, S 385

47. Heberer G (1958) Die chirurgische Behandlung von Gefäßverletzungen. Ber Unfallchir Tagg Marburg 21.–22.9.1957, S 51

48. Heberer G, Schlegel B (1958) Aneurysmen der Aorta und der großen Schlagadern. In: Cobet R, Gutzeit K, Bock HE (Hrsg) Klinik der Gegenwart 6. Urban & Schwarzenberg, München Berlin Wien, S 309

49. Heberer G, Peiper HJ, Löhr HH (1958) Die Diagnose und Behandlung von Fremdkörpern im Thorax. Erg Chir Orthop 41: 203

50. Löhr HH, Heberer G, Peiper HJ (1958) Diagnostische Probleme bei chronischen Fremdkörpern des Thorax. Bruns Beitr Klin Chir 196: 277

51. Heberer G (1958) Grundlagen, Indikationen und Ergebnisse der Arteriohomoioplastik. In: Leistungen und Ergebnisse der neuzeitlichen Chirurgie. Thieme, Stuttgart

52. Zenker R, Schlitter JG, Schölmerich P, Heberer G, Schlegel B, Stein E (1958) Aortenisthmusstenose – Symptomatologie, operative Behandlung und Erfolgsbeurteilung. Med Klin 53: 531

53. Heberer G (1958) Wiederherstellungschirurgie des arteriellen Gefäßsystems. Dtsch Med J 9: 256

54. Heberer G (1958) Intrathorakale Aneurysmen – Klinische und experimentelle Erfahrungen. Langenbecks Arch Klin Chir 289: 534

55. Heberer G (1958) Arteriohomoioplastischer Gefäßersatz? Langenbecks Arch Klin Chir 289: 475

56. Zenker R, Heberer G, Gehl H, Borst H, Beer R, Yeh YH (1958) Zur Aufrechterhaltung der Organfunktionen und des Stoffwechsels im extrakorporalen Kreislauf. Langenbecks Arch Klin Chir 289: 294

57. Heberer G (1959) Wiederherstellungschirurgie am arteriellen Gefäßsystem. In: Ratschow M: Angiologie. Thieme, Stuttgart, S 512

58. Heberer G (1959) Zur Chirurgie von Aneurysmen der Bauchaorta, der Milz- und Leberarterien. Chirurg 30: 193

59. Heberer G (1959) Klinische Erfahrungen mit synthetischem Arterienersatz. Langenbecks Arch Klin Chir 292: 305
60. Zenker R, Heberer G (1959) Herzorperationen mit Hilfe einer Herz-Lungen-Maschine. Langenbecks Arch Klin Chir 292: 359
61. Zenker R, Heberer G, Borst HG (1959) Eingriffe am Herzen unter Sicht. Dtsch Med Wochenschr 84: 577, 649, 668
62. Zenker R, Heberer G, Borst HG, Gehl H, Klinner W, Beer R, Schmidt MM (1959) Open-heart operations. German Med Monthly 4: 295

Köln-Merheim 1959–1963

63. Heberer G (1959) Zusammenarbeit zwischen Praktiker und Chirurgen bei arteriellen Gefäßerkrankungen. Monatsk Ärztl Fortb 9
64. Heberer G, Engelking R (1959) Die chirurgische Behandlung rheumatischer Herzerkrankungen. Medizinische 28: 2055
65. Heberer G (1960) Die medizinische Behandlung von Kammerseptumdefekten unter Anwendung des extrakorporalen Kreislaufes. Thoraxchirurgie 7: 510
66. Heberer G, Bonhoeffer K, Rau G (1960) Die rekonstruktive chirurgische Behandlung des chronischen Aorta-Iliaca-Verschlusses. Langenbecks Arch Klin Chir 294: 230 (Teil 1)
67. Heberer G, Bonhoeffer K, Rau G, Eberlein H-J (1960) Die rekonstruktive chirurgische Behandlung des chronischen Aorta-Iliaca-Verschlusses. Langenbecks Arch Klin Chir 294: 269 (Teil 2)
68. Heberer G (1960) Erkrankungen der Bauchaorta und ihre Behandlung durch synthetischen Gefäßersatz. Zentralbl Chir 85: 1564
69. Heberer G (1960) Ergebnisse der Gefäßchirurgie bei homoio- und alloplastischen Gefäßersatz. Monatsk Ärztl Fortb 10

70. Heberer G, Peiper H-J (1960) The development of thoracic and cardiovasular surgery in Germany during recent years. Dtsch-Engl Med Rundsch 1: 37

71. Heberer G (1960) Transplantationen an Aorta und Beckenarterien. Min Cardioang Europ 8: 110

72. Heberer G (1960) Möglichkeiten und Grenzen der Wiederherstellungschirurgie an der Aorta und ihren großen Stammgefäßen. Wiener Med Wochenschr 110: 873

73. Heberer G (1960) By-pass-Operationen am Aorta-Aa.iliacae und femorales-Abschnitt bei chronischen Verschlußkrankheiten. Langenbecks Arch Klin Chir 295: 637

74. Heberer G (1960) Synthetischer Ersatz der Aortenbifurkation (Film). Langenbecks Arch Klin Chir 295: 164

75. Heberer G, Borst H, Grill W, Eberlein HJ (1960) Zur Anwendung eines extrakorporalen Umgehungskreislaufes für Operationen an der descendierenden thorakalen Aorta. Langenbecks Arch Klin Chir 296: 317

76. Heberer G, Rau G (1960) Gefäßchirurgie. Alman Ärztl Fortbild 1960/61, S 187

77. Heberer G (1961) Indikationen und Ergebnisse des synthetischen Ersatzes der Aorta und ihrer großen Äste. Thoraxchirurgie 9: 329

78. Heberer G (1961) Probleme der Spätoperation traumatischer arteriovenöser Fisteln. Langenbecks Arch Klin Chir 298: 354

79. Rau G, Heberer G (1961) Die vesculär und kardial dekompensierte Form der arterio-venösen Fistel traumatischer Genese. Teil I. Langenbecks Arch Klin Chir 297: 424

80. Heberer G (1961) Chirurgische Therapie der arteriellen Verschlußkrankheiten. Monatsk Ärztl Fortb 11: 732

81. Heberer G (1961) Indikationen und Ergebnisse der Wiederherstellungschirurgie bei chronischen Aorta-Iliaca-Verschluß. Verh Dtsch Ges Inn Med 67: 266

82. Albrecht KF, Eigler FW, Heberer G (1961) Seitengetrennte Harnuntersuchung bei einseitiger Nierenerkrankung und Nierenarterienstenosen. Verh Dtsch Ges Urol 22

83. Heberer G, Rau G, Eberlein HJ (1962) Die vasculär und cardial dekompensierte Form der arteriovenösen Fistel traumatischer Genese. Langenbecks Arch Klin Chir 299: 254
84. Heberer G, Peiper HJ (1962) Fortschritte in der Bauchchirurgie. Alman Ärztl Fortb, S 169
85. Heberer G, Peiper HJ (1962) Die Hepatocholangiojejunostomie bei Verlust der extrahepatischen Gallenwege. Chirurg 33: 29
86. Heberer G (1962) Neue Wege in der chirurgischen Hypertoniebehandlung. Monatsk Ärztl Fortb 12: 116
87. Heberer G, Kristen H (1962) Akute periphere Arterienverschlüsse. Paracelsus-Beihefte 14: 33
88. Heberer G (1962) Zur operativen Behandlung traumatischer Rupturen und Aneurysmen der thorakalen Aorta. Langenbecks Arch Klin Chir 301: 673
89. Heberer G (1962) Zur Operation traumatischer Aneurysmen der thorakalen Aorta. Zentralbl Chir 87: 811
90. Heberer G (1962) Möglichkeiten und Grenzen der Chirurgie im Alter. Med Pharmaz Studienges 1: 102
91. Heberer G, Eigler FW (1962) Spezielle Operationstechnik bei großen Aneurysma der Aorta abdominalis (Film). Langenbecks Arch Klin Chir 301: 603
92. Heberer G, Rau G (1962) Gefäßersatz bei traumatischen arteriovenösen Fisteln mit vasculärer Dekompensation. Langenbecks Arch Klin Chir 300: 717
93. von Buch KG, Heberer G (1962) Die Operation der Aortenisthmusstenose im höheren Lebensalter und bei zusätzlichen Herzerkrankungen. Verh Dtsch Ges Kreislauff 28: 426
94. Eigler FW, Albrecht KF, Heberer G (1962) Seitengetrennte Nierenfunktionsprüfung bei Hochdruckkranken mit Nierenarterienstenosen. Verh Dtsch Ges Kreislauff 28: 272
95. Heberer G, Eigler FW, Albrecht KF (1962) Diagnostische und chirurgische Möglichkeiten bei Hochdruckkranken mit Nierenarterienstenosen. Langenbecks Arch Klin Chir 302: 159

96. Heberer G (1963) Zur Operationstechnik bei großen Aneurysmen der Aorta abdominalis. Zentralbl Chir 88: 1097

97. Heberer G, Peiper HJ (1963) Chirurgische Möglichkeiten bei Funktionsstörungen am Verdauungstrakt. Monatsk Ärztl Fortb 13: 58

98. Heberer G (1963) Kolontransplantationen bei Ösophagusstriktur. Zentralbl Chir 88: 1421

Köln-Lindenthal Mai 1963–April 1973

99. Heberer G, Eigler FW (1963) Nierenarterienstenose und Hochdruck. Münch Med Wochenschr, Bilderbeilage 7, 105

100. Heberer G (1963) Laudatio zum 60. Geburtstag von Prof. Dr. R. Zenker. Bruns Beitr Klin Chir 206

101. Heberer G (1963) Hochverehrter, lieber Herr Zenker. Langenbecks Arch Klin Chir 302

102. Reichmann W, Heberer G (1963) Zur Klinik und Behandlung von jugendlichen Pseudocysten und Riesenzelltumoren des Knochens. Langenbecks Arch Klin Chir 302: 352

103. Heberer G, Albrecht KF, Eigler FW (1963) Chirurgische Möglichkeiten bei der Behandlung des Hochdrucks. Alman Ärztl Fortb, S 220

104. Heberer G (1963) Chirurgische Möglichkeiten in der Hochdrucktherapie. Bayer Landesärztek 2: 245

105. Heberer G, Giessler R (1963) Probleme der Wiederherstellungschirurgie bei Verschlußkrankheiten am Aorta-Iliaca-Abschnitt. Verh Dtsch Ges Kreislauff 29: 133

106. Giessler R, Heberer G (1963) Erfahrungen mit synthetischem Arterienersatz. Langenbecks Arch Klin Chir 304: 967

107. Eigler FW, Albrecht KF, Heberer G (1963) Das „Frühurogramm" und der „Rapoport-Test" zur Erkennung von Hochdruckkranken mit Nierenarterienstenosen. Verh Dtsch Ges Inn Med 69

108. Heberer G, Rau G, von Buch KG, Gehl H (1963) Die chirurgische Behandlung der Coarctatio aortae (Aortenisthmusstenose) im höheren Lebensalter und bei zusätzlichen Herz- oder Gefäßanomalien. Dtsch Med Wochenschr 88: 773

109. Heberer G, Dobberstein H, Reichmann W (1963) Antiobiotische und chemotherapeutische Behandlung in der Unfallchirurgie. In Bürkle de la Camp, Schwaiger HM (Hrsg) Handbuch der gesamten Unfallheilkunde. 3. Aufl, Bd 1, Enke, Stuttgart, S 580

110. Heberer G (1963) Die chirurgische Behandlung der vasculär und kardial dekompensierten Form der traumatischen arteriovenösen Fisteln. Kreislauf-Bücherei 21: 155

111. Heberer G, Eigler FW (1964) Operation eines traumatischen Aneurysmas der Aorta thoracica descendens mit Hilfe eines Umgehungskreislaufes. Langenbecks Arch Klin Chir 308: 548

112. Heberer G, Eigler FW (1964) Chirurgische Möglichkeiten bei Hochdruckerkrankungen. Langenbecks Arch Klin Chir 308: 548

113. Heberer G, Pfisterer HG (1964) Enteritis regionalis. Monatsk Ärztl Fortb 14: 341

114. Bonhoeffer K, Rau G, Heberer G (1964) Tödliche pulmonale Insuffizienz nach Operation eines rupturierten Aneurysmas der Aorta ascendens in extrakorporaler Zirkulation und tiefer Hyperthermie. In: Ungelöste Probleme der Chirurgie. Thieme, Stuttgart, S 188

115. Kersten HG, Rau G, Höffken W, Heberer G (1964) Das Anzapf-Syndrom der Arteria vertebralis bei Obliteration der Arteria subclavia im Abschnitt I (Subclavian Steal Syndrome). Med Welt 33: 1526

116. Heberer G (1964) Aussprachen zum Hauptthema: Verletzungen des Thorax. Thoraxchirurgie 12: 230

117. Heberer G (1964) Verletzungen der großen Körperhöhlen. Monatsk Ärztl Fortb 14: 619

118. Heberer G, Reidemeister JC, Rau G (1964) Der heutige Stand der Herzchirurgie. Alman Ärztl Fortb 1965, S 201

119. Heberer G, Giessler R (1965) Die chirurgische Behandlung der Arteriosklerose. In: Doberauer W, Hiltmair A, Nissen R, Schulz FH (Hrsg) Handbuch der praktischen Geriatrie, Bd. 1. Enke, Stuttgart, S 615

120. Heberer G, Giessler R, Simon E (1964) Behandlung von Aortenrupturen nach stumpfem Körpertrauma. Monatsschr Unfallheilk 81: 25

121. Heberer G, Kristen H (1965) Indikationen, Methoden und Ergebnisse chirurgischer Eingriffe bei arteriellen Embolien. Therapiewoche 15: 217

122. Heberer G (1965) Möglichkeiten bei Hochdruckchirurgie. Ärztl Praxis 27: 302

123. Heberer G, Castrup HJ (1965) Die Ösophago-Trachealfistel nach stumpfem Thoraxtrauma. Thoraxchir vask Chir 12: 384

124. Heberer G (1965) Plastische und Wiederherstellungschirurgie an Arterien. Langenbecks Arch Klin Chir 313: 759

125. Heberer G, Kristen H (1965) Technische Möglichkeiten, Indikationen und Ergebnisse beim embolischen Arterienverschluß. Verh Dtsch Ges Kreislauff 31: 345

126. Rau G, Giessler R, Heberer G (1965) Operationsindikation und chirurgische Behandlung chronischer arterieller Durchblutungsstörungen. Internist 6: 216

127. Heberer G, Rau G (1965) Der heutige Stand der Wiederherstellungschirurgie bei chronischen arteriellen Verschlußkrankheiten. Regensburger ärztl Fortb 13: 224

128. Rau G, Heberer G (1965) Die chirurgische Behandlung der zerebralen Gefäßverschlußkrankheiten und des Schlaganfalls. Dtsch Med J 16: 765

129. Heberer G (1965) Klinische Demonstrationen. Zentralbl Chir 90: 338

130. Heberer G, von Brehm H (1966) Zur retrosternalen Quercolon-Transplantation wegen gutartiger Oesophagusstrikturen. Chirurg 37: 1

131. von Buch KG, Engelking R, Heberer G (1966) Die Coarctatio aortae (Aortenisthmusstenose) im Säuglings- und Kindesalter. Dtsch Med Wochenschr 91: 1827

132. Heberer G, Lauschke H, Hau T (1966) Pathogenese, Klinik und Therapie der Oesophagusrupturen. Chirurg 37: 433
133. Heberer G, Rau G, Löhr HH (1966) Aorta und große Arterien. Springer, Berlin Heidelberg New York
134. Heberer G (1966) Alloplastischer Ersatz des Aortenbogens beim rupturierten luischen Aneurysma. Zentralbl Chir 91: 911
135. Heberer G (1966) Klinische Demonstrationen. Zentralbl Chir 91: 55
136. Heberer G, Giessler R (1966) Das Aneurysma dissecans der Aorta (Film). Langenbecks Arch Klin Chir 316: 136
137. Heberer G, Giessler R (1966) Das Aneurysma dissecans der Aorta (Film). Zentralbl Chir 91: 1294
138. Heberer G (1966) Spätergebnisse nach chirurgischer Therapie arterieller Gefäßverschlüsse. Langenbecks Arch Klin Chir 316: 187
139. Heberer G, Bretschneider HJ (1966) Experimental and clinical experiences with cardioplegia due to restriction of extracellular sodium and calcium with administration of novocain. Excerpta Medica Int Congr Ser 126
140. Heberer G (1967) Akademische Gedenkfeier für Norbert Schümmelfelder 20.2.1967. Kölner Universitätsreden 38: 20
141. Heberer G, Giessler R, Rau G, Eberlein HJ (1967) Aortobronchiale Fistel 6 Jahre nach Operation einer Coarctatio aortae unter Verwendung eines homoioplastischen Aortentransplantates. Erfolgreicher Ersatz des Transplantates durch Gefäßprothese. Langenbecks Arch Klin Chir 317: 352
142. Rau G, Heberer G (1967) Notwendigkeit und Möglichkeit chirurgischer Behandlung angeborener Herzfehler im Säuglingsalter. Alman Ärztl Fortb, S 341
143. Heberer G (1967) Chirurgische Therapie bei Hypertonikern mit Nierenerkrankungen. Ärztl Fortb 15: 296
144. Reidemeister C, Heberer G, Bretschneider HJ (1967) Induced cardiac arrest by sodium and calcium depletion and application of procaine. Int Surg 47: 535

145. Heberer G (1967) Makromolekulare Stoffe als Blut- und Gewebeersatz. Klin Wochenschr 45: 874
146. Heberer G (1967) Intra- und postoperative Zwischenfälle bei Eingriffen am Magen und Duodenum. Zentralbl Chir 92: 829
147. Heberer G, Engelking R, Eigler FW (1967) Diagnostische und therapeutische Besonderheiten bei einigen Hochdruckkranken mit Nierenarterienstenosen. Dtsch Med Wochenschr 92: 581
148. Peiper HJ, Heberer G (1967) Ergebnisse der Chirurgie des thorakalen und abdominalen Abschnittes der Aorta. Zentralbl Chir (Sonderheft) 92: 1551
149. Heberer G (1967) Chronische arterielle Verschlußkrankheiten: Kriterien für Indikationsstellung und Erfolgsbeurteilung operativer Maßnahmen. Langenbecks Arch Klin Chir 319: 1135
150. Heberer G (1967) Arterielle Verschlußkrankheiten. Langenbecks Arch Klin Chir 319: 1156
151. Heberer G (1967) Aussprache. Zu: Schwarz H, Scheidlin W, Senning Å: Die Bedeutung von Separatharnuntersuchungen und Nierenbiopsien für die chirurgische Behandlung der Nierenarterienstenose. Langenbecks Arch Klin Chir 319: 1193
152. Reidemeister Ch, Heberer G, Gehl H, Thiele JP (1967) Klinische Ergebnisse mit der Kardioplegie durch extracellulären Natrium- und Calciumentzug und Procaingabe. Langenbecks Arch Klin Chir 319: 701
153. Heberer G, Reidemeister Ch (1967) Die Operation eines Aneurysma der Aorta ascendens mit Hilfe eines neuen Herzstillstandes. Langenbecks Arch Klin Chir 319: 473
154. Heberer G (1967) Möglichkeiten chirurgischer Therapie bei nephrogenen Hochdruckerkrankungen. Verh Dtsch Ges Kreislauff 33: 73
155. Giessler R, Heberer G (1967) Diagnose und Therapie des rupturierten Aneurysmas der Bauchaorta. Chirurg 38: 514
156. Heberer G, Senno A, Laur A (1967) Traumatische intraperikardiale Zwerchfellrisse mit Baucheingeweideprolaps. Chirurg 38: 410

157. Heberer G, Posth HE (1967) Intra- und postoperative Komplikationen der „Konventionellen Ulcuschirurgie". 23. Congr Internat Chir, Wien, S 711

158. Heberer G (1967) Arterielle Durchblutungsstörungen. Einleitung. Therapiewoche 17: 1567

159. Heberer G (1967) Der heutige Stand der chirurgischen Möglichkeiten beim renovaskulären Hochdruck. Regensb ärztl Fortb (Sonderdruck)

160. Thiele P, Heberer G (1967) Zur operativen Behandlung von Herzwandaneurysmen. Verh Dtsch Ges Kreislauff 33: 170

161. Heberer G (1967) Medicinae et artibus. Eröffnungsrede zur 134. Tagung der Vereinigung Niederrheinisch-Westfälischer Chirurgen am 13.19.1967. Publiziert in: Festschrift für Prof. Dr. phil. Dr. med. Wilhelm Katner zu seinem 65. Geburtstag. Düsseldorfer Arb Gesch Med Beih 1: 22

162. Heberer G, Eigler FW, Gehl H (1968) Die Aorta-Arteria renalis-Plastik zur Beseitigung aortennaher Nierenarterienstenosen bei Hochdruckkranken. Chirurg 39: 94

163. Heberer G, Stücker FJ, Larena A, Fuchs K, Kallenberg A (1968) Intra- und postoperative Zwischenfälle bei Operationen an Magen und Duodenum und die Ergebnisse der Korrektureingriffe. Langenbecks Arch Klin Chir 320: 269

164. Heberer G (1968) Die chirurgische Behandlung des Herzwandaneurysmas nach Myokardinfarkt. Zentralbl Chir 95: 1154

165. Heberer G (1968) Beurteilung und Behandlung von Verletzungen des Brustkorbes und der Brustorgane im Rahmen der Mehrfachverletzungen. Langenbecks Arch Klin Chir 322: 268

166. Heberer G, Rau G (1968) Das Herzwandaneurysma nach Myokardinfarkt (Film). Langenbecks Arch Klin Chir (Kongreßber) 322: 1337

167. Heberer G, Rau G, Thiele P, Bültel E (1968) Das Herzwandaneurysma nach Myokardinfarkt. Dtsch Med Wochenschr 93: 728

168. Heberer G, Zühlke V (1968) Entwicklung und derzeitiger Stand der klinischen Nierentransplantation. Jahrb Land Nodrhein-Westfalen Landesarch Forsch, S 113

169. Giessler R, Gehl H, Heberer G (1968) Das Nahtaneurysma nach alloplastischem Gefäßersatz. Langenbecks Arch Klin Chir 322: 992

170. Heberer G, Giessler R (1968) The Treatment of abdominal aortic aneurysms. Proc Sect Meet ACS, S 61

171. Eigler FW, Heberer G, Gehl H (1968) Operationsergebnisse bei renovaskulärem Hochdruck. Radiol Clin Biol 37: 278

172. Heberer G (1968) Bronchusplastik bei Bronchuskarzinoid. Zentralbl Chir 93: 1155

173. Heberer G, Eigler FW, Gehl H (1969) Special indications and operative methods in renovascular hypertension. J Cardiovasc Surg 10: 265

174. Rau G, Mennicken U, Gehl G, Heberer G (1969) Lebensbedrohliche Ringbildungen der Aorta. Embryologie, Diagnose und operative Behandlung. Monatsschr Kinderheilkd 117: 179

175. Heberer G, Reidemeister Ch, Rau G, Huismans BD (1969) Der Aortenbogenersatz bei luischen Aneurysmen. Chirurg 40: 174

176. Heberer G, Kern E (1969) Wechsel in der Schriftleitung. Dank an W. Block. Chirurg 40

177. Heberer G, Giessler R, Marquardt H (1969) Zur Erkennung und Behandlung von Bauchaortenaneurysmen. Dtsch Med Wochenschr 94: 699

178. Heberer G, Giessler R, Marquardt H (1969) Abdominal aortic aneurysms: Report on 100 patients in 11 years. Surg Dig

179. Heberer G, Giessler R, Marquardt H (1969) Sobre el reconogimiento y tratamiento de los aneurismas de la aorta abdominal. Med Alem X: 2007

180. Heberer G, Schildberg FW (1969) Verletzungen des Herzens mit spät einsetzender Symptomatik. Thoraxchir Vask Chir 17: 222

181. Heberer G, Giessler R, Marquardt H (1969) Harnabflußstörungen bei Aorta iliaca-Erkrankungen. Langenbecks Arch Klin Chir 325: 675

182. Giessler R, Gehl H, Heberer G (1969) Diagnose und Therapie von Spätkomplikationen nach aorto-iliacalen Wiederherstellungseingriffen. Verh Dtsch Ges Kreislauff 35: 450

183. Heberer G, Rau G (1969) Die suprarenale Stenose der Bauchaorta mit Hypertonie und ihre chirurgische Behandlung. Langenbecks Arch Klin Chir 325: 1202

184. Heberer G (1969) Makromolekulare Kunststoffe – Bedeutung und Probleme für die Chirurgie von heute und morgen. Monatsk Ärztl Fortb 19: 196

185. Heberer G, von Brehm H (1969) Der schwere Unfall: Herz und Aorta mit ihren thorakalen Ästen. 10. Tagung Österr Ges Chir Graz, S 195

186. Heberer G, Eigler FW (1969) Operative Therapie bei arterieller Hypertonie. In: Heintz R, Loosse H (Hrsg) Arterielle Hypertonie. Thieme, Stuttgart, S 381

187. Giessler R, Gehl H, Heberer G (1969) Die chirurgische Behandlung der cerebrovasculären Insuffizienz. Chirurg 40: 433

188. Heberer G, Eigler FW, Gehl H (1969) Surgical treatment of the renovascular hypertension and ist results. 6. Pan-Hellenischer Chirurgenkongreß, S 707

189. Heberer G, Rau G (1969) Das Herzwandaneurysma nach Myokardinfarkt (Film). Zentralbl Chir 94: 1012

190. Peiper H-J, Schramm G, Heberer G (1970) Zur Anwendung einer totalen extrakorporalen Zirkulation für Risikoeingriffe beim Ductus arteriosus apertus. Thoraxchir Vask Chir 18: 102

191. Heberer G (1970) Gedächtnissitzung der Kölner Chirurgenvereinigung am 25.6.1969 zu Ehren Prof. Dr. V. Hoffmann. Zentralbl Chir 95: 132

192. Heberer G, Giessler R (1970) Angina intestinalis. Fortschr Med 88: 381

193. Heberer G, Larena A, Zumtobel V (1970) Krebsrisiko-erkrankungen und gutartige Geschwülste der Speiseröhre und des Magens. Chirurg 41: 107
194. Heberer G, Schildberg FW (1970) Zur Erkennung und Behandlung luischer Aneurysmen der thorakalen Aorta. Dtsch Med Wochenschr 95: 1707
195. Heberer G, von Brehm H, Hirschfeld J (1970) Die Divertikelerkrankungen des Dickdarms. Chirurg 41: 252
196. Heberer G, Eigler FW (1970) Operationsergebnisse beim renovaskulären Hochdruck. Act Urol 1: 237
197. Heberer G, Sachweh D (1970) Akute Dissektionen eines thorakalen Aortenaneurysmas mit postoperativem Verschluß einer Aorten-Bifurkationsprothese. Chirurg 41: 466
198. Heberer G (1970) Thorako-abdominales Aortenaneurysma mit Angina intestinalis und Wirbelarrosionen. Zentralbl Chir 95: 1603
199. Heberer G, Eigler FW (1970) Die chirurgischen Behandlungsmöglichkeiten beim renovaskulären Hochdruck. Österr Ärztez 25: 797
200. Heberer G, Schramm G (1970) Resektionen von Ventrikelaneurysmen. Verh Dtsch Ges Kreislauff 36: 167
201. Heberer G (1971) Ruptures and aneurysms of the thoracic aorta after blunt chest trauma. J Cardiovasc Surg 12: 115
202. Heberer G, Sachweh D (1971) Thorako-abdominales Aortenaneurysma mit Angina intestinalis und Wirbelarrosionen (Film). Langenbecks Arch Klin Chir 329: 1172
203. Heberer G (1971) Nierenarterienstenose. Münch Med Wochenschr 113: 68
204. Heberer G, Zumtobel V, Eigler FW, Rau G (1971) Behandlung atypischer suprarenaler Stenosen der Aorta bei Hypertonikern. Dtsch Med Wochenschr 96: 615
205. Heberer G, Zumtobel V, Eigler FW, Rau G (1971) Tratamiento de las estenosis aorticas suprarenales atipicas en hipertensos. Med Alem 12: 1235
206. Heberer G, Vogel W, von Brehm H (1971) Rupturen und Aneurysmen der thorakalen Aorta nach stumpfen Brustkorbverletzungen. Langenbecks Arch Klin Chir 330: 10

207. Heberer G, Vogel W (1971) Rupturen und Aneurysmen der thorakalen Aorta nach stumpfen Thoraxtraumen. Münch Med Wochenschr 21: 825

208. Heberer G, Zehle A, Chorus A (1971) Wundheilungsstörungen in der rekonstruktiven Aortenchirurgie. Chirurg 42: 337

209. Schildberg FW, Heberer G (1971) Die chirurgische Behandlung der Aorta descendens-Aneurysmen. Thoraxchir Vask Chir 19: 354

210. Vogel W, Heberer G (1971) Traumatische Rupturen der thorakalen Aorta. Thoraxchir Vask Chir 19: 412

211. Reidemeister C, Schramm G, Heberer G (1971) Klinische Erfahrungen mit der Kardioplegie nach Bretschneider. Thoraxchir Vask Chir 19: 104

212. Heberer G, Schramm G, Schildberg FW (1971) Chirurgische Behandlung des Herzwandaneurysmas. Chirurg 42: 181

213. Hoffmann K, Dostal G, Heberer G (1971) The significance of early diagnosis for the treatment of chronic mesenteric vascular insufficiency. Chir Gastroenterol 5: 153

214. Heberer G (1971) Neue Aspekte in der Ulkuschirurgie. Zentralbl Chir 96: 1750

215. Heberer G (1971) Diagnostik und Therapie der chronischen Durchblutungsinsuffizienz der Viszeralarterien (Angina intestinalis). Zentralbl Chir 96: 1753

216. Stücker FJ, Heberer G (1971) Experimental and clinical investigations for the operative treatment of incompetence at the cardia. Bull Soc Int Chir 30: 444

217. Schlegel R, Heberer G, Stücker FJ (1971) Mediastinalerkrankungen. In: Cobert R, Gutzeit K, Bock HE, Hartmann F (Hrsg) Klinik der Gegenwart, Bd 6. Urban & Schwarzenberg, München Berlin Wien, S E385

218. Heberer G (1971) Die dringliche Indikation zur operativen Behandlung arterieller Aneurysmen. Therapiewoche 21: 3283

219. Medrano J, Heberer G, Schramm G (1972) Zur Diagnostik und Behandlung der vasculären Ringbildungen im Bereich des Aortenbogens. Chirurg 43: 75

220. Giessler R, Eisenhardt HJ, Heberer G (1972) Chronische supraaortale Stenosen und Verschlüsse. Thoraxchirurgie 20: 382

221. Heberer G (1972) Chirurgische Therapie arteriosklerotischer Gefäßerkrankungen. Österr Ärztez 27: 210

222. Heberer G, Fiedel U, Giersberg O, Günther B (1972) Die operative Behandlung der Schilddrüsenerkrankungen. Therapiewoche 22: 2346

223. Heberer G, Sachweh D, Giessler R (1972) Zur chirurgischen Behandlung des infrarenalen arteriosklerotischen Bauchaortenaneurysmas. Chirurg 43: 162

224. Heberer G, Eisenhardt HJ, Giessler R, Stücker GJ (1972) Die zerebrovaskuläre Insuffizienz bei chronischen supraaortalen Stenosen und Verschlüssen. Dtsch Med Wochenschr 97: 589

225. Heberer G (1972) Chirurgische Therapie der Eingeweidearterienverschlüsse und der Bauchaortenaneurysmen. Verh Dtsch Ges Inn Med 78: 580

226. Heberer G (1972) Chirurgische Therapie der Bauchaortenaneurysmen und der Eingeweidearterienverschlüsse. Münch Med Wochenschr 114: 955

227. Heberer G (1972) Verletzungen der Gliedmaßenschlagadern. Langenbecks Arch Klin Chir 332: 307

228. Heberer G, Dostal G, Hoffmann K (1972) Zur Erkennung und operativen Behandlung der chronischen Mesenterialinsuffizienz. Dtsch Med Wochenschr 97: 750

229. Heberer G (1972) Akute und chronische Verschlüsse der Gliedmaßenarterien. Langenbecks Arch Klin Chir 332: 333

230. Heberer G, Zumtobel V, Hoffmann K (1972) Wandlungen in der chirurgischen Ulkustherapie. Leber Magen Darm 2: 259

231. Heberer G, Eisenhardt HJ, Giessler R, Stücker F (1972) La insufficiencia cerebrovascular en las occlusiones y estenosis supraaorticas cranicas. Med Alem 13 (Sonderdruck)

232. Heberer G, Schildberg FW (1972) Traumatische arteriovenöse Fisteln. Langenbecks Arch Klin Chir 332: 865

233. Heberer G (1972) Chirurgische Behandlung des renovaskulären Hochdrucks. Thoraxchir Vask Chir 20: 365
234. Heberer G, Reidemeister C (1972) Dilatierende und rupturierende Arterienerkrankungen. In: Hornbostel HW, Kaufmann W, Siegenthaler K (Hrsg) Innere Medizin in Praxis und Klinik, Bd 1. Thieme, Stuttgart, S 2
235. Heberer G, Zehle A, Kristen H (1973) Die chirurgische Behandlung akuter und chronischer arterieller Verschlußkrankheiten. In: Cobert R, Gutzeit K, Bock HE, Hartmann F (Hrsg) Klinik der Gegenwart, Bd 11. Urban & Schwarzenberg, München Berlin Wien, S 187
236. Heberer G (1973) Chirurgische Aspekte der Hypertoniebehandlung. In: Loosse H, Hintz R, Aktuelle Hypertonieprobleme. Thieme, Stuttgart, S 134
237. Heberer G, Sachweh D, Denecke H (1973) Das Aneurysma der Nierenarterie. Münch Med Wochenschr 115: 217
238. Heberer G, Hoffmann H, Hirschfeld J (1973) Entzündliche Erkrankungen des Dickdarms. Fortschr Med 91: 652
239. Schramm G, Heberer G (1973) Pulmonale Embolektomie mit Hilfe der extrakorporalen Zirkulation. Chirurg 44: 200

München 1973–1989

240. Giessler R, Hoffmann K, Heberer G (1973) Akute und chronische Verschlüsse der Viszeralarterien. Dtsch Med Wochenschr 98: 1112
241. Heberer G, Denecke H (1973) Gefäßerkrankungen und Niere. Monatsk Ärztl Fortb 23: 512
242. Heberer G, Fischer R, Hoffmann K (1973) Colitis regionalis Crohn − Colitis ulcerosa. Pathologie, Klinik, Therapie. Langenbecks Arch Klin Chir 334: 993
243. Heberer G, Denecke H, Sachweh D (1973) Problems in surgical treatment of renovascular hypertension. J Cardiovasc Surg: 192

244. Heberer G (1973) Entzündliche Dünndarm- und Dickdarmerkrankungen. Langenbecks Arch Klin Chir 334: 123

245. Heberer G (1973) Diverticulitis des Dünn- und Dickdarms. Langenbecks Arch Klin Chir 334: 117

246. Heberer G, Giessler R (1974) Arterielle Wiederherstellungschirurgie. In: Heberer G, Rau G, Schopp W (Hrsg) Angiologie. 2. Aufl. Thieme, Stuttgart, S 344

247. Heberer G, Reidemeister C (1974) Aneurysmen und Elongationen der Arterien. In: Heberer G, Rau G, Schopp W (Hrsg) Angiologie. 2. Aufl. Thieme, Stuttgart, S 555

248. Heberer G, Zumtobel V (1974) Wann und wie soll beim Ulkusleiden operiert werden? In: Ottenjann R (Hrsg) Pragmatische Therapie in der Gastroenterologie: Witzstrock, Baden-Baden, S 21

249. Heberer G (1974) Surgical treatment and operative results of vascular hypertension. Jpn J Surg 4: 73

250. Heberer G (1974) Indikatorische Probleme in der Herz- und Gefäßchirurgie. Rundgespräch. Langenbecks Arch Klin Chir 337: 337

251. Stücker FJ, Heberer G, Rudert H (1974) Die therapie refluxoesophagitischer Strikturen. Langenbecks Arch Klin Chir 337: 828

252. Heberer G, Hoffmann K, von Bary S, Nakano H (1974) Zur operativen Therapie der Dickdarmdivertikulitis. Münch Med Wochenschr 116: 1075

253. Heberer G, Hegemann G (1974) Indikation zur Operation. Springer, Berlin Heidelberg New York

254. Heberer G, Brendel W, Schildberg FW, Feifel G (1974) Aufgabe und Organisation chirurgisch-klinischer Forschung. Chirurg 45: 490

255. Hamelmann H, Heberer G, Hegemann G (1974) Gefäßchirurgie auch in „kleinen Häusern". Ärztl Prax 16: 316

256. Heberer G, Rau G, Schoop W (1974) Angiologie. 22. Aufl. Thieme, Stuttgart

257. Schildberg FW, Heberer G, Denecke H (1974) Operationsindikation und Ergebnisse bei renovaskulärem

Hypertonus. In: Harrer G, Zängl A (Hrsg) Van Swieten Tagung Wien. Österr Ärztek, S 313

258. Heberer G, Denecke H (1975) Spätprognose nach chirurgischer Behandlung der renovaskulären Hypertonie. Volume of honour, BG Kourias, Athen

259. Gheorghiu T, Fahrländer H, Fischer R, Heberer G (1975) Colitis ulcerosa: Aktuelle Probleme der Pathogenese, Diagnose und Therapie. In: Kühn H (Hrsg) Probleme der Hepatologie und Gastroenterologie. Demeter, Gräfelfing, S 271

260. Heberer G, Schildberg FW, Becker H-M, Stelter WJ, Zumtobel V (1975) Die atypische suprarenale Aortenstenose als Ursache eines juvenilen Hypertonus. Dtsch Med Wochenschr 100: 649

261. Heberer G, Kern E, Lindenschmidt O (1975) 100 Themenhefte – Rückschau und Ausblick. Chirurg 46: 193

262. Heberer G (1975) Aktuelle Aspekte der chirurgischen Behandlung der vaskulären Hypertonie. Kongr Ärztl Fortb Med Ges Oberösterr, S 37

263. Heberer G (1975) Entzündliche Dickdarmerkrankungen: Colitis ulcerosa, Morbus Crohn, Divertikulitis. Bayer Ärztebl 30: 738

264. Stelter WJ, Schildberg FW, Heberer G (1975) Operative Behandlung einer ausgedehnten Hypoplasie der thorakalen und abdominalen Aorta mit Hypertonie. Langenbecks Arch Klin Chir 339: 706

265. Denecke H, Heberer G, Konrads A (1975) Spätergebnisse der Revascularisation bei Urämie und renovasculärem Hochdruck. Langenbecks Arch Klin Chir 339: 706

266. Heberer G, Schildberg FW, Becker H-M, et al (1975) Die Arteriosklerose als chirurgische Aufgabe. Langenbecks Arch Klin Chir 339: 757

267. Heberer G (1975) Leitung: Rundgespräch zum Thema: Die Arteriosklerose als chirurgische Aufgabe. Langenbecks Arch Klin Chir 339: 215

268. Heberer G (1975) Ergebnisse der rekonstruktiven Arterienchirurgie. Langenbecks Arch Klin Chir 339: 199

269. von Bary S, Hoffmann K, Heberer G (1975) Early operative indication for diverticular disease of the colon. Chir Gastroenterol 9: 221

270. Hoffmann K, von Bary S, Heberer G (1975) Chirurgische Therapie der Colitis ulcerosa. Zentralbl Chir 100: 1012

271. Heberer G, Schultis K, Hoffmann K (1975) Postaggressionsstoffwechsel – Grundlagen, Klinik, Therapie. Schattauer, Stuttgart New York

272. Denecke H, Heberer G, Becker HM (1976) Nephrektomie oder Revaskularisation bei lokalen Frühkomplikationen an der operativen Nierenarterie. Münch Med Wochenschr 118: 281

273. Heberer G, Zumtobel V (1976) Rektumkarzinom: Kontinenzerhaltung oder Rektumexstirpation? Münch Med Wochenschr 118

274. Schildberg FW, Witte J, Heberer G (1976) Die Hämobilie als Sonderform der gastrointestinalen Blutung. Dtsch Med Wochenschr 101: 743

275. Heberer G, Schildberg FW, Stelter WJ (1976) Der Dacron-Bypass zur Behandlung der atypischen suprarenalen Coarctatio aortae. In: Navratil J, Helmer F (Hrsg.) 16. Tagg Österr Ges Chir Wien. Robidruck, Wien, S 167

276. von Bary S, Hoffmann K, Heberer G (1976) Early indication in the operative treatment of diverticulitis. Excerpta Medica Int Congr Ser 389: 199

277. Heberer G, Land W (1976) Errichtung eines überregionalen Transplantationszentrums. Bayer Ärztebl 31: 488

278. Heberer G, Hoffmann K, von Bary S (1976) Operative Behandlung entzündlicher Dickdarmerkrankungen: Colitis ulcerosa, Morbus Crohn, Divertikulitis. Dtsch Med Wochenschr 101: 605

279. Heberer G, Denecke H (1976) Die Arteriosklerose als chirurgische Aufgabe. Operationsindikationen und Ergebnisse. Monatsk Ärztl Fortb 26: 149

280. Heberer G, Witte J (1976) Refluxoesophagitis: Fortschritte der Diagnostik und Therapie. Münch Med Wochenschr 118

281. Heberer G (1976) Reinterventionen beim Schilddrüsenmalignom. Langenbecks Arch Klin Chir (Kongreßber) 342: 207
282. Heberer G, Kern E, Lindenschmidt O (1976) Prof. Dr. med. Werner Block. Chirurg 47: 581
283. Heberer G, Spelsberg F, Günther B (1976) Chirurgie des Hyperparathyreoidismus. Langenbecks Arch Klin Chir 342: 622
284. Zumtobel V, Heberer G (1976) Hämorrhoiden und ihre operative Behandlung. In: Fortschritte der praktischen Dermatologie und Venerologie 8: 141
285. Heberer G, Denecke H (1976) Derzeitiger Stand der Hochdrucktherapie aus chirurgischer Sicht. Monatsk Ärztl Fortb 26
286. Becker HM, Heberer G, Hoffmann K, Horsch S (1976) La chirurgie de l'angine intestinale. Bilance des résultats à cour et long terme chez 15 opérés. In: Chirurgie des artériopathies digestives. R Courbier, JM Jausseran, M Reggi (Hrsg). Marseille, Oct 1974, S 149
287. Stelter WJ, Becker HM, Zumtobel V, Schildberg FW, Heberer G (1976) Die atypische Coarctatio aortae mit Hypertonie. Vasa 5: 5
288. Hoffmann K, Hamperl G, Heberer G (1976) Zum Rezidivproblem des Morbus Crohn. Langenbecks Arch Chir 342: 574
289. Spelsberg F, Günther B, Heberer G (1976) Präoperative Aspekte und chirurgische Behandlung der Struma maligna. Chirurg 47: 429
290. Heberer G, Feifel G, Zumtobel V, Wagner S (1976) Operationstechnisch bedingte Mißerfolge bei der Behandlung des Ulcus duodeni durch Vagotomieverfahren. Acta Chir Austriaca, Separatdruck, S 95
291. Denecke H, Heberer G (1976) Spätprognose und Operationsindikation beim chirurgisch behandelten renovaskulären Hochdruck arteriosklerotischer Genese. Acta Chir Austriaca, Separatdruck, S 297

292. Bohmert H, Baumeister R, Heberer G, Balda BR, Braun-Falco D, Konz B (1976) Maligne Melanome: Diagnose, Klassifikation, Therapie. Langenbecks Arch Chir 342: 628

293. Spelsberg F, Kemkes BM, Heberer G (1976) Toluidine blue in identification of parathyroid glands at operation. Exerpta Medica Int Congr Ser 389: 109

294. Schildberg FW, Witte J, Rueff FL, Heberer G (1976) Iatrogenic bile duct injuries: Diagnostic, treatments, results. 4th World Congr, Coll Internat Chir Digest (CICD), Davos. S 42

295. Spelsberg F, Kemkes BM, Heberer G (1976) Intraoperative identification of the parathyroid glands by means of toluidine blue staining. Exerpta Medica Int Congr Ser, Vol I, S 163

296. Feifel G, Heberer G (1977) Die Problematik der akuten oberen gastrointestinalen Blutung. Chirurg 48: 204

297. Spelsberg F, Heberer G (1977) Die Struma maligna. Dtsch Ärztebl 74: 1

298. Stelter WJ, von Liebe S, Baumann G, Becker HM, Heberer G (1977) Wandlungen in der Indikation zum rekonstruktiven Eingriff an den supraaortalen extrakraniellen Arterienästen. Thoraxchirurgie 25: 298

299. Scherer B, Uhlrich E, Weber PC, Heberer G (1977) Reversal of „one kidney" to „two kidney" type of Goldblatt hypertension in a patient with bilateral artery stenosis. Klin Wochenschr 55: 907

300. Heberer G, Stelter WJ, Schildberg FW, Kortmann A, Denecke H, et al (1977) Arterielle Aneurysmenentwicklung und Stand der chirurgischen Therapie. Langenbecks Arch Chir 345: 643

301. Heberer G, Spelsberg F, Löhrs U, Günther G, Kiffner U (1977) Strumachirurgie, Klassifikation, Therapie, Ergebnisse. Wissenschaftliche Ausstellung. Langenbecks Arch Chir 345: 643

302. Kremer H, Weidenhiller S, Schierl W, Hess H, Zöllner N, Heberer G (1977) Sonographische Untersuchung der Aorta abdominalis. Med Welt 28: 1688

303. Heberer G, Reidemeister C (1977) Dilatierende und ruptu-
rierende Arterienerkrankungen. In: Hornbostel H,
Kaufmann W, Siegenthaler W (Hrsg) Innere Medizin in
Praxis und Klinik, Bd. I: Herz, Gefäße Atmungsorgane,
Endokrines System. Thieme, Stuttgart, S 58

304. Heberer G, Feifel G (1977) Reintervention beim
Ulcusrezidiv. Langenbecks Arch Chir 345: 237

305. Heberer G, Köle W, Tscherne H (1977) Chirurgie –
Lehrbuch für Studierende der Medizin und Ärzte.
Springer, Berlin Heidelberg New York

306. Denecke H, Heberer G, Becker HM, Schildberg FW
(1977) Doppelseitige Nierenarterienstenosen und Hochdruck: Operationsergebnisse und Spätprognose. Kongreß-
bericht 18. Tagung der Österreichischen Gesellschaft für
Chirurgie. Graz 19.–21.5.1977

307. Heberer G, Schildberg FW, Becker HM, Denecke H,
Günther B, von Liebe S, Stelter WJ (1978) Die
Arteriosklerose als chirurgische Aufgabe. TM Verlag, Bad
Oeynhausen

308. Heberer G, Wiebecke B, Zumtobel V, Hamperl D (1978)
Maligne Polypen und früherfaßte Karzinome des
Rektums. Münch Med Wochenschr 120: 201

309. Heberer G, Schildberg FW (1978) Operative Behandlung
der akuten Pancreatitis. Vorzeitige, frühzeitige oder rechtzeitige Operation? Münch Med Wochenschr 120: 55

310. Schildberg FW, Heberer G (1978) Zur chirurgischen
Behandlung der chronischen Pancreatitis. Münch Med
Wochenschr 120: 545

311. Heberer G, von Bary S, Hoffmann K (1978) Entzündliche
Dickdarmerkrankungen. Colitis ulcerosa, Morbus Crohn,
Divertikulitis. In: Aktuelle Fragen aus der Kolon- und
Rektumchirurgie; Reinterventionen und Gallen-
gangssystem; Probleme der Strumachirurgie. Bericht über
ein Symposium 4: 41. (B Braun-Dexon GmbH)

312. Heberer G (1978) Früherkennung, operative Behandlung
und Ergebnisse beim Kolon- und Rektumkarzinom. In:
Die Gastroenterologische Reihe 6: 27 (Kali Chemie)

313. Heberer G, Denecke H (1978) Möglichkeiten und Grenzen der Aufklärung in der klinischen Praxis beim Krebskranken. In: Die Gastroenterologische Reihe 6: 45 (Kali Chemie)

314. Teichmann RK, Zumtobel V, Heberer G (1978) Agranulozytose durch Cimetidin. Chirurg 49: 397

315. Spelsberg F, Heberer G (1978) Die subtotale Parathyreoidektomie. Technik und Ergebnisse. Therapiewoche 28: 3690

316. Spelsberg F, Landgraf R, Wirsching R, Heberer G (1978) Klinik, Diagnostik und Behandlung des oranischen Hyperinsulinismus. Erfahrungen bei 46 operierten Patienten. Münch Med Wochenschr 120: 547

317. Heberer G, Feifel G (1978) Klinischer Unterricht und Weiterbildung in der Chirurgie. Springer, Berlin Heidelberg New York

318. Zander J, Heberer G (1978) Zur operativen Behandlung des präsakralen Teratoms. Geburtsh Frauenheilkd 38: 534

319. Denecke H, Heberer G, Meurer KA, Lang R (1978) Hochdruck durch Phäochromozytom mit Nierenarterienstenose. Therapiewoche 28: 5584

320. Spelsberg F, Heberer G (1978) Krankheitsbild und Diagnostik des primären Hyperparathyreoidismus. Wien Med Wochenschr 128: 513

321. Heberer G (1978) Surgery of hyperthyroidism: introduction. Langenbecks Arch Chir 347: 115

322. Heberer G (1978) Rundgespräch: Chirurgie der Hyperthyreose. Langenbecks Arch Chir 347: 157

323. Götze H, Heberer G, Kern E, Lindenschmidt O (1978) 50 Jahre „Der Chirurg". Rückblick – Ausblick. Chirurg 40: 657

324. Heberer G, Stelter WJ, Kortmann H, Becker HM, Hohlbach G, Pfeifer KJ, Daxwanger I (1978) Aneurysmen nach diagnostischen und rekonstruktiven Arterieneingriffen. Langenbecks Arch Chir (Kongreßber) 347: 698

325. Heberer G, Spelsberg F, Günther B, Kiffner E, Pickardt CR, Scriba PC (1978) Chirurgie der Hyperthyreose. Langenbecks Arch Chir (Kongreßber) 347: 698

326. Heberer G, Denecke H, Schildberg FW (1978) Chirurgie der Nebennieren. Langenbecks Arch Chir (Kongreßber) 347: 699

327. Heberer G, Kortmann H, Stelter WJ (1979) Aortenaneurysmen. Diagnostik, Indikation, Verfahrenswahl. Perimed, Erlangen, S 23

328. Heberer G, Land W (1979) Derzeitiger Stand der Organtransplantationen. In: Organtransplantationen. Schriftenr d Bayer Ärztekammer, S 7

329. Heberer G, Zumtobel V, Wirsching R (1979) Aktuelle Probleme in der Chirurgie des Rektumkarzinoms. Therapiewoche 29: 659

330. Schildberg FW, Kiefhaber P, Feifel G, Heberer G (1979) Therapie der gastroduodenalen Ulkusblutung durch Laserkoagulation und Operation. In: Schellerer W, Schildberg FW (Hrsg) Aktuelles aus der Abdominal- und Unfallchirurgie 5: 29

331. Heberer G, Zumtobel V, Hoffmann K (1979) Aktuelle Probleme aus der Proktologie. In: Schellerer W, Schildberg FW (Hrsg) Aktuelles aus der Abdominal- und Unfallchirurgie 5: 125

332. Heberer G, Köle W, Tscherne H (1979) Chirurgie. Lehrbuch für Studierende der Medizin und Ärzte. 2. Aufl. Springer, Berlin Heidelberg New York

333. Heberer G, Zumtobel V (1979) Trends in der chirurgischen Therapie des gastroduodenalen Ulkus. 20. Mergentheimer Stoffwechseltagung. Thieme, Stuttgart, S 95

334. Heberer G, Land W (1979) Derzeitiger Stand der Organtransplantation. Information für das Sanitäts- und Rettungswesen 2: 25

335. Zumtobel V, Heberer G, Hamperl D (1979) Chirurgische Therapie villöser Kolon- und Rektumtumoren. In: Demling L, Rösch W (Hrsg) Operative Endoskopie. Acron, Berlin, S 277

336. Heberer G, Feifel F (1979) Vom Blatternhaus zum Klinikum. Ein Beitrag zur Geschichte der Chirurgischen Klinik der Universität München. Demeter, München

337. Spelsberg F, Heberer G (1979) Reinterventionen beim Hyperparathyreoidismus. Chirurg 50: 537

338. Schildberg FW, Heberer G, Feifel G (1979) Hemorrhagic lesions in the gastrointestinal tract. Surgical therapy. In: Operative Endoscopy. Schattauer, Stuttgart, S 61

339. Spelsberg F, Heberer G (1979) Krankeitsbild und Diagnostik des primären Hyperparathyreoidismus. Praxis Kurier 5: 26

340. Heberer G, Land W (1979) Derzeitiger Stand der Organtransplantation. Bayer Ärztebl 1: 18

341. Denecke H, Kortmann H, Stelter WJ, Heberer G (1979) Zur Problematik der Indikationsstellung und des operationstaktischen Vorgehens beim thorako-abdominalen Aortenaneurysma. Langenbecks Arch Chir 349: 548

342. Spelsberg F, Wirsching R, Landgraf R, Heberer G (1979) Organischer Hyperinsulinismus. Langenbecks Arch Chir 349: 634

343. Heberer G, Köle W, Tscherne H (1980) Chirurgie. Lehrbuch für Studierende der Medizin und Ärzte. 3. Aufl, Springer, Berlin Heidelberg New York

344. Heberer G, Feifel G, Kohl J (1980) Problematik und Zukunftsperspektiven der operativen Behandlung gastrointestinaler Tumoren. Gastroenterologische Reihe 11: 55 (Kali Chemie GmbH)

345. Heberer G (1980) Die Deutsche Gesellschaft für Chirurgie zum 20jährigen Bestehen des Berufsverbandes. Chirurg 51: 55

346. Heberer G, Schildberg FW, Valesky A, Stelter WJ (1980) Trachea-Rekonstruktionen bei entzündlichen Stenosen und Tumoren. Chirurg 51: 283

347. Heberer G, Schultis K, Günther B (1980) Postaggressionsstoffwechsel II. Schattauer, Stuttgart New York

348. Heberer G (1980) Eröffnungsansprache. 97. Tagung der Deutschen Gesellschaft für Chirurgie 14.–17.5.1980, München. Langenbecks Arch Chir (Kongreßber) 352: 3

349. Heberer G, Feifel G, Meßmer K (1980) Abstracts of poster discussion. EUSRBM (Suppl 2)

350. Heberer G (1980) Europäisches Thema. 97. Tagung der Gesellschaft für Chirurgie. Begrüßung. Langenbecks Arch Chir (Kongreßber) 352

351. Heberer G (1980) VII. Fortbildungsseminar für Ärzte und Medizinische Assistenzberufe. Der Umgang mit dem kranken Menschen. Eröffnung. Langenbecks Arch Chir (Kongreßber) 352: 571

352. Spelsberg F, Heberer G (1980) Nebennieren. Langenbecks Arch Chir (Kongreßber) 352: 213

353. Heberer G (1980) Der Umgang mit dem kranken Menschen. Fortbildungsseminar für Ärzte und medizinische Assistenzberufe der Deutschen Gesellschaft für Chirurgie. Die Schwester – Der Pfleger 19: 742

354. Teichmann RK, Landgraf R, Spelsberg F, Heberer G (1980) Krankheitsbilder und operative Therapie bei multiplen endokrinen Adenomatosen (MEA-Syndrome). Chirurg 51: 313

355. Heberer G (1980) Extraits du discours d'ouverture du Prof. G. Heberer de 97ème Congrès Allemand de Chirurgie, Munich 14–17 Mai 1980. Extrait du Lyon Chirurgical 76: 413

356. Heberer G, Witte J (1980) Fortschritte und Probleme in der Chirurgie des Rektumkarzinoms. Zentralbl Chir 105: 1334

357. Denecke H, Becker HM, Heberer G (1980) Renovaskulärer Hochdruck. Operationsindikation aufgrund der Spätprognose. Angio 4/2: 231

358. Denecke H, Becker HM, Heberer G (1980) Kriterien der Operationsindikation des renovaskulären Hochdrucks anhand der Spätprognose. Langenbecks Arch Chir (Kongreßber) 352: 544

359. Heberer G, Schweiberer L (1981) Indikation zur Operation. 2. Aufl. Springer, Berlin Heidelberg New York

360. Heberer G, Wilmanns W, Günther B, Sauer H (1981) Das Mammakarzinom: Operative und interdisziplinäre Aspekte. Chirurg 52: 212

361. Heberer G, Stelter WJ (1981) Stumpfe Thoraxverletzungen im Rahmen des Polytrauma. Aktuelle Probleme der

Gesundheitsfürsorge in Arbeitsmedizin, Kardiologie, Chirurgie, Gynäkologie und Geburtshilfe in der Sowjetunion und der Bundesrepublik Deutschland. Deutsch-Russisches Symposium 21.–26.5.1979. Urban & Schwarzenberg, München Wien, S 136

362. Heberer G (1981) 1. Multizentrische prospektive Studie mit der proximalen selektiven Vagotomie ohne Pyloroplastik: Spätergebnisse. 2. Hyperparathyreoidismus. 3. Bauchaortenaneurysmen. 30. Kongreß Minsk, UdSSR, Juni 1981

363. Heberer G (1981) Notfallmedizin: Die Entwicklung der Notfallmedizin in den vergangenen Jahren und ihre Tendenzen. 1. Würzburger Notfallsymposium 11.–12.10.1980. Schlüter, Hannover, S 1

364. Heberer G (1981) Bedeutung der operation für das gesamte Therapiekonzept des Mammakarzinoms. 20. Bayerische Internistentagung, München 15.11.1980. Bayer Landesärztek 55: 80

365. Heberer G (1981) Krebstherapie: Versuch einer erneuten Standortbestimmung. Vorwort. Fortbildungsveranstaltung der Chirurgischen Klinik der LMU in Verbindung mit dem Tumorzentrum München. München, 29.4.1981

366. Heberer G, Denecke H (1981) Colon- und Rektumkarzinom: Frühdiagnostik, operative Probleme, Fragen der Sphinctererhaltung. Gastroenterologische Reihe 14: 37 (Kali Chemie GmbH)

367. Heberer G, Teichmann R (1981) Current management of gastroduodenal ulcer disease. 4. Int. Seminar über das gastroduodenale Ulcus. Elche (Spanien) 28.11.1981

368. Heberer G, Dittmer H (1981) Katastrophenmedizin 1982. Prioritäten in Diagnostik und Therapie des polytraumatisierten Patienten aus chirurgischer Sicht. Fortbildungsseminar für die Ärzte Bayerns und die Sanitätsoffiziere der Bundeswehr. München 20.5.1981. Bayer Landesärztek 55

369. Teichmann RK, Löhrs U, Spelsberg F, Heberer G (1981) Maligne endokrine Tumoren. Langenbecks Arch Chir (Kongreßber) 355: 632

370. Heberer G, Kern E (1982) In memorian Prof. Dr. Th.-O. Lindenschmidt. Chirurg 53: 65
371. Lauterjung KL, Nath G, Heberer G (1982) Blutstillung mit einem neuen Infrarot-Saphir-Koagulator (ISK-81): Erste klinische Erfahrungen. Chirurg 53: 88
372. Heberer G, Denecke H (1982) Colorectal surgery. Springer, Berlin Heidelberg New York
373. Heberer G (1982) Low anterior resection: Introduction. 131. Anglo-German Proctology-Meeting (in [372])
374. Heberer G, Feifel G, Günther B (1982) Ergebnisse der Chirurgischen Onkologie. Enke, Stuttgart
375. Heberer G (1982) Einführung. 4. Seminar der Chirurgischen Arbeitsgemeinschaft für Onkologie. München, Juni 1981 (in [374])
376. Heberer G, Witte J (1982) Chirurgie im hohen Alter: Perioperative Aspekte. Perimed, Erlangen
377. Heberer G (1982) Einführung: Perioperative Aspekte zur Chirurgie des alten Menschen. Satellitensymposium, XII. Int. Gerontologie-Kongreß. München, 18.6.1981 (in [376])
378. Teichmann RK, Spelsberg F, Heberer G (1982) Intraoperative biochemical localization of insulinomas by quick radioimmunoassay. Am J Surg 143: 113
379. Heberer G, Denecke H, Pratschke E, Teichmann RK (1982) Anterior and low resection. World J Surg 6: 517
380. Heberer G, Teichmann RK (1982) Endokrine Pankreastumoren. Fortschritte in Diagnostik und chirurgischer Therapie. Münch Med Wochenschr 124: 945
381. Heberer G (1982) Vorteile, Risiken und Nachteile ambulanter chirurgischer Tätigkeit für Patient und Chirurg. Rundgespräch Einführung. Kongreß DGC, München, 16.4.1982. Langenbecks Arch Chir (Kongreßber) 358
382. Wirsching R, Witte J, Sauerbruch T, Zumtobel V, Heberer G (1982) Therapie der Achalasie-Dilatation oder Operation? VI. Symp. Aktuelle Chirurgie, Berlin, 20.–21.11.1981. In: Häring R: Ösophaguschirurgie, Achalasie, Strikturen, benigne Tumoren, Divertikel, Perforationen.

383. Witte J, Zumtobel V, Heberer G (1982) Erkennung und Behandlung iatrogener Ösophagusperforationen. VI. Symp. Aktuelle Chirurgie, Berlin, 20.–21.11.1981. In: Häring R: Ösophaguschirurgie, Achalasie, Strikturen, benigne Tumoren, Divertikel, Perforationen.

384. Heberer G, Zumtobel V (1982) Radikale und Palliative Chirurgie fortgeschrittener Tumoren des Rektum. Verh Dtsch Krebsges 3: 262

385. Heberer G, Feifel G, Günther B (1982) Kooperative Tumorbehandlung. Ergebnisse der Chirurgischen Onkologie 4. Enke, Stuttgart

386. Heberer G, Becker HM, Dittmer H, Stelter WJ (1983) Vascular injuries in polytrauma. World J Surg 7: 68

387. Heberer G (1983) Polytrauma. In: Schreiber HW, Carstensen G (Hrsg) Chirurgie im Wandel der Zeit 1945–1983. Springer, Berlin Heidelberg New York, S 365

388. Stelter WJ, Becker HM, Heberer G (1983) Rupturen und traumatische Aneurysmen der Aorta. Herrn Prof. Dr. Dres. h.c. R. Zenker zum 80. Geburtstag. Chirurg 54: 135

389. Dittmer H, Faist E, Lauterjung KL, Heberer G (1983) Die Behandlung des Polytraumatisierten in einem Klinikum. Chirurg 54: 260

390. Stelter WJ, Heberer G (1983) Zur Trachea resection. In: Jubilee volume in honour of Basile P. Karageorgis. Athen

391. Heberer G, Tscherne H, Köle W (1983) Chirurgie. Lehrbuch für Studierende der Medizin und Ärzte. 4. Aufl. Springer, Berlin Heidelberg New York

392. Heberer G (1983) Chirurgie. Münch Med Wochenschr 125: 560

393. Heberer G, Peter K, Rebentisch E (1983) Bestrebungen und Ziele der Deutschen Gesellschaft für Katastrophenmedizin e.V. Dtsch Ärztebl 80

394. Heberer G (1983) Surgical problems in Crohn's disease. XXX. International Course of Abdominal Surgery. In: XXX. Curso de Chirurgia Abdominal, S 223

395. Heberer G, Denecke H, Hamperl WD, Stiegler H (1983) Villous adenomas of the rectum, S 67

396. Krämling HJ, Lange V, Schildberg FW, Heberer G (1983) Surgical interventions for bile duct stones. Baillière's Clinical Gastroenterology 6/4

397. Stelter WJ, Becker HM, Heberer G (1983) Rotture e aneurismi traumatici. Al Prof. Dr. Dres. h.c. R. Zenker per il suo 80. compleanno. Il Chirurgo 3: 89

398. Heberer G (1983) Chirurgie der Metastasen. Einführung zum 91. Kongreß der Deutschen Gesellschaft für Chirurgie, München 8. April 1983. Langenbecks Arch Chir (Kongreßber) 391

399. Faist E, Baue AE, Dittmer H, Heberer G (1983) Multiple organ failure in polytrauma patients. J Trauma: 23

400. Heberer G (1983) Katastrophenmedizin im Einklang mit humanitären ärztlichen Grundsätzen. Fortschr Medizin 101/43

401. Heberer G (1984) In memoriam Rudolf Zenker. Mitt Dtsch Ges Chir: 35

402. Heberer G (1984) Rudolf Zenker. Münch Med Wochenschr 126

403. Heberer G (1984) Zur Entwicklung der experimentellen Chirurgie in Köln 1959 bis 1973. Bayer Ärztebl 123

404. Heberer G (1984) Automatische Nähapparate: Vorteile und Indikationen in der gastrointestinalen Chirurgie. Langenbecks Arch Chir 362: 139

405. Peter K, Heberer G, Rebentisch E, Linde HJ, Kirchhoff R (1984) Katastrophenmedizin. 1. Tagung der Deutschen Gesellschaft für Katastrophenmedizin e.V. München, 1.–2.7.1982. Bergmann, München

406. Heberer G, Reidemeister JC (1984) Dilatierende und rupturierende Arterienerkrankungen. In: Hornborstel H, Kaufmann W, Siegenthaler W (Hrsg) Band I: Herz, Gefäße, Atmungsorgane, endokrines System. 3. Aufl. Thieme, Stuttgart New York

407. Baue AE, Günther B, Hartl W, Ackenheil M, Heberer G (1984) Altered hormonal activity in severely 111 patients after injury of sepsis. Arch Surg 119

408. Heberer G, Günther B (1984) Aktuelle Aspekte einiger Schwerpunkte der praktischen Chirurgie und klinischen Forschung. Münch Med Wochenschr 126

409. Denecke H, Teichmann R, Fürst H, Heberer G (1986) Funktionelle Ergebnisse nach Duodenohemipankreatektomie. In: Beger HG, Bittner R (Hrsg) Das Pankreaskarzinom. Springer, Berlin Heidelberg New York

410. Heberer G, Teichmann RK (1986) What's new in the Federal Republic of Germany: a survey. World J Surg 10: 522

411. Heberer G, Köle W, Tscherne H (Hrsg) (1986) Chirurgie und angrenzende Gebiete. Lehrbuch für Studierende der Medizin und Ärzte. 5. Aufl. Springer, Berlin Heidelberg New York

412. Heberer G (1986) Krebs im Alter – Multimorbidität und Operationsrisiko. MMW 46: 783

413. Heberer G, Opderbecke HW, Spann W, Hirsch G, Lippert HD (1986) Ärztliches Handeln – Verrechtlichung eines Berufsstandes. Festschrift für Walther Weißauer zum 65. Geburtstag. MedR Schriftenreihe Medizinrecht

414. Becker H-M, Ramirez J Echave V, Heberer G, (1986) Traumatic aneurysms of the descending thoracic aorta. Ann Vasc Surg: 196

415. Faist E, Hartl W, Siskind B, Baker CC, Rogers G, Duray P, Witte J, Heberer G, Baue AE (1986) The use of infrared sapphire contact coagulation and fibrinogen adhesive for hemostasis after partial hepatectomy: a comparative study. In: Schlag G, Redl H (Hrsg) Fibrin sealant in operative medicine, Vol 6. Springer, Berlin Heidelberg New York, S 72

416. Heberer G (1986) Memoirs of Rudolf Zenker. In: Transactions of the 106th Meeting of the American Surgical Assosciation (held at Homestead Hot Springs, Virginia, April 24–26, 1986) Vol 104. Lippincott, Philadelphia. S 313

417. Heberer G, Günther B (1986) Surgical training abroad (in West Germany). In: Wise L (Hrsg) Problems in general surgery, vol. III/4. Lippincott, Philadelphia, S 544

418. Teichmann RK, Heberer G (1986) Elektive Primär- und Rezidiveingriffe beim Ulcus-duodeni-Leiden. Chirurg 57: 353

419. Sunder-Plassmann L, Brandl R, Heberer G (1986) Penetrierendes und perforierendes Thoraxtrauma. Chirurg 57: 668

420. Dietze GJ, Wichmayr M, Rett K, Günther B, Jauch KW, Fritz H, Mehnert H, Heberer G (1986) Postreceptor defect in the effectiveness of insulin: significance of the kallikrein-kinin-prostaglandin system. Beitr Infusionsther Klin Ernähr 16: 92

421. Heberer G (1987) Humanitas im Krankenhaus. MedR 2: 85

422. Heberer G, van Dongen RJAM (Hrsg) (1987) Gefäßchirurgie (Kirschnersche allgemeine und spezielle Operationslehre, Bd XI). Springer, Berlin Heidelberg New York

423. Heberer G (1987) Recurrence after proximal gastric vagotomy for gastric, pyloric and prepyloric ulcers. World J Surg 11: 283

424. Heberer G, Denecke H, Demmel N, Wirsching R (1987) Local procedures in the management of rectal cancer. World J Surg 11: 499

425. Heberer G, Lauterjung KL (1987) Ruptura aguda y crónica del diafragma como consecuencia de un trauma único y lesiones múltiples. In: Actualization en Cirugia del Aparato Digestivo, 623

426. Faist E, Mewes A, Baker CC, Strasser Th, Alkan S, Rieber P, Heberer G (1987) Prostaglandin E2 (PGE2) Dependent suppression of Interleukin-2 (IL2) production in patients with major trauma. J Trauma 27: 837

427. Heberer G, Herfarth Ch, Kern E (1987) Zwanzig Jahre Themenhefte (Vorwort der Schriftleitung „Der Chirurg"). Chirurg 58: 693

428. Günther B, Teichmann RK, Demmel N, Krämling HJ, Heberer G (1987) Aktuelle Chirurgie des Magenkarzinoms – Ergebnisse einer europäischen Umfrage, Analyse des eigenen Krankengutes. MMW 129: 285

429. Sunder-Plasmann L, Dienemann H, Heberer G (1987) The role of surgery in cancer metastatic to the lung – results and trends. In: Messmer K, Baethmann A (Hrsg) Surgical research: recent concepts and results. Festschrift zum 65. Geburtstag von Prof. Dr. Dr. h.c. W. Brendel. Springer, Berlin Heidelberg New York, S 69

430. Heberer G (1987) Entrenamiento cirúrgico. Editorial Cirurgia Española, Vol XLII, No 3, p 303

431. Faist E, Mewes A, Strasser Th, Alkan S, Walz A, Ertel W, Salmen B, Huber P, Heberer G (1987) Crucial factors of depressed cellular immunity following major trauma In: Staudacher V, Berliaqua G (Hrsg) Communicazioni. 8. International Congress of Emergency Surgery. Vol II, Monduzzi Editore, S 739

432. Günther B, Jauch KW, Hartl W, Wicklmayr M, Dietze G, Heberer G (1987) Low-dose glucose infusion in patients who have undergone surgery: possible cause of a muscular energy deficit. Arch Surg 122: 756

433. Hartl WH, Jauch K-W, Georgieff M, Wolfe RR, Günther B, Heberer G (1987) Suppressibility of endogenous glucose production by bradykinin in surgical patients. Surg Forum 38: 4

434. Faist E, Mewes A, Alkan S, Ertel W, Rieber P, Heberer G (1987) Traumainduzierte Suppression der Lymphokinsynthese von Il-2 und Y-IFN. In: Chirurgisches Forum 87, Springer, Berlin Heidelberg New York

435. Mewes A, Faist E, Ertel W, Strasser Th, Walz A, Heberer G (1987) Veränderungen der Monozytenfunktion nach ausgedehnter Mehrfachverletzung. In: Chirurgisches Forum 87, Springer, Berlin Heidelberg New York

436. Ertel W, Faist E, Mewes A, Heberer G (1987) Terminale B-Lymphozytenreifung und Immunglobulinsynthese bei polytraumatisierten Patienten. In: Chirurgisches Forum 87, Springer, Berlin Heidelberg New York, S 319

437. Heberer G (1987) Interdisziplinäre Zusammenarbeit zwischen Chirurgie und Radiologie bei Oberbaucherkrankungen. VII. Radiol. Woche München 1986, Abstrakts S 228

438. Sunder-Plassmann L, Dienemann H, Heberer G (1987) 5-year survival of bronchial carcinoma: Relevance of the reviewed UICC staging. Thorac Cardiovasc Surg 35: 55

439. Heberer G, Teichmann RK (1987) Recurrence after proximal gastric vagotomy for gastric, pyloric, and prepyloric ulcers. World J Surg 11: 283

440. Heberer G, Paumgartner G., Sauerbruch T., Teichmann RK, Dellius W, Brendel W (1988) A-propos de 184 cas de lithiases vésiculaires et cholédochiennes traités par ondes de choc dans le cadre d'une nouvelle approche thérapeutique interdisciplinaire de la maladie lithiasique biliaire. Vortrag an der Académie de Chirurgie in Paris, 13.3.1988. Chirurgie 114: 42

441. Günther B, Pratschke E, Krämling H-J, Heberer G (1988) Interdisziplinäres Vorgehen beim komplizierten Gallensteinleiden. Chirurg 59: 197

442. Heberer G, Paumgartner G, Sauerbruch T, Sackmann M, Krämling HJ, Delius M, Brendel W (1988) A retrospective analysis of 3-year's experience of an interdisciplinary approach to gallstone disease including shock waves. The Annual meeting of the American Surgical Association, San Francisco, May 1988. Ann Surg 208: 274

443. Heberer G (1988) Chirurgie im Spannungsfeld des technischen Fortschritts und des ärztlichen Auftrages. Zur Verleihung der Ehrendoktorwürde am 15.4.1988 in Göttingen. Mitt Dtsch Ges Chir 4: 122

444. Heberer G, Pratschke E, Krämling H-J (1988) Immunologische Beeinflussung von Magenfunktionen. Berichte aus der Forschung LMU 81: 3

445. Heberer G, Teichmann RK, Krämling HJ, Günther G (1988) Results of gastric resection for carcinoma of the stomach: The European experience. World J Surg 12: 374

446. Hartl WH, Günther B, Inthorn D, Heberer G (1988) Reactive hyperemia in patients with septic conditions. Surgery 103: 440

447. Heberer G (1988) Akute entzündliche Baucherkrankungen. Langenbecks Arch Chir Suppl. II (Kongreßber): 57

448. Heberer G (1988) Der Notfall in der Chirurgie. Chirurg 59, Suppl Informationen des BDC

449. Heberer G, Günther B (Hrsg) (1988) Praxis der parenteralen Ernährung in der Chirurgie. Springer, Berlin Heidelberg New York

450. Dienemann H, Sunder-Plasmann L, Hagspiel K, Heberer G (1988) Das perioperative Risiko des alten Menschen in der Thoraxchirurgie. In: Häring R (Hrsg) Risiko in der Chirurgie – Analyse und Kalkulation. de Gruyter, Berlin New York, S 361

451. Faist E, Mewes A, Strasser Th, Walz A, Alkan S, Baker CC, Ertel W, Heberer G (1988) Alteration of monocyte function following major injury. Arch Surg 123: 287

452. Faist E, Ertel W, Salmen B, Weiler A, Ressel C, Bolla K, Heberer G (1988) The immune-enhancing effect of perioperative thymopentin administration in elderly patients undergoing major surgery. Arch Surg 123: 1449

453. Günther B, Pratschke E, Krämling HJ, Heberer G (1988) Interdisziplinäres Vorgehen bei komplizierten Gallensteinleiden. Chirurg 59: 197

454. Stiegler H, Arbogast H, Riess H, Heberer G (1988) Die tiefe Bein-Beckenvenenthrombose: Eine interdisziplinäre Herausforderung. Langenbecks Arch Chir (Suppl II):

455. Arbogast H, Stiegler H, Hiller E, Grau A, Heberer G (1988) Die tiefe Bein-Beckenvenenthrombose: konservatives oder operatives Vorgehen? Abstracts 155. Jahrestagung d Niederrheinisch-Westf Chirurgen, Bochum 6.–8.10.1988, Demeter, Gräfelfing

456. Hartl WH, Jauch KW, Kimmig R, Wicklmayr M, Günther B, Heberer G (1988) Minor role of keton bodies in energy metabolism by skeletal muscle tissue during the postoperative course. Ann Surg 207: 95

457. Hailer S, Jauch KW, Günther B, Wolfram G, Zollener N, Heberer G (1988) Arterial deep venous difference of lipoproteins in skeletal muscle of patients in postoperative state: effects of medium chain triglyceride emulsion. J Parenter Enteral Nutr 12: 377

458. Dienemann H, Sunder-Plassmann L, Hahn D, Heberer G (1989) Diagnostik mediastinaler Prozesse. Chirurg 60: 377

459. Heberer G, Paumgartner G, Krämling H-J, Sackmann M, Sauerbruch T (1989) Interdisziplinäre Behandlung des Galleinsteinleidens: Chirurgie, Endoskopie, Lithotripsie. Chirurg 60: 219

460. Heberer G (1989) Die Chirurgie in unserer Zeit – Beständigkeit im Wandel. Abschiedsvorlesung im Klinikum Großhadern am 22.2.1989. Chirurg 60: Suppl Informationen des BDC 85

461. Heberer G (1989) Spezialisierung in der Medizin – Fragen und Perspektiven aus chirurgischer Sicht. MMW 131: 503

462. Heberer G (1989) Advances in the treatment of rectal cancer. III. Jornadas Internacionales de Advances en Patologia Digestiva, Valencia 8.–9.5.1989

463. Heberer G (1989) Interdisciplinary approach to gallstone disease including shock-waves. III. Jornadas Internacionales de Advances en Patologia Digestiva, Valencia 8.–9.5.1989

464. Hölzel D, Bruckmayer G, Landthaler M, Sigl I, Borelli S, Braun-Falco O, Breit R, Stefani FH, Lund OE, Bost R, Eder M, Heberer G, Kastenbauer E, Kindermann G, Lissner J, Schmoeckel C, Schweiberer L (1989) Inzidenz des malignen Melanoms in München. MMW 131: 845

465. Teichmann RK, Sauerbruch T, Sackmann M, Holl J, Paumgartner G, Heberer G (1989) Surgical intervention following fragmentation of gallstones by extracorporeal shock waves. World J Surg 13: 317

466. Heberer G, Krämling H-J, Merkle R (1989) Ändert der Lithotripter die Gallensteinchirurgie? Langenbecks Arch Chir Suppl II (Kongreßber): 351

467. Heberer G, Sackmann M, Krämling H-J, Sauerbruch T, Paumgartner G (1989) The place of lithotripsy and surgery in the management of gallstone disease. 75. Congress American College of Surgeons, Atlanta 16.–20.10.1989

468. Heberer G (1989) The surgical treatment of rectal cancer. 15th Annual Postgraduate Course in Surgery, Manila 8.–10.11.1989

469. Heberer G: Traumatic injuries and aneurysms of the thoracic aorta. 15th Annual Postgraduate Course in Surgery, Manila 8.–10.11.1989

470. Heberer G: Interdisciplinary approach to gallstone disease including ESWL. 15th Annual Postgraduate Course in Surgery, Manila 8.–10.11.1989

471. Heberer G, van Dongen RJAM (1989) Vascular surgery. Springer, Berlin Heidelberg New York

472. Heberer G, Stiegler H (1989) Thoracoabdominal aneurysms. In: Heberer G, van Dongen RJAM (Hrsg) Vascular surgery. Springer, Berlin Heidelberg New York, S 311

473. Dienemann H, Sunder-Plassmann L, Gabka C, Liewald F, Heberer G (1989) Chirurgie des Bronchialkarzinoms im höheren Lebensalter. In: Hartel W, Weidringer JW (Hrsg) Bronchialkarzinom – Interdisziplinäre Aspekte zu Diagnose und Therapie. Demeter, Gräfelfing, S 223

474. Ertel W, Faist E, Nestle C, Heberer G (1989) Die Rolle der Interleukine für Proliferation und Differenzierung von B-Lymphozyten polytraumatisierter Patienten. Langenbecks Arch Chir (Suppl): 85

475. Stiegler H, Lauterjung KL, Huf R, Heberer G (1989) Zwerchfellrupturen beim Polytrauma: Erfahrungen über die Dringlichkeit ihrer Versorgung. Hefte Unfallheilkd 207: 79

476. Faist E, Ertel W, Baker CC, Heberer G (1989) Terminal B-cell maturation and immunoglobulin (Ig) synthesis in vitro in patients with major injury. J Trauma 29: 2

477. Storck M, Faist E, Ertel W, Walz A, Baggiolini M, Heberer G (1989) Untersuchungen zur traumainduzierten Monokinsynthese – Erster klinischer Nachweis des Neutrophil Activating Factor (NAF). Langenbecks Arch Chir (Suppl): 79

480. Dienemann H, Sunder-Plassmann L, Liewald F, Hatz R, Heberer G (1989) Operative risk and long term survi-

val for bronchial carcinoma in the elderly. 33rd World Congress of Surgery, Toronto 10.–16.9.1989

481. Dienemann H, Sunder-Plassmann L, Liewald F, Heberer G (1989) Der Mediastinaltumor: Diagnostik, Klinik und Behandlung. 66. Tagung der Vereinigung der Bayerischen Chirurgen, Altötting/Burghausen 20.–22.7.1989

482. Ertel W, Faist E, Nestle C, Storck M, Schübel I, Heberer G: Effect of recombinant lymphokines on proliferation on Ig-synthesis of B-lymphocytes after major trauma. 33rd World Congress of Surgery, Toronto 10.–16.9.1989

483. Gabka CJ, Sunder-Plassmann L, Dienemann H, Liewald F, Heberer G (1989) Der Spontanpneumothorax als unabweisbare Akutsituation. 66. Tagung d Vereinigung d Bayer Chirurgen, Altötting/Burghausen 20.–22.7.1989

484. Heberer G (1989) Abdominal injuries in multiple injured patients. 15th Annual Postgraduate Course in Surgery, Manila 8.–10.11.1989

485. Heberer G (1989) Carcinoma of the stomach. 15th Annual Postgraduate Course in Surgery, Manila 8.11.–10.11.1989

486. Gabka C, Dienemann H, Sunder-Plassmann L, Liewald F, Heberer G (1989) Lymph nodes in NSCLC: Relationship between diameter and grade of infiltration. 33rd World Congress of Surgery, Toronto 10.9.–16.9.1989

487. Stiegler H, Schürmann M, Riel KA, Heberer G (1989) Die Lungenembolie im chirurgischen Krankengut: Erfahrungen an Hand einer retrospektiven Analyse über 9 Jahre. 30. Tagung der Österr Gesellschaft für Chirurgie, Graz 25.–27.5.1989

488. Dienemann H, Sunder-Plassmann L, Liewald F, Heberer G (1989) Das Thymom: Stadiengerechte Therapie und Spätergebnisse. Acta Chir Austriaca 21: 177

489. Gabka CJ, Dienemann H, Sunder-Plassmann L, Heberer G (1989) Chirurgie des Bronchialkarzinoms im höheren Lebensalter. Acta Chir Austriaca 21: 186

490. Stiegler H, Lauterjung KL, Huf R, Heberer G (1989) Zwerchfellrupturen beim Polytrauma und die Dringlichkeit ihrer Versorgung. Acta Chir Austriaca 21: 210

491. Heberer G, Sackmann M, Krämling H-J, Sauerbruch T, Paumgartner G (1990) The place of lithotripsy and surgery in the management of gallstone disease. The Annual Meeting of the American College of Surgeons – Puerto Rico Chapter, San Juan 14.–17.2. 1990. Adv Surg 23: 291

492. Heberer G, Pratschke E (1990) Akuter rechter Unterbauch aus chirurgischer Sicht. 34. Internationale ärztliche Fortbildungstagung, Bregenz 27..–28.4.1990

493. Heberer G (1990) Kommentar auf Anforderung der Schriftleitung zur vorausgegangenen Arbeit von KA Lennert und U Müller in: Chirurg 61: 379

494. Stiegler H, Arbogast H, Hiller E, Heberer G (1990) Die Phlebothrombose der unteren Extremität aus chirurgischer Sicht. In: Hepp W (Hrsg) Angiologische Notfälle. Steinkopff, Darmstadt, S 49

495. Faist E, Ertel W, Cohnert T, Huber P, Inthorn D, Heberer G (1990) Immunoprotective effects of cyclooxygenase inhibition in patients with major surgical trauma. J Trauma 30: 8

496. Heberer G, Schildberg FW, Sunder-Plassmann L, Vogt-Moykopf I; Hrsg (1991) Lunge und Mediastinum. 2. Aufl. Springer, Berlin Heidelberg New York

497. Heberer G, Krämling H-J (1992) Bile duct stones – treatment and results. Congress American College of Surgeons, Puerto Rico Chapter, San Juan USA 20.–22.2.1992

498. Heberer G (1992) Friedrich Wilhelm Eigler – ein Portrait. Symposium: Perspektive der Allgemeinen Chirurgie anläßlich des 60. Geburtstages von Prof. Dr. med. F. W. Eigler, Essen, 11.5.1992

499. Heberer G, Krämling H-J, Lange V, Schildberg FW (1992) Surgical intervention for bile duct stones. Bailliére's Clin Gastroenterol 6: 819

500. Heberer G: Dank für die Verleihung der Max Lebsche-Medaille der Bayerischen Chirurgen anläßlich des Kongresses der Bayerischen Chirurgen, München 16.–18.7.1992

501. Heberer G (1992) Präsidiumssitzung der Deutschen Gesellschaft für Chirurgie. Die Stellung und Bedeutung der Frau im Alten Ägypten. Ägyptisches Museum, München 9.9.1992

502. Heberer G: Referat auf dem Deutschen Chirurgentag des Bundesverbandes der Deutschen Chirurgen. Im Brennpunkt: Festvortrag zum Thema: „Die Behandlung des Gallensteinleidens – aktueller Stand und Perspektiven", Münster 30.–31.10.1992

503. Heberer G, Krämling H-J (1992) Die Chirurgie in München vor 100 Jahren. In: Wissenschaftliches Symposium anläßlich des 100. Todestages der Gründung der Berliner Chirurgischen Gesellschaft und des 150. Geburtstages von Ernst von Bergmann, Berlin 20.–21.11.1986. Verlag Gesundheit, Berlin

504. Heberer G (1993) Wissenschaft in der Chirurgie – eine Symbiose aus experimenteller und klinischer Forschung. Zur Entwicklung der Chirurgischen Forschung in Köln (1959–1973). Mitt Dtsch Ges Chir 22. Jg

505. Krämling H-J, Lange V, Heberer G (1993) Aktueller Stand des Gallensteinleidens in Deutschland. Umfrageergebnisse und retrospektive Analyse von 27403 Eingriffen – offene vs. laparoskopische Chirurgie. Chirurg 64: 295

506. Heberer G, Krämling H-J, Lange V (1993) Surgical treatment of gallstone disease in Germany – a poll and retrospective data analysis. 2. Joint Meeting of the German Society of Surgery and Japan Surgical Society, Makuhare 28.–30.6.1993

507. Heberer G, Köle W, Tscherne H (1993) Chirurgie und angrenzende Gebiete. Lehrbuch für Chirurgie, 6. Aufl. Springer, Berlin Heidelberg New York

508. Dienemann H, Heberer G (1993) Thoraxverletzungen. In: Heberer G, Köle W, Tscherne H (Hrsg) Lehrbuch der Chirurgie, 6. Aufl. Springer, Berlin Heidelberg New York, S 424

509. Dienemann H, Heberer G, Sunder-Plassmann L (1993) Brustwand, Pleura, Mediastinum, Lunge. In: Heberer G,

Köle W, Tscherne H (Hrsg) Lehrbuch der Chirurgie 6. Aufl. Springer, Berlin Heidelberg New York, S 335

510. Jauch K-W, Becker HM, Heberer G (1993) Gefäßchirurgie − Akute und chronische arterielle Verschlußkrankheiten. In: Heberer G, Köle W, Tscherne H (Hrsg) Lehrbuch Chirurgie, 6. Aufl. Springer, Berlin Heidelberg New York, S 686

511. Jauch K-W, Heberer G (1993) Gefäßchirurgie − Aneurysmen. In: Heberer G, Köle W, Tscherne H (Hrsg) Lehrbuch Chirurgie, 6. Aufl. Springer, Berlin Heidelberg New York, S 717

512. Jauch K-W, Heberer G (1993) Gefäßchirurgie − Arteriovenöse Fisteln. In: Heberer G, Köle W, Tscherne H (Hrsg) Lehrbuch Chirurgie, 6. Aufl. Springer, Berlin Heidelberg New York, S 724

513. Jauch K-W, Heberer G (1993) Gefäßchirurgie − Gefäßverletzungen. In: Heberer G, Köle W, Tscherne H (Hrsg) Lehrbuch Chirurgie, 6. Aufl. Springer, Berlin Heidelberg New York, S 724

514. Dienemann H, Heberer G (1993) Thoraxverletzungen. In: Heberer G, Köle W, Tscherne H (Hrsg) Lehrbuch der Chirurgie, 6. Aufl. Springer, Berlin Heidelberg New York, S 424

515. Dienemann H, Heberer G, Sunder-Plassmann L (1993) Brustwand, Pleura, Mediastinum, Lunge. In: Heberer G, Köle W, Tscherne H (Hrsg) Lehrbuch der Chirurgie, 6. Aufl., Springer, Berlin Heidelberg New York, S 335

516. Heberer G (1993) Medizinische Fortschritte und Grenzen chirurgischen Handelns. RC München, 30.11.1993

517. Heberer G (1994) Fortschritte und Grenzen chirurgischen Handelns. Vortrag in der Universität Regensburg am 7.10.1993 am Dies academicus im Rahmen des XIV. Kumpfmühler Symposiums. Mitt Dtsch Ges Chir 23: 15 und Der Deutsche Apotheker 2

518. Heberer G (1994) Traumatic ruptures and Aneurysms of the thoracic aorta. 44th Annual Meeting of the American

College of Surgeons, Puerto Rico Chapter, San Juan
16.–19.2.1994

519. Heberer G (1994) Friedrich Wilhelm Schildberg zum 60. Geburtstag – ein Porträt aus der Sicht des Lehrers. Festvortrag im Hotel Vier Jahreszeiten, München, 5.3.1994

520. Heberer G (1994) Bis AD 2014 werden Chirurgen weitgehend mit ferngesteuerten Manipulatoren arbeiten. Einleitung der Sitzung „Pro und Contra" auf dem Deutschen Chirurgenkongreß, München 6.4.1994

521. Heberer G (1994) A Tribute to the friend Robert E. Hermann. Festvortrag in Cleveland/Ohio, USA 10.6.1994

522. Heberer G (1994) Erinnerungen an Theodor Billroth anläßlich seines 100. Todestages. Vortrag, RC München, 9.12.1994

523. Heberer G (1994) Theodor Billroth – Sein Wirken als Chirurg, Mensch und Musiker in Zürich und Wien. Erinnerungen an seinen 100. Todestag. Vortrag, RC Arosa, 28.12.1994

524. Heberer G (1995) Organtransplantation und Intensivmedizin – Möglichkeiten und Grenzen chirurgischen Handelns. Interdisziplinäres medizin-ethisches Kolloquium an der Katholisch-Theologischen Fakultät der Ludwig-Maximilians-Universität München, 18. Januar 1995

526. Heberer G (1995) Abdominal injuries in multiple injured patients – current diagnosis and treatment. Postgraduate Course 45th Annual Meeting, American College of Surgeons, Puerto Rico Chapter 15.–18.2.1995

527. Heberer G (1995) Aktuelle Fragen zur Organtransplantation und zur Gesetzgebung in Deutschland. Mitt Dtsch Ges Chir 24: 153

528. Heberer G (1995) Organtransplantation zwischen Technik, Recht und Ethik. Mitt Dtsch Ges Chir 24: 430

529. Heberer G (1996) Ideal education for surgeons – what should it be? Surgery and surgeons in the current social milieu. A joint scientific medical conference, May 9–11, 1996. American College of Surgeons and the German Surgical Society. Mitt Dtsch Ges Chir 25: 320

530. Heberer G (1997) Surgical research at the University Clinics of Marburg, Cologne and Munich 1951–1989: outcomes and perspectives. Festvortrag anläßlich des Verleihung des Jacob Markowitz Award auf dem 12th Annual Meeting and 1st International Conference of the Academy of Surgical Research, 4.10.1996, in Münster. Mitt Dtsch Ges Chir 26: 23

531. Heberer G, Schildberg FW, Meyer G, Hatz RA, Hüttl TP (1997) Responsible introduction of new technology into surgical practice. Vortrag auf dem 47th Annual Meeting of the American College of Surgeons, Puerto Rico Chapter, San Juan, February 12–15, 1997

532. Heberer G (1997) Chirurgie der Aorta – eine historische Betrachtung und Erlebtes. Vortrag auf dem 11. Gefäßchirurgischen Symposium am Titisee 24.–26.4.1997

533. Heberer G (1997) Die chirurgische Schule im Wandel der Zeit. Vortrag, Kongreß für Gefäßchirurgie im AK Hamburg-Harburg, 14.6.1997

534. Heberer G (1997) Leben und Werk von Friedrich Wilhelm Eigler. Vortrag anläßlich seiner Emeritierung am 4.7.1997, Essen

535. Heberer G (1997) Die chirurgische Schule – ein Anachronismus? Vortrag, RC München, 7.9.1997

536. Heberer G (1997) Die chirurgische Schule – Entwicklung, Wandel und Perspektiven. Fortbildungsveranstaltung der Chirurgischen Klinik und Poliklinik der Ludwig-Maximilians-Universität im Klinikum Großhadern, München, 15.12.1997

537. Heberer G (1998) 50 Jahre erlebte Aortenchirurgie. Vortrag, Symposium „50 Jahre moderne Gefäßchirurgie, 30 Jahre Gefäßchirurgie im AK Altona" im AK Hamburg-Altona, 6.2.1998

Autorenverzeichnis

T. Ban, Prof. Dr. med.
Direktor des Kokura
Memorial Hospital
1-1 Kifune-machi,
Kokura-kita-ku
1-2 802-855 Kitakyushu, Japan

A.E. Baue, M.D.,
Dr. med. h.c.
Professor of Surgery Emeritus
Saint Louis University
3635 Vista Ave. At Grand
Blvd., St. Louis,
MO 63110-0250, USA

H. Bauer, Prof. Dr. med.
Leiter der Chirurgischen
Abteilung
Kreiskrankenhaus
Alt-/Neuötting
Vinzenz-von-Paul-Str. 10
84503 Altötting

R.G.H. Baumeister,
Prof. Dr. med.
Chirurgische Klinik und
Poliklinik
Plastische Chirurgie
Ludwig-Maximilians-
Universität
Klinikum Großhadern
Marchioninistr. 15
81377 München

H.M. Becker,
Prof. Dr. med.
Leiter der Abteilung
Gefäßchirurgie
Städtisches Krankenhaus
München-Neuperlach
Oskar-Maria-Graf Ring 51
81737 München

G. Carstensen,
Prof. Dr. med. Dr. h.c.
Chefarzt i. R.
Evangelisches Krankenhaus
Bleichstr. 5
45448 Mülheim a.d. Ruhr

F.W. Eigler, Prof. Dr. med.
ehem. Direktor der Abteilung
für Allgemeine Chirurgie
Universitätsklinikum Essen
Hufelandstr. 55
45147 Essen

A. Encke, Prof. Dr. med.
Direktor der Klinik für
Allgemein- und
Gefäßchirurgie
Johann Wolfgang Goethe
Universität
Theodor-Stern-Kai 7
60596 Frankfurt/M.

R. Giessler, Dr. med.
Chefarzt i. R.
In den Gärten 5
51766 Engelskirchen

H. Goerke,
Prof. Dr. med. Dr. h.c. mult.
Ehem. Ärztl. Direktor des
Klinikum Großhadern
Em. Ordinarius für
Geschichte der Medizin
Institut für Geschichte der
Medizin
Lessingstr. 2
80336 München

B. Günther, Prof. Dr. med.
Leiter der Abteilung
Allgemeinchirurgie
Städtisches Krankenhaus
München-Neuperlach
Oskar-Maria-Graf-Ring 51
81737 München

M. M. Heiss, PD Dr. med.
Chirurgische Klinik und
Poliklinik
Ludwig-Maximilians-
Universität
Klinikum Großhadern
Marchioninistr. 15
81377 München

Ch. Herfarth,
Prof. Dr. med. Dr. h.c.
Direktor der Chirurgischen
Universitätsklinik
Ruprecht-Karls-Universität
Im Neuenheimer Feld 110
69120 Heidelberg

R.E. Hermann, M.D.,
Professor of Surgery Emeritus
Cleveland Clinic Foundation
One Bratenahl Place 1403
Bratenahl
Ohio 44108, USA

L.F. Hollender,
Prof. Dr. med. Dr. h.c. mult.
Departement Chirurgie
Générale
Université de Strasbourg
2, Rue Blessig,
F-76000 Strasbourg,
Frankreich

A.H. Hölscher,
Prof. Dr. med.
Direktor der Klinik und
Poliklinik für Viszeral- und
Gefäßchirurgie
Universität zu Köln
Joseph-Stelzmann-Str. 9
50931 Köln

H. Imig, Prof. Dr. med.
Chefarzt der Abteilung für
Allgemein-, Gefäß- und
Thoraxchirurgie
Allg. Krankenhaus Harburg
Eißendorfer Pferdeweg 52
21075 Hamburg

K. W. Jauch, Prof. Dr. med.
Direktor der Klinik und
Poliklinik für Chirurgie
Universität Regensburg
Franz-Josef-Strauß-Alle 11
93053 Regensburg

B. Keim, Dr. jur., Notar
Karlsplatz 6
80335 München

K. Keminger,
Univ.-Prof. Dr. med.
Geylinggase 13
A-1130 Wien, Österreich

W. Köle,
Univ.-Prof. Dr. med.
Em. Vorstand der
II. Chir. Abteilung des a. ö.
Landeskrankenhauses
Drosselweg 10
A-8010 Graz, Österreich

W. Land, Prof. Dr. med.
Chirurgische Klinik und
Poliklinik,
Leiter der Abteilung für
Transplantationschirurgie
Ludwig-Maximilians-
Universität
Klinikum Großhadern
Marchioninstr. 15
81377 München

K. Meßmer, Prof. Dr. med.
Dr. h.c. mult.
Direktor des Instituts für
Chirurgische Forschung
Ludwig-Maximilians-
Universität
Klinikum Großhadern
Marchioninistraße 15
81377 München

G. Meyer, PD Dr. med.
Chirurgische Klinik und
Poliklinik
Ludwig-Maximilians-
Universität
Klinikum Großhadern
Marchioninistr. 15
81377 München

Y. Mishima, Prof. Dr. med.
Department of Surgery,
Medical and Dental University
President, International Soc.
for Cardiovascular Surgery
1-32-1-303 Komagome,
Toshima-ku, Tokyo, 170 Japan

H. J. Peiper, Prof. Dr. med.
em. Direktor der
Chirurgischen
Universitätsklinik
Georg August Universität
Robert-Koch-Str. 40
37075 Göttingen

K. Peter,
Prof. Dr. med. Dr. h.c.
Direktor des Instituts für
Anästhesiologie
Dekan der Medizinischen
Fakultät der Ludwig-
Maximilians-Universität
Marchioninistr. 15
81377München

E. Pratschke, Prof. Dr. med.
Chefarzt der Chirurgischen
Abteilung
Städtisches Krankenhaus
Riedelstr. 5
83435 Bad Reichenhall

F. W. Schildberg,
Prof. Dr. med. Dr. h.c.
Direktor der Chirurgischen
Klinik und Poliklinik
Ludwig-Maximilians-
Universität
Klinikum Großhadern
Marchioninistr. 15
81377 München

F. Spelsberg, Prof. Dr. med.
Chefarzt der Chirurgischen
Abteilung
Krankenhaus Martha-Maria
Wolfratshauser Str. 109
81479 München

H. Stiegler, Prof. Dr. med.
Chefarzt der Abteilung
Allgemein- und
Gefäßchirurgie
Krankenhauszweckverband
Kaufbeuren-Ostallgäu
Dr. Gutermann-Str. 2
87600 Kaufbeuren

J. Witte, Prof. Dr. med.
Präsident des Berufsverbandes
der Deutschen Chirurgen
Direktor der Klinik für
Allgemein- und
Viszeralchirurgie
Zentralklinikum Augsburg
Stenglinstr. 2
86156 Augsburg

F. Zimmer, Prof. Dr. med.
Ludwig Werder Weg 17
81479 München